一部与现代人
息息相关的
古典文明简史

THE
LONG SHADOW
OF ANTIQUITY

Gregory S. Aldrete
Alicia Aldrete

What Have the
Greeks and **Romans**
Done for Us?

[美] 格雷戈里·奥尔德雷特
[美] 艾丽西亚·奥尔德雷特 著

张佩 译

古希腊罗马
留下了什么？

YSP
北京燕山出版社

古希腊罗马留下了什么?

一部与现代人息息相关的古典文明简史

[美] 格雷戈里·奥尔德雷特 艾丽西亚·奥尔德雷特 著

张佩 译

图书在版编目(CIP)数据

古希腊罗马留下了什么? 一部与现代人息息相关的古典文明简史 / (美) 格雷戈里·奥尔德雷特,艾丽西亚·奥尔德雷特著;张佩译. — 北京:北京燕山出版社,2021.7
ISBN 978-7-5402-6092-7

Ⅰ.①古… Ⅱ.①格…②艾…③张… Ⅲ.①考古—古希腊—通俗读物②考古—古罗马—通俗读物 Ⅳ. ①K885.45-49②K885.46-49

中国版本图书馆CIP数据核字 (2021) 第098181号

The Long Shadow of Antiquity
What Have the Greeks and Romans Done for Us?

by Gregory Aldrete and Alicia Aldrete

北京市版权局著作权合同登记号 图字:01-2020-7705 号

选题策划	联合天际·王微
特约编辑	罗雪莹 韩松
美术编辑	程阁
封面设计	吾然设计工作室

关注未读好书

责任编辑	战文婧 郭扬
出 版	北京燕山出版社有限公司
社 址	北京市丰台区东铁匠营苇子坑 138 号嘉城商务中心 C 座
邮 编	100079
电话传真	86-10-65240430(总编室)
发 行	未读(天津)文化传媒有限公司
印 刷	三河市冀华印务有限公司
开 本	880 毫米×1230 毫米 1/32
字 数	288 千字
印 张	11.25 印张
版 次	2021 年 7 月第 1 版
印 次	2021 年 7 月第 1 次印刷
书 号	ISBN 978-7-5402-6092-7
定 价	78.00 元

未读 CLUB
会员服务平台

目　录

引言　认识你自己

　　德尔斐神谕是人类历史上最源远流长的箴言之一，从公元前7世纪到公元4世纪末，持续影响了人类一千多年。德尔斐圣地坐落在帕纳萨斯山山腰，位置惊险，风景秀丽，迷人的景色一直延伸至远处的科林斯湾。圣地的正中央便是阿波罗神庙。当时的人们认为，在这座神庙的大理石墙内，神的代言人，一位被称为皮提亚的女祭司会向人类传达神谕。据说，神庙门前刻着几句格言，其中之一就是"认识你自己"。德尔斐圣地是所有古希腊城邦共同的圣地，而圣地关于自知的格言则是这本书的恰当主题和灵感起源。

　　对自己来自何处一无所知，便无法弄懂自己是谁。个体如此，文明亦如此。正如一个人的品格和个性，不可避免地会受其父母、家庭、朋友、成长环境以及个人经历的影响，一种文化也由多方面的因素构成。如果对构成文化的人缺乏了解，就无法全面认识我们如今身处的复杂文化。本书旨在帮你更好地"认识你自己"，带你踏上一段妙趣横生的旅程，见识构成现代文化的制度、仪式和组织架构，并指出古希腊与古罗马文明如何从根本上影响和塑造了我们如今生活的世界。你会发现从我们衡量时间、建设城市、结婚、组织政府的方式，到我们娱乐、礼拜的方式等等，都源于古典世界[①]。

---

① 西方学术界通常将古代希腊和古代罗马称为"古典时代"或"古典世界"。（本书脚注均为编者注，不再一一标注。）

由于古希腊与古罗马在欧洲这块土地上产生的文化影响最直接、最深刻，我们在这本书的研究中会着重关注古典文明对以欧洲为主的西方文明的影响。在殖民时期，西方文化遗产被传播至全球（不管某些人是否视之为积极的发展），因此古典世界所产生的影响极为广泛，远远超出了欧洲的边界，几乎在每一个现代社会都能察觉其痕迹。本书并非学术书籍，而是面向大众读者。你或许对生活的世界感到好奇，想多了解一点这个世界是如何形成的。阅读此书，不需要对古典历史有任何预先的了解，所有古代的术语在书中都有解释，对古希腊与古罗马作者的所有引用也都会有对应。

"寻根"一词如今十分流行，在数不胜数的网站和指导书中，人们可以获知寻根的方法，除此之外，大众还可以在相关的书籍和族谱上记录自己发现的信息。在世界各地，人们都在努力寻找他们的"根"——他们族谱树的根。奇怪的是，虽然寻根的狂热有增无减，这一学科的发展却日渐式微，这是因为学者们认为寻根缺乏趣味，与现今世界也无甚关联。我们对家族历史如此痴迷，却对宏大的历史进程关注甚少。可是，如果我们对家族的起源如此关切，难道不应该从更广泛的角度去思考我们来自何处吗？

显而易见，家庭塑造了我们，可是把眼光放远，从前的文化和社会形态也对我们造成了影响。在美国，"国父"一词至今仍在使用，以强调这些人对现代国家政府的形成发挥的重要作用。我们可以利用这一类比，继续往回追溯。在更为漫长的历史时间线上，古希腊人和古罗马人提供了现代世界的文化基因，以及各色各样的文化试金石、思想和灵感，只是我们现在经常遗忘这些财富，或者视而不见。

过去常常决定着未来，只有了解历史如何在大大小小的方面塑造了我们，才能充分地"认识自己"。在本书中，我们将探讨古希腊和古罗马的文化基因，以及它们如何塑造了我们如今生活的世界。

致谢

　　本书的大部分内容写于格雷戈里·奥尔德雷特在威斯康星大学麦迪逊分校人文科学研究所做索尔姆森博士后项目时写作之时。在此，作者要感谢研究所的工作人员和研究员为我们两人在撰写本书时提供了愉快的、富有激励性和支持性的工作环境。

第一章

开门两件事：食和住

与两千年前相同，今天，我们的日常生活仍受几种基本需求影响。其中，最关键的两种需求是食物和住所。本章将探讨古希腊人和古罗马人如何满足这些日常生活的基本需求，以及他们的饮食与居住方式如何继续影响并塑造着我们如今的生活方式。在本章末尾，我们将简单谈到一种现代必需品——钱，并探讨为何这种需求也源于古典时代。

食物塑造了你

"人如其食"这句流行语，古人若是听到了，十有八九会点头称是。正如今天，我们会刻板地认为某些地区的人偏爱某些类型的食物，在古代，你的饮食选择亦是你文化属性的有力证明。古罗马人区分自己与蛮族（尤其是北欧地区）的主要方法就是饮食。地中海沿岸的居民主要吃三种基本主食，时下流行的一种饮食法就以这三种食物为核心。医生和健康师们纷纷向人们推荐这一饮食法，认为它既有益健康，又能减重。在古代，逾八成地中海沿岸居民80%以上的卡路里摄入源自古老的"地中海三件套"。这三种食物是：小麦、橄榄（主要以油的形式摄入）和葡萄酒。在古代，最常见的一餐饭或许是一大块面包，蘸上橄榄油，就着葡萄酒，当然小麦也经常被煮成粥或稀饭。下次你在高档意大利餐厅，用面包片蘸着碟中的橄榄油，小口抿着葡萄酒时，别忘了这就是最穷困的古希腊与古罗马农民的一日三餐。

橄榄是地中海食物的精髓。事实上，如果你将一张鼎盛时期的罗马帝国的地图与一张适合种植橄榄的区域图相重叠，你会发现两张地图几乎完全重合。橄榄油除了食用，还有许多其他的用途——用作香基，调配香水；用作黏土灯内的燃料，提供光源；被涂抹在身上，然后刮掉，功用类似肥皂或清洁剂。罗马作家老普林尼说："有两种液体对人体特别有益：喝入肚里的葡萄酒和涂在皮肤上的橄榄油。"（《自然史》）相传希腊女神雅典娜变出一棵橄榄树献给雅典人，从而打败了她的伯父波塞冬，成为雅典的守护神，由此可见橄榄在地中海生活中的重要性。

图1.1 面包师俄依萨科斯的墓中浮雕描绘了罗马面包的制作场景。最上面，骡子被用来转动沙漏形的磨，将谷物磨成面粉。中间，工人们在长桌上揉面团。最下面，面包师将面包片送入一个大烤箱内烘烤。

谷物是古代地中海饮食的关键元素。希腊人主要吃两种面包，一种由小麦粉制成，另一种由大麦粉制成。因为大麦种植比小麦更普遍，所以小麦面包价格更贵，主要供富人消费。尽管今天我们开始认为大麦等粗粮制成的面包营养健康，是好东西，可在罗马人眼中，大麦面包远不如小麦面包，所以它经常被分发给奴隶吃。由于烘烤面包需要特殊的炉子，多数罗马人吃的面包大概是从面包店买的，而非自己做的。维苏威火山喷发掩埋的庞贝面包店中炭化的面包表明，预先切好的面包并非新食物。这家店出售的圆形面包在火山灰中保留下清晰的印痕，能看出这些面包被做成了方便撕下的饼状。谷物也被用来做粥和稀饭。干豆，尤其是鹰嘴豆、豌豆和扁豆，为大多数吃不起肉的罗马人提供了一种廉价的蛋白质来源。

另一种在古代就已存在的以谷物为主的饮食法，含大量碳水化合物，专门适用于某些运动员。最近对角斗士遗骸的研究表明，他们为了增厚肌肉和脂肪层，只吃富含碳水化合物的食物。这样做的目的是为了用它们保护人类脆弱的内脏。角斗士厚实的肌肉和脂肪如果被划伤，即便鲜血淋淋，也能保命，但若是将一把剑插进他的胸膛或腹腔，他极可能会因为感染而丢掉性命。这种独特的角斗士饮食法似乎主要包括煮熟的大麦。正如现代运动员为了提升速度、灵活性、耐力或体力而遵守严格的饮食方案，古代的运动员已经学会食用特定种类的食物，以达成理想的身材。

地中海饮食的第三个核心成分是葡萄酒。在古典世界中，葡萄酒不仅是在特殊场合享用的奢侈酒饮料，也是一种日常饮品。在20世纪，仍然有一些希腊农民，生活方式与古代相似。研究表明，古典时代的普通民众每天可能会喝掉超过一升半的葡萄酒。那时葡萄酒的类型多样，有农民和穷人喝的粗酿，也不乏价格高昂的种种佳酿，这些佳酿来自各方面优良的地区，有些甚至出自特定的葡萄园。在古代，葡萄酒品鉴的整套机制已经完全成熟，评论家和品酒师对众多不同年份的葡萄酒进行品评，并就哪种酒最优展开激烈的争论。老普林尼曾写道："对于哪种葡萄酒最优，每个人心中自有判断。"（《自然史》）今天任何一个葡萄酒行家可能都会认同这句话。然而，正如今天人们普遍认为，某些葡萄园和特定收获年份产出的葡萄酒品质最好（而且价格最贵），在古代，也有不同地区、不同葡萄园和一些重要时期，因其所产葡萄酒一如既往的品质卓越而闻名于世。例如：在意大利，出自费乐纳斯地区的葡萄酒被视为品质的象征；在希腊，来自希俄斯岛的葡萄酒早在荷马时代就享有盛名。老普林尼在他所著的百科全书《自然史》中，花了数十页描述来自不同地区的葡萄酒，并对其进行排名；古罗马诗人马夏尔在其诗集《警世言》中不经意地提到了超过19种不同的葡萄酒。由此，不难窥见古代葡萄酒品鉴的复杂性。古希腊与古罗马的饮酒方式和现代饮酒方式的重要区别在于，他们在饮用前总是先往酒里掺些水。今天，人们尤其喜欢在冬日假期时，饮用用香料或蜂蜜调味并加热过的葡萄酒，实际上这种饮用方式在古代要常见得多。

小麦、橄榄油和葡萄酒构成了典型的地中海三件套，并且成为许多人的基本饮食，而其他地区的人也在被其饮食特点所定义。在今天的美国，我们会根据一个人喜欢烧烤来判定他是南方人，偏爱肉和土豆的定是中西部人，喜欢吃鳄梨和橄榄菜的是加州人。古代在地中海沿岸生活的人们同样会用食物的选择来定义他人，与他们形成最鲜明对比的是北方野蛮部落的牧民。他们也有三样主要食物：红肉、奶酪和啤酒。他们摄取脂肪的途径不是橄榄油，而是黄油。对于在地中海沿岸生活的人来说，这些食物一点都不可口，反映出北方人未开化的本质。一位希腊议员在罗马政府任职时，不幸被远派到北方的多瑙河沿岸。因为不得不靠"野蛮饮食"果腹，他思乡心切，受尽折磨。他还写了一封家书，悲诉自己的口腹之苦："这里的人……过着全人类最悲惨的生活……因为他们不种植橄榄，也不喝葡萄酒。"（彼得·布朗，《古典时代晚期的世界：150—750年》）如果一位古罗马人穿越到现代的德国，或者盛产黄油和奶酪的美国威斯康星州，看到大家都在吃香肠、喝啤酒，他会立即知晓自己走进了"蛮族"的地盘。

在荷马史诗《奥德赛》中，我们能看到面包在希腊人生活中的核心地位，并且能看到饮食是如何定义性格和国籍的。荷马将吃面包自身描绘成一种人性的标志。奥德修斯派船员去寻找"吃面包的人"，可他们只找到了吃莲花的人，这些人终日以甜蜜水果为食，因此经常陷入一种倦怠无力、迷迷糊糊的状态。接着，他们遭遇了恐怖的独眼巨人，那巨人野蛮凶狠，对文明世界与人类法律闻所未闻。他的野蛮反映在他吃的食物上。他生吞了奥德修斯的手下，接着，他喝的是牛奶，而不是希腊人惯常喝的兑水的葡萄酒。尽管古希腊人确实像独眼巨人一样，放养山羊、制作奶酪，可他们一般不喝牛奶，这是另一个巨人野蛮未开的标志，而且再次反映出在地中海人眼中，食用乳制品等同于"野蛮人"。后来，那巨人喝了葡萄酒，醉得不省人事，奥德修斯的手下趁机将他刺瞎。这也许是对那些喝葡萄酒时不听从希腊人兑水惯例的一种警示："盲目"喝酒，会让你丧失能力。

如果古代和现代的上层人士都对稀有的优质葡萄酒富有品鉴力，或许会在彼此举办的私人品酒会上感到宾至如归，在食品消费的另一端，对于批量生产、价格便宜、方便快捷的食物，古代和现代还存在不少相似之处。人们普遍以为，快餐店是现代社会的创造物，其实并不然，古罗马就有着繁荣的"快餐业"，在今天的我们看来，也许会觉得很眼熟。街头小贩叫卖着各式各样的小吃，几乎每个街角都有小餐馆，就像是古代的麦当劳。有些餐馆被称为 popina 或 thermopolium，意为"出售热食"。

今天，去意大利的游客能在庞贝和赫库兰尼姆遗址看到很多这样的小餐馆，存留至今的柜台上嵌着名为"多利亚"（dolia）的大型陶瓷。忙碌的顾客能进店吃些简餐或喝点酒，店中桌椅不多，他们可能坐着吃，也可能站着吃。这里卖的食物很可能基本上是葡萄酒、面包和橄榄油的不同组合，也许为了丰富色彩吧，还搭配了一些肉和鱼。有些餐馆内墙上有画，显示该店出售的食物和饮料的基本种类，就像今天的快餐店里的产品海报，或者墙上挂着菜肴或套餐的图片。和现在一样，那时餐馆墙上有这种画，即使语言不通，你也能直接指出你想要点的东西。这一方法在游人如织的国际都市中仍十分受用。

图1.2 罗马小餐馆的外部和内部。街边柜台通常摆放着装满饮料和小吃的陶罐。
餐馆内部的画作呈现出一些售卖的食物，就像今天快餐店里经常看到的菜单。

　　尽管许多餐馆或许声誉良好，但在某些上流社会的作家笔下，这种小店常常龌龊不堪，是赌博买春、醉酒闹事的温床。就像在今天的酒吧，花不同的价钱，能购买到不同品质的酒，正如庞贝的一家餐馆门口刻的字句："赫多涅说：一阿斯，能买到一杯酒；两阿斯，能买到一杯更好的酒；四阿斯，能买到费乐纳斯葡萄酒。"（《拉丁铭文全集》）

　　至于对饮食的态度，我们许多关于放纵或过度放纵的看法，都滥觞于古代世界。我们一般将饮食分为两类：饮料和食物。而古希腊人却将其分为三类：主食（sitos）、副食（opson）和饮料。主食由谷物做成，一般是面包或粥，而副食就是所有其他的东西，配着主食一起吃，比如橄榄、奶酪、鱼肉或炖肉。最重要的是主、副食的比例，根据希腊人理想化的适度原则，要多吃主食，少吃副食。不然，你就有可能被认为是贪吃或者过于奢侈。

　　比如，在《理想国》中，柏拉图宣告食用过多副食不得体，在为理想国居民设定的饮食中，副食被他完全去除了，那里的人在宴会上只能吃面包。众人听闻这种饮食，无不感到讶异，其中有个叫格劳孔的人惊呼："没有副食？！"为了回应这种惊讶，苏格拉底（对话中柏拉图的代言人）允许理想国的人吃橄榄、奶酪、豆子和蔬菜。格劳孔仍感到困惑不解，他称这种副食为给"一城的猪的饲料"。他质问道："鱼和肉都去哪儿了？"可苏格拉底讽刺地指出，格劳孔脑中想的是一个"奢华的城邦"，而不是"健康的城邦"（《理想国》）。然后，苏格拉底概述了花哨的副食直接导致各种各样的物质和道德奢靡这一过程。

尽管如今，暴食被视作"七宗罪"之一，但对古希腊人来说，至少对进行道德讨论的希腊哲学家来说，过度食用面包以外的任何食物，都会迅速导致道德败坏。当苏格拉底在一次晚宴上注意到一位宾客"不吃面包，只吃肉"时，他开口指责这种行为有多么奢侈，最后对方不得不也吃些面包。之后，苏格拉底告诫道："留意这个人，当你在他身边时，看他是将面包当作肉吃，还是将肉当作面包吃。"（色诺芬，《追忆苏格拉底》）这些文字我们不能尽信。这毕竟是哲学家说的话，在现实生活中，人们无疑还是很享受吃副食。不过，从这些对话中，我们仍能看出"过度放纵饮食属于道德败坏"的基本态度，而这种观点后来一度成为基督教的一种劝解，至今仍不时被提到。

饮食与社交：参加我的宴会吧

食物具有一个十分重要的方面，那就是我们发展出的伴随进食行为的种种仪式。今天，不同类型的饭席，无论是精心准备的盛宴，主人邀请一批客人，还是全家人聚在一起吃顿晚餐，都仍对我们具有极为重要的社交意义。所有的这些进餐场合，从最死板正式的到最放松的，一般都具有赋予其形式和意义的某种仪式和行为特征。让我们探讨其中几种，看这些模式中有多少可以追溯回古代的餐桌。

想象一下今天的正式晚宴。你收到邀请后，为了出席晚宴、享用一连串独特的菜肴而精心打扮。如果菜品极尽奢华或花样繁多，十有八九，主人想给客人留下深刻印象。招待客人对社会生活和身份提升都起到重要作用，这种状况古来有之。希腊人的"会饮"（symposium）世人皆知，尽管如今这个词主要指为探讨特定话题而召开的研讨会，但最初指的是一种以饮酒为主的晚宴——不过，这种晚宴经常涉及就知识话题的交谈。罗马人的"convivium"（晚宴、宴会、盛宴）一词派生了英语中"convivial"这个形容词，意思是欢乐的、社交的、快活的。让我们挨个儿看看这些词。

"会饮"的字面意思是"一起喝酒"，是古希腊十分重要的社会仪式。这一活动只有男性参加，从其举办地点是希腊家庭的andron（男人专属的房间）中，便能猜到，体面的女性不会参加会饮。晚餐结束，餐桌收拾干净之后，饮酒才真正开始。主人为客人们准备了睡椅，这样他们就能斜躺着喝酒。尽管宾客可能会喝得酩酊大醉、行为放荡，直到第二天还头痛恶心，但会饮的过程还是有一定规则的。饮酒具有宗教的一面，会饮在不同阶段始终反映出这一点。会饮开始时，要向诸神祭酒，唱赞颂诸神的歌；会饮结束时，要唱一首赞美阿波罗的歌和一首赞美许癸厄亚①的歌；会饮开始前后，都要行洁身礼。

会饮司仪（symposiarch）受命确保饮酒顺利进行——他们甚至逐出行为不端的人。因为希腊人喝的葡萄酒总是被稀释过的，所以会饮司仪的第一个任务是选择酒与水的比例。这个决定至关重要，因为它将决定后来聚

---

① 许癸厄亚是健康女神，英语"hygiene（卫生）"一词就源于她的名字。

会的基调。接着，因为宾客都要喝等量的酒，这样每个人才会达到相似的醉酒程度，所以他要决定总共要喝多少杯酒（事实上，在一些公共宴会上，有专门的官员，称作 oinoptai，意为"葡萄酒观察员"，确保每个人喝等量的酒）。会饮司仪还提议进行什么娱乐活动。客人们可能会自行助兴，讲讲故事、猜猜谜语、唱唱饮酒歌，或者玩喝酒游戏；而那些更喜欢知识的，则进行学术交谈和哲学辩论，就像《柏拉图对话录》中描述的那样，其中一篇甚至名叫《会饮》，因为那次对话就是在会饮上发生的。也可能雇人来助兴，比如舞女、乐师、玩杂技的、翻跟头的。受过教育、才艺出众的名伶（hetairae），常被请来演奏长笛或跳舞。会饮可以被看作是一种男性公民理应参与的重要社交形式，就像现在日本的上班族，按照惯例要在下班后一起去喝酒。

尽管喝酒时唱歌在今天是常见的，但古希腊人的饮酒歌可能还是会让我们感到惊讶。民主的创造者希腊人，十分热衷政治，连他们的饮酒歌都涉及政治。当时尤为流行的一首饮酒歌，讲述了两位相爱的男子哈尔摩狄奥斯和阿里斯托革顿刺杀雅典暴君喜帕恰斯的故事。喜帕恰斯性侵了他们其中一个，他们为了报仇，合力杀死了这位暴君。这一事件引发了一场民众起义，这场起义推翻了暴君统治，在雅典建立起了首个民主政权。此歌的歌词纪念了这一刺杀行为：

> 我将用香桃树枝遮挡着我的剑，就像哈尔摩狄奥斯和阿里斯托革顿杀死暴君，建立起希腊民主时那样。亲爱的哈尔摩狄奥斯，你并没有死，他们说你生活在极乐世界的福佑岛，那里是步履如飞的阿喀琉斯、神勇的狄俄墨得斯（提丢斯的儿子）居住的地方。
>
> 我将用香桃树枝遮挡着我的剑，就像哈尔摩狄奥斯和阿里斯托革顿，在雅典娜节上杀死暴君喜帕恰斯时那样。亲爱的哈尔摩狄奥斯和

阿里斯托革顿，你们的声名将永存于世，因为你们杀死了暴君，建立起了雅典民主。

（罗伯特·加兰德，《古希腊人的日常生活》）

今天，在酒吧和小酒馆中，有许多喝酒时玩的流行游戏，包括飞镖、台球，以及旨在让对方喝更多酒的游戏，比如啤酒乒乓球[①]。类似的活动在古希腊也很普遍。希腊人喜欢在会饮时玩各种各样的喝酒游戏，有些挑战充满智慧，有些则吵闹有趣。"接龙游戏"需要通晓诗歌；要么是头一个玩家吟诵一行诗，下一个玩家必须接出下一句，不然就是头一个玩家吟诵一整首诗，接着下一个玩家必须接出另一首同一主题、不同诗人写的诗。其实，很多希腊诗人，比如阿那克里翁，都因为会饮吟诵而作的诗而闻名于世。还有一种游戏，对学识要求没那么高，而且更受欢迎，名为kottabos。这个游戏似乎有好几种玩法，不过，所有玩法都包括将酒杯底部的渣滓，用手指弹向某一目标。

今天，对喝酒抱有极大热情的人经常会去酒吧"喝连庄"，他们从一个酒吧喝到另一个酒吧，直至越来越醉，时常在街头吵闹、耍酒疯。这种现象并不新鲜：在古希腊，如果宾客喝得醉醺醺的，他们离开会饮宴席时，可能会开始komazein（动词，指三五成群，在街头闹事，比如骚扰行人、打架斗殴、擅自闯入他人宴会）。这一聚会表面上看起来似乎规矩严明，有时却以喧闹混乱结束，由此可见，有关会饮的理想与现实的差距。在美国，我们经常会听到"在拉斯维加斯发生的事就留在拉斯维加斯"这句谚语，希腊也流行一句意思差不多的谚语——"我讨厌记性好的酒友"，换言之，"在会饮宴席上发生的事，就留在会饮宴席"。

[①] 美国大学流行起来的一种喝酒游戏，其规则是：若玩家将乒乓球扔到桌子另一边的几个啤酒杯内，对方便要接受惩罚，将那杯酒喝掉。

当我们将目光转向古罗马世界时，就会看到它与现代正式宴会更为明显的相似之处。罗马宴会开始前数天或数周，宾客就会收到邀请函，并且需要给主人一个答复。不过，如果有客人不能前来赴宴，主人经常会在最后一刻发出邀请；有些人在周围晃荡，希望临时受邀赴宴，就像诗人马夏尔所描述的那样："你瞧……塞利乌斯眉头深锁，大晚上在柱廊徘徊，他脸色阴沉，似乎满腹愁思……他伸出右手，时而捶胸，时而抓头发。然而，他并不是因为有朋友或兄弟亡故，才这般悲伤……那他为何如此悲伤呢？没有人邀请他赴宴！"（《警世言》）在另一则警言中，马夏尔讲述了饥肠辘辘的塞利乌斯连续至少去到十个不同的地方，拼命寻找晚餐邀请，原因在于座位安排问题。如有客人取消赴宴，主人急需找人替代，一般餐厅里，搁放着三张躺卧餐桌（triclinium），摆放成"U"形，每张长椅上坐三个人，理想情况下，每个座位都要有人。可以增添或空出一张沙发，但客人的数量最好是三的倍数。因此，作家瓦罗说，九位缪斯女神能凑成一个不错的大宴会，而三位美惠女神能凑成一个不错的小宴会（奥卢斯·革利乌斯，《阿提卡之夜》）。

图1.3 罗马浮雕上表现的宴会场景。男性食客斜倚在放满靠枕的躺卧餐桌上。

与古希腊相比，古罗马的不同之处在于，男女都能参加晚宴。这显然是受伊特鲁里亚人（Etruscan）①习惯的影响。客人到达后，先脱掉户外鞋，换上拖鞋，再到桌前入座。晚餐通常包括三类菜：开胃菜、几道主菜和甜点。不过，更精致的盛宴可能还会添加其他菜。

　　生菜、鱼和鸡蛋都是常见的开胃菜食材；事实上，鸡蛋作为开胃菜十分常见，拉丁短语"从鸡蛋到苹果"（ab ovo usque ad mala）相当于英语中"从汤到坚果"的说法②。端上餐桌的鸡蛋，包括水煮蛋、煎荷包蛋、水煮荷包蛋、炒蛋、煎蛋卷。在意大利那不勒斯国家考古博物馆展品中，有一只用来煎鸡蛋的方形平底锅，锅边带有一只把手，锅身有四个圆形凹槽。使用有蛋状凹痕的盘子，说明古罗马人在宴请客人时会考虑到摆盘是否好看。开胃菜中间通常会摆上一盘橄榄。和今天一样，调过味的沙拉是一种备受欢迎的前菜。老普林尼建议在夏天吃莴苣，因为莴苣是凉性且开胃的；食谱作家阿皮西乌斯则建议，到了冬天，用菊苣代替莴苣，"配上调味汁，或者放些蜂蜜或浓醋"。诗人科路美拉的基本沙拉食谱包括"香草、薄荷、芸香、香菜、欧芹、韭菜或葱、莴苣叶、芸薹、百里香或猫薄荷，以及飞蓬叶"。古希腊人与古罗马人对黄瓜并不陌生，他们将黄瓜做熟、生吃、调成沙拉。皇帝提比略非常喜欢吃黄瓜，他让人将黄瓜种在可移动的架子上，这样无论他去哪儿，都能吃到黄瓜。如今，番茄是意大利烹饪必不可少的食材，但古罗马人尚不知道这种异域植物。

　　选择吃什么蔬菜，与所处的阶级有关。尽管韭葱和洋葱同为葱属，十分相近，但在富人们中间，韭葱是深受欢迎的开胃蔬菜，洋葱却被贬为装饰菜和调味菜。洋葱被视为"穷人吃的"食物。同样的，虽然萝卜在意大利被广泛种植，但普林尼却说萝卜是"粗俗的食物"，因为他们认为吃萝

---

① 古代意大利西北部伊特鲁里亚地区的古老民族。

② 本义是指从第一道菜到最后一道菜，引申为种类丰富、不一而足。

卜容易导致肠胃胀气和打嗝。古希腊人与古罗马人吃的绿叶蔬菜包括卷心菜、叶甜菜和芥菜叶，但不包含菠菜，因为菠菜源自波斯国，那时古希腊人与古罗马人还不知道有这种青菜。著名的捍卫传统者老加图深爱卷心菜，他将卷心菜看作能治百病的万能药。对加图来说，卷心菜是一种神奇的物质。吃卷心菜，能治疗溃疡、头痛、肿瘤、关节炎、心脏病、宿醉。油炸卷心菜，能治疗失眠；将卷心菜风干，碾成粉末，吸入体内，能治疗呼吸道疾病；煮卷心菜，能治疗耳疾（老加图，《论农业》）。也许他的观点有一些道理，因为甘蓝类蔬菜，特别是西蓝花，当前因能保持健康声名大噪，被认为富含抗癌物质。诗人马夏尔给出了一种改良卷心菜白色外观的方法，"为使卷心菜苍白的颜色不让你失去胃口，将卷心菜置入添加苏打的水中，让其变成绿色"。蘑菇深受富人们的喜爱，甚至有专门烹饪蘑菇的锅，名为boletaria。据说克劳迪乌斯皇帝是吃毒蘑菇死的，他忍不住吃下了他的妻子阿格里皮娜献给他的蘑菇。不过，他应该不会这么傻。

马夏尔在给一位朋友的晚宴邀请函中描述了晚宴会上的开胃菜，其样式相当普遍："第一道菜是莴苣（有助消化），嫩韭葱，然后是腌制的小金枪鱼……点缀着鸡蛋和芸香叶。接着还会有更多的鸡蛋——小火做熟的鸡蛋，以及来自维拉布鲁姆街的奶酪和在树上过冬的橄榄。"在此书中，他意识到韭葱虽然好吃，却会产生不良影响，"无论何时，吃过气味浓烈的塔伦特姆韭葱后，你亲吻时千万别张嘴"（《警世言》）。

第二道菜通常包括各类肉和做熟的蔬菜。野味很受欢迎，比如野猪肉、鹿肉以及兔肉。通常吃的家畜包括猪、绵羊、山羊和家禽，尽管猪是唯一为了肉饲养的家畜。填馅的睡鼠被认为是一种特殊的美味，罗马人设计了一种专门的瓮，将睡鼠放入其中喂养，等待其长成。肉类经常被做成炖菜、肉饼、肉丸、香肠、肉馅、肉末、肉布丁、炸丸子。事实上，普通罗马百姓可以从街头摊贩和小餐馆处购买香肠和血肠。阿皮西乌斯记载有海鲜炸丸子的菜谱，所用食材有螃蟹、龙虾、墨鱼、扇贝和牡蛎。

图1.4 罗马镶嵌画。以高度逼真的方式描绘了各种鱼和其他海洋动物，让人
觉得有许多可食用的生物，被从海中打捞出来，端上了罗马人的餐桌。

我们不该想当然地认为水产养殖和养殖鱼是现代才有的现象，罗马人对海鲜的喜爱促使他们进行牡蛎养殖（使用悬挂在水平木梁上的长绳），还挖鱼塘，他们将鱼塘称为"piscinae"（瓦罗，《论农业》）。罗马贵族们兴致勃勃地参与竞争，看谁家鱼塘能产出最棒的鱼。此外，他们还养殖蜗牛，把蜗牛养在特殊的"蜗牛床"上，限制它们的活动范围，这样它们就会长胖。今天法国烹饪中对动物器官、脑、胰脏的使用，对罗马人来说也不陌生。罗马美食家阿皮西乌斯曾提供了肺、肝、肾、脑、母猪肚、母猪子宫、皮、脆皮、尾巴、蹄的做法。

可以想见，作为以海洋为依托的文明，海洋生物在古代饮食和食物观念中也占了重要地位。有证据表明，希腊的殖民地西西里岛是烹饪活动的发源地，特别是在海洋生物的烹饪方面。第一本烹饪书就在这里诞生。一位被柏拉图誉为"厨师楷模"的著名厨师麦瑟库斯留下了可能是历史上最早的食谱之一，"切掉带鱼的头部，将其洗净切成片，将奶酪和油倒在上面"（阿特纳乌斯，《宴饮丛谈》）。另一个位于意大利南部的希腊殖民地希巴利斯以奢华的生活方式著称，后来，英语词"sybaritic"（贪图享乐的）正源于此。据说，在那里出版新食谱书，可享有一年的版权；鳗鱼和捕捞鳗鱼的渔民享有特殊待遇，不用缴税。相传，一位名为司敏杜里代斯的希巴利斯人搬到希腊内陆居住时，带了渔民、捕鸟人、厨师共计1000人随行，因为他担心那里的烹饪水平达不到他的要求。以上种种，可见希巴利斯人有多么爱吃。

地中海充满了各种各样的可食用生物。一幅描绘海洋生物的罗马镶嵌画十分细致写实地刻画了众多不同的海洋物种（鳗鱼、章鱼、虾、龙虾、鱿鱼，以及许多可识别的鱼类），镶嵌画是面向大众的艺术形式，由此可见古代人对海洋生物的熟悉程度。同样，有关海洋生物的文学作品也非常多，其中包括西里西亚的奥本所著的《捕鱼说》，一套五册，是关于捕鱼的六音步史诗。他在诗中提到了120多种不同类型的海洋生物。西西里作家埃庇卡摩斯在其剧作《地球和海洋》中描述了农民和渔民之间的一场辩论，主题是"谁能为大家的餐桌提供更好的食物"。虽然如今人们普遍认为鱼的智力很低，但古希腊人和古罗马人认为鱼很聪明，不易捕获；海洋生物本身就诡计多端，常常能逃脱渔夫布下的陷阱，很难被骗到。

也许正因为鱼类难以捕获，所以才显得格外诱人，海鲜也因此深受古人喜爱。据普林尼描述，由于濑鱼大受欢迎，人们会从喀尔巴阡海（喀尔巴阡山的河流）捕捞濑鱼，放养在坎帕尼亚沿岸海域。头五年，所有被捕捞上来的濑鱼都被重新放回海里，这也许是最早记录的鱼类管理案例。在古人看来，鱼会唤醒一种类似性欲的欲望，比如，阿那克桑德里代斯在其戏剧《奥德修斯》中赞美了渔夫的捕鱼技巧："还有什么其他技巧能让年轻人的嘴唇灼烧，让他们的手指颤抖，让他们慌忙吞咽口水，喘着粗气？……当你诱惑真正的美人时，如果不用渔夫的技巧，要怎样花言巧语搭讪，才能让她卸下防备呢？"鱼有时会出现在希腊瓶饰画中，作为帮助诱惑他人的礼物，比如在一幅瓶画中，一个男人中意一个妓女，便送给她一只章鱼。吹长笛的女孩子和妓女，通常都会取和鱼有关的别名，如"沙尖鱼""红鲣""墨鱼"。有两姐妹得名"鳀鱼"，很明显是因为她们皮肤白皙、手指修长、眼睛很大。长得像鱼在那时是美的特征，这种审美也许只在海鲜如此受欢迎的文化中才有可能出现。

尽管古希腊人十分喜欢吃肉和鱼，但这些食物价格昂贵，因而在普通人的饮食中并不多见。牛用来务农，山羊和绵羊提供羊毛、羊皮和奶酪。只有猪是专门饲养来供人吃肉的。祭祀诸神，不仅是重要的宗教行为，从烹饪饮食的角度看也意义重大，因为祭祀为穷人提供了一个少有的食肉机会。祭祀时，包裹着脂肪的动物腿肉在祭坛上燃烧着，浓烈的肉香随着空气上升到奥林匹斯山。山上的希腊诸神享受的是肉香，而不是肉本身，因为根据传统，他们只吃鲜果，饮琼浆玉液，不食人间烟火。因此，剩下的肉归饥饿的信徒享用，祭祀结束后，他们可以排队领取一份烤熟的肉。事实上，古希腊祭祀除了其宗教意味，很像现代烧烤的前身，抑或体育比赛时举行的车尾派对。《荷马史诗》中的英雄在举行百牲祭（用100头牛祭祀）后，大吃烤肉，狂饮葡萄酒，唱酒歌，歌颂神明。奥林匹斯山上的众神喜爱边享受盛宴，边听阿波罗和缪斯女神歌唱，所以这些英雄会做众神喜爱的活动，模仿他们，以示对他们的敬意。

在罗马，屠夫和肉店的存在表明肉类更容易购买，但因其价格昂贵，很多人可能仍消费不起。和希腊不同，罗马祭祀用的肉通常是留给祭司本人的，或是卖给商贩。发肉给普通公民，通常是在其他公共活动上，比如庆祝凯旋、比赛和角斗士表演。一些历史学家甚至认为，在斗兽场被杀死的许多动物，包括来自异国的动物，也许为市民提供了广受欢迎的肉食。

这和现代也有些类似，西班牙斗牛表演中杀死的公牛，牛肉有时会被送给穷人，不过这一做法最近似乎不常见了。作家阿普列乌曾讲述过一些野牛的尸体被留在了街头，罗马人民如何从尸体上割取肉的故事。考古学家也在一家肉店的遗址上挖出了长颈鹿骨头。这些证据进一步证实了公共活动有时是普通罗马人一饱口福的难得机会。有时，狩猎的观众可能会参与其中，自行取肉。相传，在公元281年举办的一场庆祝军队凯旋的活动中，马克西姆斯大赛场①被草草改建成一片森林，并放进1000只鸵鸟，1000只雄鹿，1000头野猪、鹿、野山羊和野羊，"然后，民众被允许进入，人人都能抓自己想要的猎物"（《罗马君王传·普罗布斯传》）。因而，"面包与马戏"②这句著名俗语，改成"肉与马戏"也许更为贴切，因为面包是生活必需品，而肉难得吃一次，有节日的意味。

接下来该上甜点了。巧克力在现代甜食中占据重要位置，可在古代地中海地区却闻所未闻，因为可可豆是来自新世界的作物。那时上桌的典型甜点是水果和坚果，苹果种植在古代世界已经发展完善。在荷马时代，果园已被证实存在，到普林尼的时代，已知苹果品种有36种。新鲜的和干的无花果在各个阶层都很受欢迎。葡萄或被新鲜食用，或被晾成葡萄干，或被酿成葡萄酒。椰枣是从东方进口的。所有类型的水果都被做成水果干，以便冬季食用。罗马人似乎喜欢用产地来为坚果命名：他们称杏子为"希腊坚果"，核桃为"波斯坚果"，榛子为"本都坚果"（《自然史》）。花生和腰果也是新世界的作物，古代地中海地区还没有引进。罗马美食家阿皮西乌斯的食谱书中有一种甜蛋奶糕的做法，用鸡蛋、牛奶、蜂蜜和切碎的坚果；还有一种煮熟的布丁的做法，用淀粉、坚果、葡萄干。

由于糖在古典时代还没出现，蜂蜜是主要的甜味剂。赫西俄德在公元

---

① 古罗马最大的竞技场，也是历史上最大的体育场。

② 意为小恩小惠，为了取悦、安抚公众并转移其注意力而开展的活动。

前8世纪已经提及蜜蜂养殖，到古罗马时期，养蜂业已经完善，罗马人在农业论著中经常写到。像葡萄酒一样，蜂蜜也被认为根据产地不同，质量有所不同。亚里士多德将希腊不同地区所产的蜂蜜分级，其中阿提卡所产最优，然后是来自萨拉米斯岛、莱罗斯岛、卡利那和希布拉的蜂蜜。罗马人最喜欢百里香蜂蜜，他们用这种蜂蜜保存食物、制作糕点。由此显而易见，不同品种的蜂蜜并不全是近代才发展出来的。蜂蜜在古典世界的地位，从它在希腊神话中扮演的重要角色就能看出。在希腊神话中，蜂蜜是神仙食用的玉露琼浆；仙子用牛奶和蜂蜜喂食婴儿宙斯，凶恶的冥界三头犬刻耳柏洛斯在吃过下了药的蜂蜜蛋糕后，才停止了吠叫。

晚宴食物如此丰富，肯定会有吃不完的饭菜。一如今日，节俭的食客不想浪费剩余的食物，所以经常打包带回去，以供日后食用。客人来参加宴会时，随身携带餐巾，以便将剩余的食物装好，带回家吃。马夏尔生动地描写了一位晚宴主人面对一位过分贪婪的客人时，产生的沮丧心情："任何菜肴只要摆上桌，你就将其一一扫光。母猪乳房、排骨、两人份的鸟肉、半条鲱鲤、一整条鲈鱼、一盘鳗鱼块、一只鸡腿，甚至还包括一整只滴着白汁的鸽子。你将每一样菜都藏在你湿透的餐巾中，然后递给你的仆人带回家。如果你还讲究任何体面，我恳求你交回我们的晚餐。"另一个客人更过分："他要了三份公猪肉、四份猪大排、一份兔腿肉和兔肩肉。他面不红心不跳地偷走了鸟肉，直接将牡蛎肉从壳中挑出来。他脏兮兮的餐巾中藏着小块蛋糕、果冻、没吃完的苹果……一颗滴着汁水的无花果和大量的蘑菇。当他的餐巾满得快要炸开时……他将没啃净的骨头和一只斑鸠的残骸藏在他托加长袍的褶子中。"（《警世言》）

在使用香料和口味偏好方面，罗马人是如今所谓"融合烹饪法"的先驱。他们从中东进口香料，比如他们在烹饪中广泛使用的孜然。某些我们现在常常与亚洲烹饪联系起来的口味，比如糖醋酱、又辣又咸的鱼香酱，也深得罗马人的喜爱。为了达成酸酸甜甜的效果，醋和蜂蜜经常搭配使用，有时还会添加葡萄干、葡萄干酿的酒和椰枣酒。鱼露（garum）是一种经过发酵的鱼酱，可用于烹饪，也是极其受欢迎的调味品。这种鱼酱的做法是，先将鱼皮、内脏、鱼头和鱼鳍放入一只大桶中，加入油和调味料，然后放在太阳下，让其发酵。最后经过过滤，便可以用作蘸汁、酱汁或可以添加的调味料。

能够吃上昂贵或稀有的食物和制作程序复杂的菜肴，对于那些一心为了炫富或彰显自身地位的人，一直颇具吸引力。有一家餐馆最近推出了单个售价5000美元的汉堡，选取了神户牛肉，配有松露和鹅肝酱。奢华的甜点有时甚至装点金箔，虽然不能提升口味，却提升了奢侈感，还有价格。这种不折不扣的炫耀性消费，在古希腊人和古罗马人中间也是蔚然成风。虽然绝大多数的古希腊人与古罗马人的饮食主要是三样主食，偶尔补充其他食物，可富人们却能吃到千里迢迢运到他们餐桌上的异国食材，他们也确实这样做了。尤其是某些稀有菜肴，已经成为罗马饮食奢靡臭名昭著的象征。例如，用整根火烈鸟舌头做成的馅饼，或者煮整只孔雀。这些菜肴的做法在古代的烹饪书中确实有所记载。

和今天一样，采购某些极其昂贵的食物（并且将其用在晚宴餐桌上），能提升一个人的声望。例如，胡椒粉是富有的美食家阿皮西乌斯在他的食谱中经常使用的一种香料（常常撒在甜点上），可更为节俭的普林尼却将胡椒粉视作奢侈品。今天的著名美食鹅肝早已为罗马人所知。诗人贺拉斯提到仆人在晚宴时端上"一只白鹅的肝，下面是硕大的无花果"（《讽刺诗集》）。古罗马这种将鹅肝摆放在无花果上的做法，在意大利语的"fegato"（肝脏）一词中得以保存，它源于拉丁语的"figus"（无花果）一词。

也许因为罗马人没有任何可以坐下来慢慢享受的高级餐厅，所以晚宴不仅是体验美食、尽情吃喝的场合，还是享受奢侈环境的时刻。一顿精心准备的晚宴，可能会让我们想起今天所谓的"餐厅剧院"，因为这种晚宴常常提供娱乐活动：可能有乐师、舞者、杂技表演者，或诗歌吟诵、演说。食物甚至也会成为娱乐活动的一部分，例如，佩特洛尼乌斯在其小说《萨蒂利孔》中描述了一场十分夸张的晚宴，晚宴宾客以为会看到厨师为一头巨大的猪开肠剖肚，谁知当猪的肚子被剖开时，滚出来的却是香肠和血肠。

图1.5 庞贝古城出土的各种青铜锅、盘、勺、水壶和其他物品，体现出古罗马厨师使用的厨房用具种类十分丰富。

从罗马贵族家中的日常厨房用具和装饰用具，我们可以感受到他们对食物的热爱以及制作过程的精细。除了不同形状和大小的锅碗瓢盆外，他们的厨房中还有各种各样的专门用具。富有的罗马人的厨房中烹饪用具如此之多，与现代厨房中配备的简易厨具完全不同（不过当然，古罗马人置办这些器具，是让奴隶使用，而不是自己去用）。在那不勒斯的国家考古博物馆，人们可以参观到铜制的过滤器和滤锅、一个带有圆形凹槽的大模子和一个兔子形状的模子。毫无疑问，美丽的彩色玻璃器皿是为了让宴会宾客观赏艳羡的。镶嵌画和壁画经常描绘那些最终会被端上餐桌的野生动物和农产品，比如墙上画有成双成对的鸭子和鱼，以及一碗碗水果和坚果的静物，甚至连宴会的残局都会被刻画在装饰物中。考古学家发现了以食物残渣为主题的地板镶嵌画，刻画有兽骨、鱼骨、蟹腿、蜗牛壳和虾壳，好似狼吞虎咽的食客扔下，散落在那里。一幅镶嵌画描绘了老鼠啃着半个核桃的画面，核桃似乎是客人不小心掉落在地上的。

最奢华的罗马晚宴是罗马皇帝举办的，这毫不奇怪。尼禄有一座富丽堂皇的宫殿，人称"金殿"，"餐厅内，带有回纹装饰的象牙色天花板上，嵌有木板，能够转动，撒下花瓣，而且装有管道，以便向客人洒香水"，"主宴会厅是圆形的，日夜不停地旋转，如若天堂一般"（斯维都尼亚斯，《尼禄传》）。图密善举办过可能是史上最残忍的晚宴，罗马权贵们受邀参加他臭名昭著的"黑暗宴会"（Black Feast），他们坐在漆黑的房间里，面前的黑色餐盘盛着黑色食物，旁边站着裸着身子、涂得漆黑的男侍童，还摆着献给死者的祭品，和刻有客人自己名字的墓碑。国王在一边谈论着死亡，很自然，宾客们惊恐不已，整晚都在担心自己会被杀害（尤其考虑到图密善滥杀无辜的名声在外），不过皇帝放过了他们，第二天还送了礼物给他们，单单享受他们的恐惧，他就满足了。

花样百出的古代食谱

正如前文所提到的那样，最早的烹饪书多半是在西西里岛诸如希巴利斯的希腊殖民地写成的，那里的人们喜爱饮食，而且相传那里的新食谱享有一年的版权。然而，古典时代留存至今的唯一一本食谱《烹饪的艺术》，其中一部分被认为是名叫阿皮西乌斯的罗马人写的，他生活在公元

1世纪，正是罗马因其美食家及吃货而闻名的时候。许许多多外来食物和香料，从罗马帝国各个地方运来，因此编写昂贵神秘的食谱成为可能，在这本烹饪书中能看到一些这样的食谱，还有许多更早一些（更简单）的希腊食谱。

这本书分为10个部分，蔬菜、家禽、鱼类、海鲜、肉类等，这点与现代烹饪书籍很像。肉类部分（四足动物）包括野猪、鹿、山羊、绵羊、牛肉和小牛肉、羊肉、乳猪、野兔和睡鼠等的做法。我们可能认为，现代厨师使用的食材花样繁多、富有创意，其实出色的罗马厨师同样极富创造力。这本烹饪书告诉我们怎么做黄瓜、芦笋、蘑菇、洋蓟、西葫芦、多种香肠和鱼，以及各种各样的酱料。书中有简单的食谱，比如烤肉、放有扁豆和鹰嘴豆的大麦粥、调味的沙拉、魔鬼蛋（配有松子）；也有复杂的食谱，比如火烈鸟（第一步，将火烈鸟拔毛、洗净、绑好，放入锅中），煮熟的鸵鸟所用的酱料（包括胡椒、薄荷、烤孜然、西芹种子、椰枣、蜂蜜、醋、鱼酱和少许油，加面粉调成糊），睡鼠（肚子里塞上猪肉，置于炉中瓦片上烤熟）。以阿皮西乌斯的名字命名的食谱尤为复杂：阿式蛋奶酥需要的食材有母猪乳房、鱼片、鸡肉、斑鸠胸肉、啄食无花果的一种鸟，"以及任何其他你所能想到的好东西"，将其切碎，和鸡蛋与香料一起煮熟，然后用薄饼分为若干层；阿式焖肉需要的食材有小鱼、小肉丸、乳猪的胰脏、公鸡的睾丸等。正如今天内容全面的烹饪书可能会包括不同民族的菜肴，比如法国菜、印度菜和中国菜，这本古老的烹饪书也试图涵盖已知世界的菜肴，包括诸如"亚历山大风味的西葫芦""帕提亚风味的鸡""努米底亚风味的鸡"此类的食谱。还有以知名人士名字命名的食谱，比如"维提里乌斯豌豆"。有些食谱听起来像是来自时髦的现代餐厅：串烤松露、海鲜炸丸子、猪肩胛肉配甜葡萄酒蛋糕、孜然酱胡萝卜、蛋奶松子馅饼。还有一些也许会吸引对吃肉抱有极大热情的人，比如"烤猪子宫""猪肚"。

这本书第一章向厨师传授了一些实用常见小窍门，体现出了在精致菜谱中难得一见的节俭与实用："肉类如何保鲜""如何保存牡蛎""如何改善变质的蜂蜜""葡萄如何保鲜""如何保存新鲜的无花果、苹果、李子、梨和樱桃""如何用红酒制作白酒""如何无限期保存一盎司silphium[1]"。从另一个角度看，这些指导多为延长贵重食材使用期，或掩盖劣质食材的方法。此书食谱还包含"香料奇异葡萄酒"（一种在葡萄酒中加入香料和15磅蜂蜜然后煮稠的饮料）和一种加了香料、供外出饮用的蜂蜜葡萄酒，"这种酒能够永久保存"。

无疑，罗马人之所以给人以贪吃和放纵饮食的联想，多少是因为阿皮西乌斯的名声，很可能这也是他的名字与这本烹饪书联系起来的原因，后世作家使之成为节制无度的笑柄。有传言说，他吃的昂贵的虾比龙虾都大，他起航前往利比亚，只为看那里的虾是否更大，当他发现并没有更大时，他立即返航（阿特纳乌斯，《宴饮丛谈》）。而且，传闻说，他就这样将他的巨额财富，吃得还剩1000万塞斯特斯[2]（仍然是个大数目），然后他就自杀了，因为他觉得再这样下去，他会饿死（塞涅卡，《写给赫尔维亚的告慰书》）。疯狂的罗马皇帝埃拉伽巴路斯称阿皮西乌斯是自己的榜样之一（《埃拉伽巴路斯传》）。相传，他效仿阿皮西乌斯，吃稀奇之物，比如骆驼的后蹄、公鸡的鸡冠（从五只活鸡头上切下来的）、孔雀和夜莺的舌头。他将火烈鸟脑、鲻鱼内脏、鹦鹉和孔雀的头，赐给宫殿里他的仆人吃；他用鹅肝喂他的狗；他吃的豌豆上撒有金片，小扁豆中放有玛瑙，别的豆子中放有琥珀，鱼上撒有珍珠，而不是胡椒（《埃拉伽巴路斯传》）。然而，并不是所有古代人的饮食都如此奢侈。希腊美食家阿契斯特劳塔斯

---

① 罗盘草，一种昂贵香料。

② 古罗马货币单位，一般是小银币，4 塞斯特斯 =1 第纳尔。

强调新鲜食材和质朴的口味，他的观点与今天许多顶级厨师的建议不谋而合，"……对于优质鱼肉，肉质鲜嫩，只需撒上少许盐、涂上油，就足够了。原汁原味的鱼肉中，蕴含着令人欣喜的滋味"（阿特纳乌斯，《宴饮丛谈》）。

栖身之所：蜗居公寓

除了食物以外，最重要的生活需求就是一处能够遮风避雨的住所。从原始人类躲在粗陋的茅屋或洞穴里，到现代的百万富翁们建起巨大的宅邸，人类一直在努力让住所尽可能舒适。数千年来，小家庭农场的生活条件没什么大的变化，而古代大城市（尤其是首都罗马市）也许现代得让人感到意外，其中一个体现就是人口聚集地的房屋。

超级大城市的人口快速膨胀，当地居民被塞进高耸的混凝土公寓楼，一户挨着一户，十分稠密，而这并不仅仅是现代生活的特征。古罗马人大多居住在被称为"insulae"（岛屿）的多层公寓楼中，这种楼将城市街区分割成许多自成一体的结构，像一个个独自漂浮的小岛。公元1世纪前后，处于巅峰时期的古罗马大约有一百万人。这一人口数量十分庞大，超过了古代的所有城市，以及19世纪之前西半球的任意城市——19世纪时，伦敦和巴黎的人口数量超过了一百万。然而，古罗马的地理面积较小，因此为古罗马人提供住房的唯一途径就是修建大量的多层公寓楼。

图1.6 公元4世纪罗马城的模型，展示出城市结构的稠密。巨大的娱乐建筑群Flavian Amphitheatre（斗兽场）和马克西姆斯大赛场（用于战车竞赛）十分醒目。

我们可以将古罗马看作一个建筑密集的现代大都市（比如纽约或芝加哥）的中心，在这里，大型公共建筑、历史遗迹、穷人和富人的住房都挤在一起。在曼哈顿这样的地方，私人住宅的数量非常少，为代表社会最富有阶层的极少数精英人士所有，而绝大多数的居民，无论是富人、穷人，还是中产阶级，都住在公寓中。在一份现存于世的公元4世纪的古罗马文件中，我们可以看到当时各类住房的数据。根据这份文件，罗马城中只有1782所私人住宅，却有43480套公寓大楼。有些公寓大楼可能住有成百上千的居民。这一情况与曼哈顿中部和南部十分相似：一座基本上由公寓楼构成的城市，散落着几所超级富人的私宅。

就大小和豪华程度而言，这些公寓楼似乎种类繁多。最高大的公寓楼占据整个城市街区，高高耸立着。在罗马法律中，我们时常看到试图限制公寓建筑高度的措施。这些法令通常规定最大高度约是现在的23米，这样高的建筑至少有七八层。类似的法令一再颁布，可见建造者经常违反法令，超过规定高度。诗人马夏尔提到过，一位公寓居住者必须爬200阶楼梯，才能到他的顶楼公寓，说明这是一座至少十层高的建筑。留存至今的罗马公寓楼没有完好的，不过考古学家检测了五六座公寓楼的遗址，发现其中三座至少有四层，一座至少有五层。

图1.7 典型的罗马公寓楼复原图。像罗马这样的大城市的绝大多数居民生活在这样的建筑中，这在现代城市中很寻常。

和今天一样，贫民窟的房东们向贫穷的租户收取房租，他们租住的房屋建造粗糙，随时有可能在他们头顶坍塌，令人震惊的是，这种情况十分常见。正如讽刺作家尤维纳利的描述："我们居住的城市，大部分住房全凭细弱的杆子撑着，才不会垮。你的公寓管理员站在摇摇欲坠的建筑中，修补破败的墙壁上的巨大裂缝，他催你安心入睡，而你头顶的破旧房子随时都会坍塌。"（《讽刺诗》）哲学家塞涅卡甚至提到，当时有一个建筑工人行会，其成员专门负责装支架来支撑摇摇欲坠的建筑。尽管著名罗马政治家西塞罗如今在许多人印象里是个伟大的演说家，但其实他也是一位贫民窟的房东。他在一封信中说，他希望他的一座"岛屿"坍塌，这样他就能建一座新楼，收更高的租金。这些租金也许是业主的主要收入来源。根据记录，西塞罗的一处房产年收入就达10万塞斯特斯，比100个罗马士兵加起来的年收入还多。

　　而且，和现代的大城市一样，住在罗马的房租和生活成本，比住在乡村小镇要高得多，因为人们愿意为刺激的都市生活付更多钱，"你可以在罗马租一间又脏又暗的房间，而同样的价钱，在索拉、法布拉第利亚或弗鲁西诺（乡村小镇）能买到一栋漂亮的大宅子。"（《讽刺集》）尤维纳利这样提醒道。如果你离开家庭农场，寻求刺激的大城市生活，你可以通过房屋门口写的"出租"广告找到一套价格虚高的公寓，就像今天要租房子的人寻找"出租"标志那样。考古学家在庞贝城高级海滨度假胜地的一堵墙上，发现了一则这样的广告。这则广告显然是面向有钱的租客，但同样是为了出租房屋：

　　格涅乌斯·阿里乌斯·尼吉底乌斯·玛伊乌斯所有的阿里乌斯·波利奥公寓楼，从7月1日起向外出租，公寓楼包含可安置柜台的朝街商店、豪华的二楼公寓房，以及一套顶层公寓。如有意租赁，请与格涅乌斯·阿里乌斯·尼吉底乌斯·玛伊乌斯的奴隶面谈。

　　　　　　　　　　　　　　　　　　　　　　　　（《拉丁铭文全集》）

　　今天许多豪华公寓楼的顶层公寓，因其距离地面非常高、视野开阔，而备受住户青睐，但在古代人眼里却并非如此（请注意，庞贝古城里出租的"豪华"公寓在二楼）。当时豪华公寓通常在低楼层，公寓楼层越高越不好。这种安排创造了一种迥异于现代城市的阶层划分模式。今天，住宅区往往因财富而被分割开，比如，一片住宅区全是面向富有租户的公寓，而城市的另一片地方只住着穷人。在罗马，财富分布是纵向的，而不是横向的。因而，同一栋建筑，也许下面的几层是富人公寓，中产人士住在他们上面，贫穷的租户住在高层。

在尚未发明电梯的时代，这种安排合乎情理，可生活在高楼层不仅不方便，还存在极大的风险。如果发生火灾，高楼层会变成致命区域，你丢掉性命的概率要高出许多。在那时，最高几层常常是在建筑主体上用木料搭建起来的，这样房东就能往这些摇摇欲坠的阁楼房间中多塞几位房客了。尤维纳利再次生动地表述了在公寓生活的重重危险，"最好不要住在这里，这里每晚都有火灾，每晚都惊恐万分、鸡飞狗跳。其他公寓房客叫嚷着取水，将他们仅有的财物拖出来。与此同时，你居住的三楼已经在燃烧，散出滚滚浓烟，可你却没意识到。刚一着火，一楼的人就已察觉，仓皇逃出，而楼上，住在鸽子搭窝、只有瓦片遮雨的地方的你，将在最后葬身火海"（《讽刺诗》）。楼梯陡峭，上下楼、搬东西都不轻松。由于那时没有自来水，每次你需要用水都必须去街上最近的公共喷泉灌一壶，再扛回家。

当发生火灾时，这也是灭火的唯一方法，火灾十分危险，因此纵火在古代世界是一种十恶不赦的罪行，一些罗马人甚至还买了火灾保险。另一位讽刺作家马夏尔控诉一位男子为了骗取保费，不惜烧毁他自己的房子（《警世言》）。不过，只有富人才有这样的保险。对于那些没保险的可怜人，当失去住所时，真就意味着失去了一切。

住宅：私人的领地

罗马有一些私人住宅。罗马表示单个房屋或家的词domus，在英语中留下了深深的印记，从许多熟悉的词中，甚至一些不可思议的地方，都能明显地看到它的痕迹。先看看更具逻辑性的关联：英语中，"domain"（领地）一词来自拉丁语dominium，意为所有权，而这个词又来自dominus，意为一家之主、领主、君主。从古至今，君主对国家的统治经常被拿来与父亲对家庭的统治相比较，两者的类似之处可以追溯到古罗马。许多英语词，如kingdom、officialdom、wisdom后面的词缀"-dom"，都源于domus，意为某一活动的范围、领域或场所。"domicile"（住所）、"domestic"（家庭的）、"domesticate"（驯化）等词都强调与家庭的关联，同样源于domus。拉丁语形容词domabilis，意为可驯服的，动词domo意为驯服、驯化或训练动物。因此，害怕婚姻的单身汉们将自己视作有待驯化的"野生"动物，也许没什么错。此外，还有一些domus的派生词，关联不太明显。例如，多米诺骨牌（dominoes）可以追溯到dominus，原指一种连帽黑色斗篷，穿这种斗篷的天主教教士被称为"dominus"（大人）。从此引申为连帽黑色斗篷，也指化装舞会上戴的黑色面具。多米诺骨牌因牌身为黑色而得名domino，这一名字也许也会让人们想起那种半脸式黑面具。

我们从罗马词domus的语言学意义回到它所指的真实住所上来。虽然古罗马的房子与我们的有很多不同（比如，外面没窗户、家具很少、不太要求私密性），但一些现代术语其实源自古罗马的住宅设计。所有罗马房子的基本设计都大同小异，尽管如今住宅设计日益个性化，但仍能看到这种基本设计。古罗马人进入住宅，要穿过前庭，即正门前的区域。今天，我们进入建筑内部，需要穿过前厅（连接外门和建筑内部的门厅或门廊）。罗马住宅的正式门厅和主要的待客区域是位于建筑中央的开放式庭院。今天，许多建筑中央仍设计有大片开放空间，称为中庭，多数大房子还设计有一条主门道，通向前厅或入口大厅。

图1.8 公元前79年维苏威火山喷发，被掩埋在赫库兰尼姆的罗马房屋中庭得以幸存。

尽管在办公室格子间（cubicle）工作的我们，也许以为这个词指代其大小和形状，因为cubicle听起来像"small cube"（小方块），但实际要更复杂，它源自拉丁语词cubiculum，指罗马私宅中的特别小的卧室；而cubiculum又来自cubo，意为"躺下、斜躺"。1967年，由罗伯特·普罗帕斯特设计的办公室家具系统——第二代行动办公室首次售出（普罗帕斯特创造了120项发明，其中包括"垂直型的伐木机"和"电子牲畜标记系统"），这一系统逐渐演化成现在办公室中常见的格子间系统。所以，当办公室白领们下午难敌睡意，趴在办公桌上小憩时，他们其实在使用格子间原本的功能——躺下睡觉，不过，办公室经理们可不欢迎这种说法。在古典时代晚期，cubiculum还指基督教地下墓穴中的停尸间，对那些觉得自己的工作无聊至极的人来说，这个隐喻也许很贴切。

在今天的公共建筑中经常会遇到一类工作人员：管理员（janitor），古罗马的私宅也有这样的人，不过他们的职责完全不同。那时，管理员的职责不是打扫卫生，而是看门。罗马偷窃抢劫猖狂，因而私人住宅需要像堡垒一般大门紧闭，入口严加把控。罗马房屋的外墙没有对外的窗户，窗开向建筑中央的院子，原因至少部分在于此。"Janitor"一词过了很久才从保安转变成清洁工的意思。16世纪80年代，该词指"学校的门卫或看门人"，1708年才首次表示"建筑物管理员"之意。很明显，其工作职责从简单的看门扩充到看管。

图1.9 看门犬的镶嵌画。这些动物经常被拴在私人住宅的入口处。

看门人在看门时，经常会有一只看门狗在一旁协助，从古罗马的地板镶嵌画中，能看到神态警觉的狗（有时是拴着的），旁边还有一句话"cave canem"（当心恶犬）。像今天的这类标识一样，它出现在罗马房屋的入口，警告盗贼不要铤而走险。今天你仍然能在庞贝古城的一所房子门口看到类似的标识，还很清晰。古罗马的看门狗一般都拴在门口，庞贝火山喷发后，火山灰凹陷形成的模子，栩栩如生地保存了这个可怜的小动物扭曲的身体，因为灾难来袭时，它被链子拴着，无法逃脱自己的岗位。

看门人的名字源于其工作地点，"ianua"（门）这个词与古罗马的神雅努斯（Janus）在语言学上有关联。雅努斯是天界守门人，被尊为门神，在艺术作品中，他经常拥有两张望向相反方向的面孔。当化身为雅努斯·帕图勒西乌斯时，他是开门神；当化身为雅努斯·克鲁西维乌斯时，他又是关门神。雅努斯还是掌管开端的神，因而罗马历的1月（January）以他的名字命名，1月1日新年也是祭祀他的节日。作为开端之神，雅努斯是在任何祈祷时第一个提到的神，也是第一个享受祭品的神。因而，尽管那时的看门人只是地位卑微的奴隶，但他的职责却与一位权高位重的神联系在一起。所以，庆祝新年时遇到管理员，不妨向他们表达你的感谢和敬意。

古罗马人还是最早推崇高档社区的一批人。当时的富人们喜欢住在罗马的山丘上，这样就能躲过台伯河周期性泛滥。埃斯奎林山和维米那勒山上建有罗马城最大、最精致的私宅。帕拉蒂尼山上的住宅也极其昂贵，在罗马帝国时期，帕拉蒂尼山是皇帝的行宫。因此，英语中"palace（宫殿）"一词及其形容词形式"palatial"（富丽堂皇的），就源于拉丁语"palatium"（帕拉蒂尼）。

如今，有许多电视节目会带观众参观富贵名流的家。他们的豪华住宅常常被视作他们的身份，甚至是他们性格的延伸或象征。一个人的家，反映出他的性格以及社会经济地位，而开创这一观念的正是古罗马人。罗马政治家用艺术品装饰他们的家，用昂贵而炫目的壁画，装点他们的墙面，而这些艺术品往往是从希腊掠夺过来的。

货币推动生意，生意推动世界

食物和住所几乎是所有生物的基本需求，在此之外，人类还花费了大量的时间，冥思苦想并努力获取另一样东西——钱。金钱无疑是我们最为关注的物品之一，为了追求金钱，我们花费了大量的时间和精力，无论已经拥有了多少，我们仍对金钱有着永恒的渴望。金钱影响着我们生活的方方面面，许多人完全沉迷在挣钱和花钱之中，不知道这一做法究竟是好还是坏。毋庸置疑，人类自古以来一直在用有价值的物品交换别的物品或服务，不过，你是否想过金钱的这种形态从何而来呢？关于这一点（以及很多别的事情），我们要感谢或者说责怪古希腊人和古罗马人，是他们创造了金钱的基本形态，影响了我们对金钱的态度。所以，下一次你掏出钱包买东西时，可以想一想用小小的铁片交换货物的传统是如何开始的。尽管金钱的使用在古代欧洲和亚洲的不少地方纷纷兴起，但对我们的金属货币认知（如何制造、使用、谈论货币）影响更深刻的却是古希腊人和古罗马人。

一个社会即使没有货币系统，也能进行积极活跃的买卖交易。古埃及人和苏美尔人没有使用货币，甚至连以经商著称的民族，都没有一直使用货币。腓尼基人就很少用货币，更多是以物易物，动物常被用作一种"活的"货币。事实上，有一种早期铸造钱币能反映出货币与牲畜的紧密联系：一块牛皮形状的巨大金属，可以追溯到公元前16—前14世纪的迈锡尼文明，很有可能被用作钱币。古代的钱币用作牛的替代物，这一点可以从我们今天仍普遍使用的词语中看出来——资本（capital）、资本主义（capitalism）都源自拉丁语词"caput"（头），它原本指牛和其他食草动物的头，也指人头。英语形容词"pecuniary"（与钱有关的）也和牛有关，因为该词派生自拉丁语的"pecunia"（财富、金钱），而这个词又与"pecus"（牲畜，特别是牛羊）有关。过去的富人用牲畜的数量来衡量自己的财富，而我们今天是用金钱。今天的我们不用赶着一群牛去市场，我们口袋里装着小小的货币，以这种更小巧便携的方式来象征财富。

虽然在不使用货币的情况下，也能实现交换和服务，但要发展更复杂的经济，就必须推行标准化的货币。易货交易不允许赊账或借贷，而且使大规模交易更难进行。希腊人和罗马人推行了标准化的钱币，从而促进了其贸易网络的成长与扩展。如果古代人没有想到将图像打造在金属小圆铁片上，那么现代经济就不会发展到现在这个程度。"打造钱币"一词源于古代人使用的制造金属货币的方法——将铁片置于一对模具之间，用锤头敲打，这种人工铸币法一直用到17世纪，后来逐渐开始机器铸币。我们现在使用的词"coin"（钱币）最初指的就是这个具有数百年历史的铸币过程。该词来源于古法语词coin，意为楔子、图章或模具，后者又衍生自拉丁语词cuneus，意为"锥形铁块、楔子"。

图1.10 两枚希腊钱币。左边钱币上有一朵玫瑰，是罗德斯城邦的象征；右边钱币上是飞马珀加索斯，是科林斯城邦的象征。

最早的钱币究竟诞生于何处？这一点目前还存有争议。然而，钱币还是作为希腊文化的一部分，伴随着希腊人的脚步，扩展到整个古代世界。正如今天，不同的国家使用不同的钱币一样，古希腊的各个城邦也铸造了反映各自城邦特征的钱币。因此，货币上的图案可能与城邦的经济来源、声誉来源、守护神或相关神话有关。比如，意大利南部的希腊殖民地麦塔庞顿将一个麦穗铸在了钱币上，库齐库斯用了金枪鱼，纳克索斯用了一串葡萄。雅典通常使用其保护神雅典娜，而以弗所使用一只鹿（狩猎女神喜欢的动物）和旁边的一棵棕榈树（相传狩猎女神在棕榈树下出生），指代其保护神阿耳忒弥斯。科林斯用的图案是一位当地英雄柏勒洛丰驯服的飞马珀加索斯，而塔拉斯用的图案是一个男人骑着一只海豚，相传该城邦的创建者曾经被这种友好的海洋生物救了一命。有些铸币甚至会使用城邦名字的双关语：潘提卡彭（Panticapaeum）的钱币上有潘神（Pan）的头像，罗德斯（Rhodes）的钱币一面是其保护神赫利俄斯，另一面是一朵玫瑰（Rhodes）。有一些现代国家依然用它们文化或遗产的象征来装饰钱币，比如加拿大分币上的枫叶，美国25分币上的海雕。

早在德国马克、欧元和美元诞生之前，古代世界就已经有国际货币了。虽然希腊所有城邦都各自铸币，但有几种货币逐渐为整个地中海世界所接受。也许所有古币中最出名的要数雅典铸造的银币，这就是国际货币的早期例子。这种钱币俗称"雅典猫头鹰"，借用了雅典城建立的神话传说：相传，智慧女神雅典娜（钱币的正面图案）变出橄榄树（钱币的反面图案是橄榄枝和雅典娜喜欢的动物猫头鹰）赠予雅典人，由于她的礼物更受欢迎，所以成为雅典的保护神。在近五个世纪里，雅典猫头鹰钱币在希腊地区广泛流通。其他广泛使用的钱币有：埃伊纳的乌龟钱币（因钱币上的乌龟图案而得名）和科林斯的马驹钱币（因上面的飞马珀加索斯而得名）。猫头鹰钱币如此受欢迎，导致其他城邦开始仿制，并刻上本地语言。统一的货币在亚历山大大帝统治时期得以推行，却在他去世后被抛弃。罗马人也铸造过长期流通的货币，这种货币因其可靠性而得到信任。索里都斯（solidus）是戴克里先皇帝在货币改革时期（公元284—305年）推行的一种金币，因所含金属的纯度而闻名；今天英语中的"solid"（固体）一词就源于此，既指这种钱币，又指"由同样材料构成"。公元310年前后，君士坦丁大帝统治期间，索里都斯金币的重量被确定为4.5克，据称直至公元11世纪，这种钱币一直保持着这种纯度，不掺杂其他材料。

古希腊人与古罗马人的另一项重大创新，是使用多种面值的钱币，支付不同规模的交易。钱币的价值和购买力，因其大小和所含金属种类而异。在古代的雅典，货币单位换算是这样的：1塔兰特=60明那；1明那=100德拉克马；1德拉克马=6奥玻尔；1奥玻尔=8查柯。此外，还有许多钱币，价值是这些基本货币单位的数倍或一部分。例如，一种名为"四德拉克马"的大银币，可兑换4个德拉克马或3奥玻尔币。钱币尺寸越大，重量越重，或是含银比例越高，价值越高。价值低的钱币通常是由银铜混合制成的，或者只含铜。事实上，1奥玻尔=8查柯，它得名于希腊语词"chalkos"，意为铜（copper），也许，这就是为什么后来习惯称小面值的铜币或青铜币为copper。

不难看出这套货币与现代货币的相似之处。在美国，4个25分币（quarter）等于1美元，就像4个德拉克马等于1个四德拉克马币。原本25分币是要含一些银的，5分镍币（nickel）的名字来自它所包含的价值较低的金属，而价值最低的硬币1分币只含铜。今天的药剂师使用的一种重量单位打兰（dram）①，源自德拉克马（drachm），该词现在也有一小杯酒或少量的意思。

罗马人仿效意大利南部的希腊殖民地，也设计出一套面值不同的金属货币：第纳尔（denarius）是一种银币，在5个世纪中作为主要币种；塞斯特尔提乌斯（sestertius），适合小额交易，4个塞斯特尔提乌斯=1个第纳尔；奥里斯（aureus）是一种金币，等于25个第纳尔。第纳尔在西班牙和英格兰都留下了影响，西班牙语中的钱是dinero，显然来自denarius；英国的便士符号是d，来自denarius的首字母。美国和加拿大目前使用的

---

① 1打兰=1/8美制液体盎司，约等于3.7毫升。

不同面值的钱币，名字也来自古罗马：quarter（25分币）可追溯到拉丁语词 quartarius，意为1/4；dime（10分币）来自中古英语和古法语词 disme，后者又源自拉丁语词 decimus，意为1/10；cent（1分币）来自拉丁语词 centum，意为一百。

甚至"钱"（money）这个词本身都是罗马人留下来的。关于这个词是如何衍生的，背后有一个有趣的故事，这个故事涉及天后朱诺（Juno）、一群野蛮的高卢人，还有一些神圣的鸟类。公元前390年，高卢人攻陷罗马城，罗马人退守至卡匹托尔山。一天夜晚，高卢人试图从悬崖处爬上来偷袭罗马人。山顶上有一座朱诺神庙，庙里养着一群鹅，这是因为朱诺将鹅视作神圣的鸟类。攀爬的高卢人惊到了这些鹅，它们开始嘎嘎大叫，惊动了罗马哨兵，罗马人得以击退敌人。由于是朱诺的鹅向罗马人示警，拯救了罗马城，所以"警告者"（Moneta）一词[①]被用在了朱诺身上。因而，她的庙宇被称为"警告者朱诺神庙"。后来，罗马人开始铸造钱币时，铸币厂（mint）建在她的神庙中或附近。"moneta"一词逐渐形成"铸币厂"的一般意义，现代英语词"money"和"monetary"直接源自这个词。所以，下次你想到钱或者花钱的时候，应该会想起嘎嘎叫的鹅。

古罗马的度量衡也影响深远，其主要重量单位磅（libra）是罗马货币系统的基础。士兵和定居者将磅传播到罗马诸省，发展成这些地方衡量金银的标准重量单位。近代，罗马的"libra"一词还在意大利的货币里拉（lira）的名字中若隐若现，直到他们改用欧元。然而，libra仍然保留在英格兰的货币系统中，英格兰曾是古罗马帝国的一个行省，他们将磅（pound）简写为lb，代表libra。同样，英国的盎司（ounce）源自罗马重量单位uncia，等于libra的1/12。libra也是pondus的同义词之一，英语的

---

① 源自拉丁动词 monere，本义为"警告、警戒"。

pound来自拉丁语词pondus，意为重量。拉丁语词libra除了代表一种度量衡，还指天平和天秤座，罗马人将天秤星座想象成夜空中的天平，就像奥维德所描述的"天宫中悬挂的秤"（《岁时记》）。

前文已经提到，希腊城邦通过将它们出名的产品、象征、传说和保护神的形象铸造在钱币上来彰显城邦的特性。后来，不仅神，名人的形象也开始出现在钱币上。这一趋势的重要代表是亚历山大大帝，希腊铸币得以传播到他所征服的广阔疆土，他功不可没。亚历山大大帝继续在诸如巴比伦和苏萨等波斯城市铸造钱币。自从巴克特里亚王国（Bacteria）[①]的希腊人开始在印度西部铸造希腊钱币以来，他所征服的东边疆土不仅文化上受到影响，其货币也受到了持久的影响。印度和阿富汗中北部的库沙人、帕提亚人，最终萨珊人也采用了希腊的钱币。甚至远至北岛凯尔特人生活的土地，从多瑙河到大不列颠，所铸钱币都与马其顿的钱币类似。亚历山大大帝驾崩后，生前效忠于他的将军们为了使自己继承帝位更加合法，把亚历山大的头像铸造在他们的钱币上。士兵退伍返家，将刻有他头像的钱币带回母国，散播开来。刻有亚历山大头像的钱币象征了他的力量，在硬币上，他被刻画为诸如赫拉克勒斯（戴着狮皮头盔）的半神，以及类似阿蒙（头上长着公羊角）的神，充分展现出钱币在统治者（或国家）力量方面的象征功能。这也是历史上的一个惯用策略：统治者一再将他们的头像刻到钱币上，通过钱币的流通，彰显他们近乎超人的力量或者神之恩宠。后来，罗马皇帝欣然采纳了这一做法，将其作为一种宣传和自我推销的有效手段。

千百年来，欧洲统治者频频出现在钱币上，美国总统也是如此：1美元纸币和25分硬币上的乔治·华盛顿，5分硬币上的托马斯·杰斐逊，20

---

① 公元前3世纪中叶希腊殖民者在中亚建立的奴隶制国家，又称"中亚希腊王国"。

美元纸币上的安德鲁·杰克逊，50美元纸币上的尤里西斯·格兰特·葛仑，10分硬币上的富兰克林·罗斯福，5元纸币和1分硬币上的亚伯拉罕·林肯。钱币还反映出帝国的力量，正如刻有罗马皇帝头像的罗马钱币，在他们统治的领土上广为流传，大英帝国不仅将维多利亚女王的头像放在英国的钱币上，还放在帝国属地的钱币上，以此彰显其统治权。例如，帝国的记忆仍保存在现在加拿大的25分硬币上，因为上面印有伊丽莎白二世的肖像。货币与国家身份和权力的联系，还体现在今天国际上的"强势"货币中。一种货币就代表一个国家，在世界经济秩序中能体现一个国家的实力。

在硬币上刻画重要建筑，也是一个古老的传统。将著名建筑物和纪念碑刻印在硬币的背面，在古典时代是一种常见做法。例如，罗马皇帝统治时期，在以弗所打造的硬币经常带有那里世界闻名的阿耳忒弥斯神庙的图案，该神庙被认为是古代世界的七大奇迹之一。事实上，古代世界的七大奇迹，比如位于迪迪玛的阿波罗神庙和亚历山大灯塔，经常出现在钱币上。统治者还喜欢铸造钱币，描绘他们所建的东西，以此提醒人们他们的丰功伟绩。例如，罗马皇帝泰特斯在位时，建成了弗拉维安圆形剧场（也被称为罗马斗兽场），他将这处著名的娱乐建筑群刻在了他的一些钱币上。图拉真皇帝打造的钱币，上面有他的波尔图港以及他著名的图拉真柱的图案。在美国钱币上，林肯纪念堂在1分硬币的背面，蒙蒂塞洛庄园在5分硬币的背面，白宫在20元纸币的背面，美国国会大厦在50元纸币的背面。

最后，如果你手边有一张1美元纸币，请将它掏出来，仔细端详一下。美元上面充满了古代的字符。首先，1美元纸币的背面至少有三句拉丁语口号：Annuit coeptis，意思是"保佑我们的基业"；Novus ordo seclorum，意思是"时代新秩序"；e pluribus unum，意思是"合众为一"。此外，纸钞背面左右两边都是美国国玺，一边是老鹰，罗马人也用鹰代表他们的国家，另一边是一座看起来酷似埃及金字塔的金字塔。老鹰一只爪子紧抓着一把箭，象征着战争；另一只抓着一枝橄榄枝，象征和平。希腊人和罗马人都用橄榄枝象征和平，罗马钱币上也出现了橄榄枝，用来表现这一意义。纸币正面正中央是乔治·华盛顿的肖像，这是对古币上刻印统治者肖像的效仿。此外，右边还有一台天平，是古希腊与古罗马"正义"的象征。最后，华盛顿的肖像下方是月桂叶，月桂在古典时代代表胜利和伟大成就。

图1.11　雅典广场阿塔罗斯柱廊复原图。此类柱廊是多功能的建筑结构，用作商店、政府办公室、艺术展览、食品摊位和学校。

对于今天的许多人来说，金钱与购物的过程紧密相连。恐怕没有什么比无处不在的大型购物中心更能代表现代消费文化了。其实，就连这种典型的现代体验，古人也早已享受过。在古希腊，城市广场至少有两侧会带有柱廊，这是一种长条形的建筑，其上附有屋顶，正面是开放式的一列列柱子，朝向广场，后面分割成许多小房间。这些房间用途多样，可以被用作政府办公室，但通常作为商店存在。古希腊人可以和朋友一起，在阴凉的柱廊下闲逛，浏览店内的商品，闲聊些八卦和日常，偶尔也从摆摊的小贩处买点零食。整个场景就像我们在午后的商场里消磨时间一样。

图1.12 罗马图拉真市场的一部分。每个门道都通向一个单独的商店或办公室。

古罗马人效仿这种希腊建筑，修建了一种通常不止一层的柱廊，而一位罗马皇帝在重建古罗马广场背后的区域时，进一步建造了与现代商场更为相似的建筑。他就是图拉真，而他建造的就是图拉真市场。这座建筑有些部分高达四层，包含170间朝街的小商店、有屋顶的柱廊以及散步长廊，并且由许多楼梯相连。尽管图拉真市场完全由砖和混凝土建造，但其弧形外观十分优雅，拱形通道宽敞且光线充足，是适合闲逛的宜人之所。不难想象，罗马人在市场中闲逛，打量着商店中各式各样的食物和商品，这些东西或实用，或富有异国情调。虽然对于其中一些店铺是不是办公室，目前仍存在争议，但整个建筑物看起来仍然很像现代的购物中心，至少下面几层的房间一定曾被用作商铺。

食物、住房和金钱是现代城市生活的一些基本必需品，可纵观历史，它们所代表和表达的已不仅仅是生存。无论是用餐前的小小祷告，还是通过房屋样貌表达自己的个性，许多影响我们日常生活的习惯，都起源于古典时代。

第二章

家庭与人生：从摇篮到坟墓

家庭是大多数人生活的核心和焦点。我们在家庭结构中被抚养长大，与家人形成重要的情感纽带，经常得到他们的情感和经济支持，在家庭中养育我们自己的孩子，到了老年，又开始得到家人的照料和赡养。虽然基本的家庭结构在人类社会中几乎完全相同，但许多我们今天奉行的具体家庭结构、习俗和仪式，在古典时代都有其起源或前身。无论在什么时代，家庭的一个主要关注点是抚养孩子，并教会他们如何应对成年生活。通常，这包括某种形式的正规教育，教育方面的许多现代做法也源于古代。在本章中，我们将探究从摇篮到坟墓的生命历程，重点关注那些围绕家庭或受家庭监管的活动和行为。在本章结尾，我们将思考古典世界计量时间的方式，包括古代历法及其现代版本。

在展开我们的话题之前，需要强调现代西方世界和古典地中海世界之间的一个根本区别，这个区别影响到家庭生活的方方面面。古希腊和古罗马是不折不扣的男权社会，不管是从法律角度来看，还是从社会层面而言，女性的地位都低于男性，她们的智识水平也遭人轻视。她们在这些社会中均不具备平等权利，也没有选举权，很多时候如同一件财产。尽管从现代的角度来看，这似乎令人难以接受，但这就是历史事实。女性因具备某些"适宜的""女性化的"的技能而受到尊重，比如生育、编织、持家。尽管有些女性获得了较高的公共地位，比如女王、女祭司或诗人，而且毫无疑问，还有许多女性在幕后享有显著的权利，但是总体而言，女性是二等公民，至少法律定义如此，其实，她们连公民都算不上。

在古罗马，一个家庭的男性家长被称作"paterfamilias"（一家之父）。古希腊与古罗马将父亲和母亲分别称为"pater""mater"，显然和日耳曼语衍生的英语词father和mother一样，都来自梵文。古罗马的一家之父的权力比现代的父亲要大得多，他对他大家庭中的所有成员，享有几乎全部的法律权利。他甚至能处死自己的孩子，将家庭成员卖掉做奴隶。不用说，他安排孩子们的婚姻，并且还能命令他们离婚。

图2.1 希腊墓碑上刻画的一个由丈夫、妻子和两个女儿组成的家庭。

人生第一步：童年

　　出生在古代世界的孩子，先要克服一些重大障碍。首先，分娩对母子都有风险，因而闯过这第一道难关是个不小的成就。接下来的考验是，父亲决定是否将接纳新生儿成为家庭一员，亲自养育。在古罗马，新生儿被放在父亲面前的地板上。如果是个男孩，他就会将婴儿抱起来，说明他接纳婴儿为家庭一员。如果是个女孩，他不会抱起来，而是让他的一个下人喂养。如果他将婴儿留在地板上，婴儿则会被抱到外面遗弃。在古希腊，父亲也会决定是将婴儿留下来喂养，还是丢在外面任其自生自灭。在斯巴达，一组男性长者会前来查看新生儿是否身体健康；如果婴儿看起来病恹恹的或者有任何残疾，他们会下令将其遗弃。这种行为放在今天的西方会构成杀婴罪，但在古代世界却是惯常做法，既不犯法，也不会受到道德谴责，那时的家庭不总有能力再养育一个孩子。被遗弃的似乎女孩居多，任何被抛弃的婴儿，都有可能被奴隶贩子"救走"，养大做奴隶或娼妓。

如果婴儿被接纳为家庭一员后，下一道难关是疾病，它夺走了许许多多婴孩的生命。因而，有人开始怀疑，父母会有多爱惜自己的孩子，是不是他们已经对婴儿夭折习以为常，不会受到强烈的影响。然而，罗马儿童墓碑上镌刻的感人肺腑的墓志铭，小女孩搂着鸟和新生婴儿下葬的希腊葬礼浮雕，以及哪怕再小的婴儿逝去也会举办葬礼，都表明我们不应该妄下结论。

有趣的是，在拉丁语中，没有任何词语可以完全翻译为"婴儿"。比如，拉丁语的"infans"一词（婴儿，是英语infant的词源），字面意思是"不说话"，在法律文本中指7岁以下的儿童。其他表示儿童的拉丁语词还有"progenii"（子孙后代，是英语progeny的词源）、"filii"（儿女，英语filial的词源）、"pueri"（幼童，不分男女）。拉丁语中的"puer"（男孩，英语puerile的词源）"，意为"年少的、幼稚的"。其实，puer专指青春期之前的男孩，那时男孩还不能生育，也无法参军。

今天的父母可以从形形色色的书籍、网站和专家那里获取育儿指导。虽然古代的父母也许没有那么多获取建议的途径，但那时流行着不少关于正确育儿的观念，其中不乏书面建议。古罗马哲学家塞涅卡就写出了以下育儿建议，这条建议，即使是放在任何当代育儿手册里恐怕也毫不奇怪：

> 千万当心不要让孩子养成耍小性子的习惯，不过与此同时，我们也要小心别抹杀了他们的个性……放任自流会让孩子变得任性，管得太严则会让孩子性格沉闷。适当赞美会鼓舞孩子，给他们自信，但赞美过度会让他们变得懒惰而执拗。抚养孩子时，我们要尽力遵从适度

原则，时而抑制他，时而鼓舞他……不要让他哭哭啼啼、缠着你要礼物，只有他实际或承诺做了对的事情，才将礼物作为应得的奖赏赠给他。当孩子参加与同龄人较量的比赛时，不要让他闷闷不乐或愤愤不平……如果他成功了，夸奖他，但不要让他自鸣得意，因为这会让他养成自吹自擂的习惯，变得自负、自我过度膨胀……一个孩子，如果总是遂心如意，想要什么都能得到，自己的眼泪总是被过度关注的母亲擦干，他将无法应对严酷的生活现实。

（小塞涅卡，《论愤怒》）

还有一条永不过时的名言，出自古罗马作家小普林尼。一位朋友向他抱怨自己的儿子调皮捣蛋，他向朋友建议道："别忘了他只是个孩子，就像你曾经一样，慈爱地对待他，永远铭记你是一个人，而且是另一个人的父亲。"（小普林尼，《书信集》）

尽管如此，古罗马人和古希腊的斯巴达人都认为，不可对婴儿过于呵护。罗马的父母为了让婴儿变得身强体壮，给他们洗冷水澡，不让小孩子用热水洗澡，也不让他们睡太久，因为这样会让他们变得懒散软弱。希腊和罗马的婴儿都被裹在襁褓中，用布紧紧地包着，限制其活动。罗马婴儿的四肢被牢牢地绑在棍子上。最终，右臂会被放开，但左臂不会；这是为了防止婴儿是左撇子，古罗马人认为左撇子不吉利。这种联系至今还存在，拉丁语词 sinister 的意思是"左边的、在左边"，而现在英语中 sinister 指"不祥的、邪恶的"。不过在古代世界，左边方位就是消极和邪恶的。在希腊预言中，一只鸟从右边飞来是个好兆头，而一只鸟从左边飞过来，代表着厄运。因此，你可不想让自己的孩子与不祥的左边产生联系。事实上，左边代表邪恶的意义持续留存着，直到20世纪，左撇子孩子有时还被迫只使用右手。

斯巴达人对孩子的严苛态度，不只体现在洗冷水澡这一件事上。为了让男孩成长为坚强的勇士，他们让男孩们大冬天光着脚，几乎赤身裸体地去野外觅食。这些孩子为了存活下来，不得不猎杀动物，偷盗食物，那些找不到食物果腹的会被活活饿死。有一个斯巴达故事非常出名：一个男孩抓到一只狐狸，将其藏在自己的短袍中，偷偷带回营房。这时，他遇到了他的一位老师。老师盘问他时，藏在他衣服中的狐狸开始啃咬这个男孩，但他却没表露出一丝疼痛或不适。后来有人发现，他躺在小床上，因流血过多而亡。因为他的勇敢和绝不抱怨的坚忍，他成为英雄，成了其他男孩的楷模。英语中"laconic"（简明扼要的）一词，意思是"用很少的字词表达自己"，源自Laconian（拉哥尼亚人），他们生活在以斯巴达为首都的希腊地区，和斯巴达人一样，出了名的说话简短。

斯巴达男孩离开家接受教育，从7岁开始（直到成人）在集体营房生活。教育的重点是坚强的意志、严明的纪律和激烈的运动。这些男孩一同吃住，食物粗糙而且量不多，他们（在老师的批准下）打斗，提高生存技能。如果你阅读过（或经历过）某一时期英国寄宿学校的生活，也许会觉得斯巴达的教育系统没有那么陌生和奇怪。顺便说一下，当我们说起"斯巴达式的"生活或住宿方式时，我们想到的是古代斯巴达生活的这些方面——不过，我们理解的斯巴达要比他们的实际生活安逸得多。

虽然古罗马人和斯巴达人的这些做法也许会让我们以为，古代的童年和如今的童年具有天壤之别，但有些方面在我们看来却会感到熟悉。从瓶饰画中，可以看到希腊母亲摇晃着躺在木质或柳编的摇篮里的婴儿，她们使用一种特殊的陶瓶喂养她们的婴孩，这种罐子顶端平平的，底端有座，一边带有一只瓶嘴。这些古老的奶瓶有时会用作小孩子的陪葬品。就像今天一样，忧心忡忡的父母为了消除婴儿的常见苦痛，四处寻方问药。例如，罗马一个用来缓解长乳牙的疼痛的方子，是将羊脑抹在牙龈上，或者让婴儿佩戴护身符，符中据说装着从蜗牛触角中提取的沙质物，而现代的父母可能会找一种镇痛软膏，安抚孩子的疼痛。不过，有些事情一直没变：罗马政治家弗朗特的小孙子最喜欢说的一个词就是"Da"（给我）。

图2.2 带有轮子的古代黏土马玩具。

在古典世界，孩子们的童年无疑是残酷的，但他们仍然有着玩乐的天性，留存至今的玩具和游戏丰富多样，便是佐证。其中的大部分就算放在今天的育儿所和游乐场里，也依然不会过时。婴儿摇晃着陶制拨浪鼓自娱自乐，这种玩具里面装有鹅卵石，外面缝了一层动物皮，最外面还装饰着带铃舌的小铃铛。女孩子玩各种材质（比如木头、骨头、黏土和破布）做成的娃娃，这些娃娃的四肢有时甚至有关节，能活动。她们也有带有微型家具的娃娃屋，她们还玩过家家，用小小的器具模仿她们母亲做的家务。由马拉着的小型马车和战车，大概相当于现在男孩子的玩具小汽车和卡车。一份文献提到了一个有趣的玩法，男孩们将一辆小型牛车套在了活蹦乱跳的老鼠身上，仿佛它们是极小的牛（贺拉斯，《讽刺诗集》）。他们玩溜溜球、转陀螺、掷骰子（古希腊语的骰子为kuboi，kubos也指立方体），游客们至今仍能从古希腊与古罗马公共建筑的台阶上，看到台阶上雕着的棋盘游戏，无论是小孩，还是大人，都能停在那里，玩一盘游戏。

在艺术作品中，我们看到人们坐在秋千和跷跷板上，滚铁环，玩各种各样的球类游戏（古希腊语中球是sphairai，英语中的球体"sphere"一词来源于此），有些酷似今天的手球、篮球和曲棍球。在希腊人所玩的一种球类游戏中，选定的玩家将一个球扔向其他人，被球打中的人出局，类似古代版的躲避球。追忆童年的罗马作家提及用石头打水漂、用沙子建城堡，而且有证据表明，他们玩跳山羊、摸瞎子和猜谜游戏。教育玩具的想法也存在。教士杰洛米推荐刻有字母的象牙块，这种玩具听起来很像如今孩子们仍然玩的积木；罗马作家弗朗特送给他的孙子书写纸和蜡板，鼓励他学写字。那时还有一种令人感伤的象征性的仪式，即将出嫁的女孩和到了青春期的男孩，通过将他们的玩具献给神明，永远将其放下，这是他们准备好开始成年生活的标志。

所有社会必须确定的一个问题，是童年何时终止。诗人贺拉斯专注行为方面，他认为儿童一般容易情绪波动，尚且不能控制自己，经常会改变主意，并且无法压制欲望。成年后，行为就会表现出自控和一致性。著名古希腊医生盖伦专注身体变化方面，他说，男孩子的青春期从14岁开始，一直持续到25岁。亚历山大的科学老师托勒密对青春期的定义令人印象深刻，他认为青春期是14~22岁这8年，在此期间，青少年能体验到猛烈的性冲动，这一点，今天也会让许多忧心忡忡的青少年父母担心。古罗马作家瓦罗将人的一生系统地分割为5个阶段，每个阶段持续15年：从出生到15岁是童年（puerita）；15~30岁是青少年（adulescentia）；30~45岁是青年（juventus；juvenis意为年轻人，是英语词juvenile的词源）；45~60岁是成熟阶段（seniorus，英语senior、senior citizen与此有关）；60岁以上到死是老年（senectus）。然而，在法律上，古罗马将女孩的青春期定在12岁，男孩定在14岁（盖尤斯，《法学阶梯》）。

教育：学习与反思

学院（academy）表示一种学习场所，而教学法（pedagogy）意为"教学的艺术"，诸如此类的英语词都源自古典时代。虽然向所有儿童普及教育是相对较新的现象，但正如今天焦虑的父母，为孩子上大学操碎了心，古代的富人父母也非常想让他们的孩子得到最好的教育。

在希腊和罗马，最初大部分教育都不太正式，是在家庭中进行的。一般，父亲会教其儿子，偶尔还有女儿，任何他认为适当的内容。这种古老的家庭教育的一个典型例子，是观念传统的罗马贵族加图，他亲自教他的儿子阅读、写作和军事技能。他认为只有这些有必要或值得学。其他人采取了更复杂的教育形式，尤其在希腊，希腊人重视知识成就的传统更为悠久。罗马征服希腊之后，罗马人吸收了许多希腊人的看法，他们也开始对更加正式和复杂的教育形式产生兴趣。许多希腊人沦为罗马的奴隶后，成为老师，教这些征服者的孩子希腊文学、艺术和哲学的奥妙之处。他们所教的那一代人长大后，尊重希腊的知识文化，并且将其传给他们的孩子。这个故事是教育力量的有力说明，至少在教育方面，被征服的希腊人最终征服了罗马人。古代的教育在很大程度上也投入演讲技巧的教授中，无论是在希腊集会，还是在罗马广场，口才都是不可或缺的技能。

即使父母没有直接参与，第一阶段的教育往往仍在家庭内进行，被委以此任的常常是一位受过良好教育的奴隶。在罗马，这样的人被称作启蒙老师（paedogogus），英语中"pedagogy"（导师）一词来源于此。当孩子从幼婴长成孩童时，他就替代了保姆的角色，充当其保姆、保护者和启蒙老师。对启蒙老师有一种描述，说他应该"……擅长言谈，教孩子如何以正确的姿势走路、端坐，如何穿衣，如何吃饭"（普鲁塔克，《道德论集》）。他的工作是要照顾孩子的方方面面，其中一方面是在语言方面对孩子进行基础指导。

等他们到6岁左右时，也就是如今的孩子上一年级的年纪，罗马男孩也会开始进入第一所正规学校。他们的课程由一位"litterator"（老师）教授，包括阅读、写作和算术。同类但难度更高的课程，由一位"grammaticus"（懂语法的人）教授，今天英语中的语法学校"grammar school"的说法，或许就来源于此（事实上，在英国，语法学校起初是教拉丁语的学校）。除非这个孩子特别有钱，请得起私人老师，这些课程都是在家庭之外学习的，古代学童的求学经历和现代的具有颇多相似之处。

学校上课很早，通常黎明就开始上课了，所以，就像今天一样，小孩子从床上气呼呼地被叫起来，送去上学，通常由他们忠诚的启蒙老师陪同。"paedogogus"一词源自希腊词根，字面意思是"引领孩子"，说的就是这种步行送他们照看的孩子上学的基本任务。如今从事教育的那些人，也许更喜欢其更抽象的意义——引领孩子走向知识。那时没有现代意义上的真正的指定教学楼，因此上课地点在老师所能找到的任何地方。可能是在诸如拱廊或公园的公共场所，也可能是在私人房间。除了斯巴达在内的几个特殊的地方，那时没有官方或有组织的学习机构，所以老师们私自招收学生，与父母协商收学费。有些老师只有为数不多的几个学生，不过也有较大的班级。哲学家塞涅卡提到过，他小时候上过一所一个班有二百多个学生的学校。这种大班的老师雇用学徒助教，帮助他们管理学生，这种做法很像今天许多大学的教授让研究生辅助他们给大班上课，以及给学生评分。

学生的基本文具只有一种书写工具和一种能写字的载体。在古代，很可能用的是一种名为"stilus"的圆锥形金属笔，学生用它在一块涂满蜡的小板子上画出痕迹。痕迹还可以用较平的一头擦除，重复使用。有些古代学生的课堂练习题存留至今，比如练习动词变位、学习字母表构成以及书写其中的字母。有些作业，有钱的学生可以用墨水写在莎草纸上。学字母表时，学生会拿到木制或象牙制的小字母，他们必须学会认识、书写这些字母，并且将其按正确顺序摆放。做算术时，学生会使用算盘。大部分教学都是死记硬背和重复。

图2.3　古代书写工具的复原制品。这些卷轴应该是用埃及植物纸莎草制成的。
木板上应该有蜡层，可以用铜制的尖头笔在上面写字，然后擦除重复使用。

老师们使用奖惩来激励学生。表现不好或回答错误的学生，会受体罚，体罚的惯常用具是棍子。据说，一些老师使用更奇特的物品鞭策学生取得进步，比如，一个老师使用了鳗鱼皮鞭。这种体罚的频率，能从古代孩子给他们的老师取的外号中看出，比如"抽人狂"和"皮鞭手"。用藤条打迟迟学不会的学生的手心，是一种常见的处罚形式。诗人奥维德描写过，学生伸出红肿的手，接受惩罚（现代英国寄宿学校实行的体罚，有时是为了惩罚学生希腊语和拉丁语水平太差；美国许多公立学校直到20世纪还在实行体罚，某一时期的天主教学校学生们都对鞭打手心刻骨铭心）。庞贝古城里的一处涂鸦显然是一个经常犯错的学生写的，他说他一天被体罚了三次。在庞贝的另一堵墙上有一幅画，描绘了更加严重的体罚。从画中，我们可以看到一个学生被脱得只剩下缠腰布，他被按在另一个人的背上，双脚离地，老师用一根多皮条制成的鞭子抽打他，称为"catomus"，这种体罚是用来惩罚大过的。

目前的教学理论强调用积极强化鼓励学生实现目标，而不是用强制性惩罚，有些古代的老师也采用过这种方法。学生经常要公开展示所学，表现出色的话会得到奖品。为了激励学生学习字母表中的字母，一位老师用一块饼干奖励达成目标的学生。一位罗马教师尤为聪明，他受命教野蛮部落酋长的儿子们学拉丁语，这些酋长是罗马人的教化对象。他发现，激励他们的最好方式，是奖励他们自己文化中富有意义的物品。古代的蛮族勇士如果表现英勇，领主会奖励他们金项圈戴在胳膊或脖子上，老师效仿了这种做法，用小金箍奖励表现出色的学生。

一旦学生掌握了识字的基础，教学重点就放在了文学上，尤其是古典史诗，比如荷马的《伊利亚特》和维吉尔的《埃涅阿斯纪》。这一阶段的教育一直持续到十二三岁。因为书籍稀有且昂贵，常常只有老师有书，所以大部分课堂上，老师会向学生高声诵读书中内容，然后要求学生将这些长段文字熟记于心。

古罗马一周有八天，最后一天是集市日。通常情况下，一周除了集市日，每天都有课，一年只有三次假期。一次是12月下旬的农神节，时间和我们现代的圣诞假期相近；另一次是在春天；最后，最长的假期是暑假。因此，他们学校生活的节奏与现在的美国非常相似，除了"周末"，每天都有课，主要假期是12月的年假、春假和暑假。

一份幸存的古代文献，对许多学童的典型日常生活，提供了一手资料：“我在天亮前醒来，起床，穿上我的鞋袜。我叫人端水过来，先洗手，然后洗脸，最后擦干。我穿上短袍，梳头……离开家。来到学校，见到老师，我说'老师好'，他亲吻并问候了我。我的奴隶一路上帮我拿着书，他将我的蜡板和书写用具交给我。我在我的座位坐下，将板子擦平。然后，我抄写了一句话，写好后，将它拿给老师看。他修正了我的错误，让我大声读出来。然后，我背给一位同学听，另一位同学再背给我听……老师问我语法……他问我：'语句由哪些部分构成？'我将名词省略，分析句子结构。之后，老师让我们回家吃午饭。”

尽管古代世界没有正式的学院或大学，无法像今天的高等院校那样提供通识教育，但却有一种学习等同于高等教育，那就是跟随著名演说家或哲学家学习。对胸怀抱负的贵族和政治家来说，演讲术是一种非常有用的实用技能，那时有老师教授高级演讲术。这样的人被称作rhetor，即修辞学专家。据说，修辞学起源于公元前5世纪中期的西西里。公元前392年，有个叫伊索克拉底的人在雅典建立了一所专门教授修辞学和哲学的学校。

演讲训练包括多种练习，比如练习写作、记忆和陈述讲稿。老师让学生写有关神话主题的描述文章，写比较性文章，创造著名历史或神话人物可能会发表的假设性演讲。这一阶段的教学也教学生逻辑和形式论证。

为了掌握这些技能，有种常用办法是提出一个复杂的道德或法律问题，然后让学生写一篇短小的演讲稿，论证某一方面。哲学家塞涅卡记录了不少这种练习作业。其中一个辩题尤为有趣，“法律要求女祭司必须贞洁清白。一位年轻女子被海盗掳走，然后卖作奴隶。她被一个皮条客买下充当妓女，她能够说服她所有的客人，把钱交给她，但不发生性关系，直到一个士兵来了，他不听劝说，试图强奸她，但她还击并将他杀死。她受到审判，然后无罪释放，回到家中。接着，她试图成为一位女祭司，但她的请求遭到了反对"（塞涅卡，《辩论集》）。然后，学生要辩论：她是否仍然贞洁清白，且可以成为女祭司。

图2.4　一个穿着托加长袍的罗马男孩，也许在练习他的演
讲技巧。当时认为，这种训练是对公共生活很好的准备。

也许那时最高等的教育是跟随著名的哲学家学习。伟大的古希腊思想家柏拉图，为学生建立了一所名为"学园"（Academy）的学校。这所学校之所以叫这个名字，是因为他们习惯在雅典城外不远、供献给了英雄阿卡德摩（Academus）的一片树林集合，从那时起，"academy"一词开始用来指代学知识的地方。柏拉图的学园中有一个学生叫亚里士多德，他后来成为和他的老师一样著名的智慧导师。亚里士多德也创办了一个学习机构，他将其命名为"吕刻昂"（Lyceum）。这所学校位于另一片树林，这片树林是献给神明阿波罗·吕刻昂（Lyceius）和缪斯女神们的。这所学园是现代大学的前身，因为它清楚明确地作为增长和保存知识的地方。尤其在欧洲，"Lyceum"继续被用来指举行公共演讲、音乐会和其他形式的教育及文化活动的地方，而法语的"lycée"一词今天仍然指的是公立中学。

现代大学教育的最后一个环节，通常是去国外待一个学期，或者一整年。父母希望这样的经历能让他们的子女变得老练世故些，也希望子女能有机会吸收一种外国文化，学习另一种语言。然而，许多学生将这种留学之旅当作在异国他乡纵酒狂欢的机会。在往来的信息或电话中，父母往往力劝孩子约束自己，严肃对待学业，而学生忙不迭地告诉父母，他们在知识和文化方面都取得了巨大收获。这种对话围绕的话题常常是学生的生活费：愤怒的父母威胁说，如果学生不严肃对待学业，他们就不再给生活费，学生总是抱怨说，国外生活花费大，需要家里再打些钱。

虽然这种场景可能看似很现代，但实际上完全相同的家庭闹剧已经上演了几千年。在希腊和罗马世界，有钱人的孩子出国留学相当普遍，他们一般会选择古代地中海地区著名的文化中心，比如雅典、亚历山大城。有些学生被父母送到他们崇拜的特定哲学家的城市，进入这些哲学家所开办的"学校"，拜他们为师，成为他们的追随者。

在古罗马著名演说家、政治家和哲学家西塞罗的信件中，他从独特的个人视角讲述了一个古代学生被父亲送去国外镀金的经历。西塞罗对他的儿子马库斯的学识有非常高的期望，他积极引导儿子教育的每个阶段，亲自挑选最出色的私人教师，不断督促他刻苦学习（父亲强迫孩子学有所成或者追随自己的脚步，让其后代替自己达成理想，这一现象显然由来已久，而且普遍存在）。这些经历对可怜的马库斯来说一定不好受，不过他似乎也愿意服从父亲的支配，一直勤奋学习。马库斯学习后期，西塞罗将他送到雅典，那里有鼎鼎有名的哲学家，他给了儿子一大笔生活费。马库斯终于摆脱了父亲的直接监管，立即投入一种纵酒狂欢的不羁生活，尽情享受雅典生活的美妙。他聘请了一些哲学家来指导思维，可事实上，他似乎在其中一位哲学家的带领和怂恿下，走上了纵情享乐的道路。我们可以从现存的信件中，看到西塞罗越来越怀疑，儿子没有像他所想的那样节制与好学。马库斯还在信中一再索要更多的钱，西塞罗不顾朋友劝告，不断满足他的要求。最终真相大白，西塞罗恼羞成怒，让马库斯解聘那个贪图享乐的哲学家，致力学业。羞愧不已的马库斯服从了父亲的要求，在信中写到，对"他年少无知，犯下的错误"，他深表歉意，不过他在这封信的结尾语气就没这么谦卑了，他让父亲给他配一个秘书，这样他就不用自己辛苦记上课笔记了。他的父亲想让他成为一位哲学家，可年轻的马库斯拂逆父亲的计划，后来很快开始了军旅生涯。虽然这个故事发生在古罗马，可其中的元素——比如专制的父亲、叛逆的学者、沉迷享乐的孩子、永远不够的生活费——对如今许多家长和青少年来说再熟悉不过了。

青少年总是惹他们的父母生气，考验他们的耐心。尤其是快到20岁的时候，他们的荷尔蒙旺盛，经常令父母焦虑担忧。古希腊道德学家普鲁塔克说过的一些话，仿佛出自今天任何一对父母之口："年轻人冲动急躁，肆无忌惮……青少年后期极易沾染堕落败坏的恶习，比如暴饮暴食、偷父母的钱、赌博、疯玩、喝酒比赛、滥交……必须时刻警惕，约束控制年轻人的冲动。"（普鲁塔克，《道德论丛·儿童教育》）

大概是人性使然吧，老一辈人总是对年轻一辈人不满，觉得他们品行不端、道德堕落。在今天，媒体中充满对青年文化的谴责，说他们的音乐品位低俗、生活习惯糟糕、穿着打扮离谱。可是，我们如果回头看2000年前，会发现无数古代作家表达了一模一样的看法。塞涅卡就曾叹惋，那个时代的年轻人太懒惰，总是在发型上耗费太多时间。诗人科路美拉也说，他那时的年轻人在农场长大，能吃苦、强壮有力、刻苦勤奋，而现在在城里长大的孩子，饮酒过度、饮食过量、赌博太多、睡太多，所以软弱无力。

婚姻：喜结连理

在古往今来的家族仪式中，最重要的可能是婚礼。婚礼标志着一个人离开自己的家庭，建立一个新家庭的过程。如果你参加过一场古希腊或古罗马的婚礼，你会感到既熟悉又意外。有时，你完全知道该怎么做，可又有一些习俗，会令你困惑或惊讶不已。

古希腊人与古罗马人的结婚年龄，比我们今天的法定结婚年龄要早。古希腊女子结婚时大约只有十四五岁。古罗马的法定结婚年龄是男不低于14岁，女不低于12岁，实际的结婚年龄可能比这更早，但通常会更晚一些。今天的法律只规定了最低结婚年龄，而罗马皇帝奥古斯都曾颁布法律，要求男女必须分别在25岁和20岁之前结婚，这是因为他担心生育率太低。在罗马上层阶级中，包办婚姻很普遍，有些孩子还定了娃娃亲，不过人们更希望订亲的孩子年龄稍大一点，能够理解这个承诺意味着什么。在罗马婚礼仪式中，第一个出现的似曾相识的场面是，作为订婚的象征，男子将铁质订婚戒指戴在女子左手的中指上，因为医生们认为左手中指有一条神经，通向心脏。今天许多新娘可能会对铁做的订婚戒指大失所望，因为各种广告疯狂兜售天价珠宝戒指，仿佛这是唯一能够象征永恒承诺的东西。不过，在古代世界，通常是新娘（而非新郎）的家庭，不得不花大量的钱置办嫁妆。新娘家庭出资筹办婚礼的传统由来已久，或许其根源就是这种丰厚的陪嫁。

今天，一心想在完美的地点举办婚礼的情侣们，常常需要提前数月甚至数年来预定热门的婚礼举办场所，以及由于数字重复而被认为吉利的结婚日期，比如2017年7月7日就尤为令人满意。在古罗马，举办婚礼的时间有很多迷信，选择婚礼日期时必须格外小心。有趣的是，罗马人似乎更在乎避开不吉利的日子，而不是选择会带来好运的日期。例如，5月不吉利，因为罗马人祭奠亡者是在5月（当时有种常见的说法，"五月结婚，必定后悔"）。6月的上半月也不合适，必须等到6月15日维斯塔神庙彻底清理完毕之后（灶神维斯塔是家庭和家庭生活以及罗马社会的保护神，其神庙的灶火必须永不熄灭，罗马才能风调雨顺；所以，也许国家的炉灶必须长盛不熄，家庭的炉灶才能为新婚夫妇带来好运）。6月下半月是举办婚礼的最佳时间，那时大自然富饶丰硕、果实累累，有望让婚姻美满，多子多孙。或许，现在6月结婚非常普遍，正是源于这种古老的联系，以及为婚姻生活开个好头的意思。

最精致的希腊婚礼需要三天：头一天，新娘将自己儿时的玩具献给处女神阿耳忒弥斯，标志她要转变角色和身份；第二天，新娘的父亲举办婚宴；第三天，新娘离开娘家，去往新家。一位年长的妇女，即伴娘护送新娘前往，帮助她遵循婚礼仪式。

希腊婚礼最重要的部分是游行，新娘乘坐马车从娘家前往夫家，按照惯例夜晚出发，手里撑着火把。新娘在娘家的炉灶点燃自己的火把，最后用它点燃她新家的炉灶。亲戚们手捧婚礼礼物，跟在新娘乘坐的马车后面，新娘头戴面纱，坐在新郎和伴郎中间。最后，按照习俗，新娘在圆房前会吃一个多籽的水果，以期多子多福。同样，婚宴期间，客人们吃的不是切开的婚礼蛋糕，而是小小的单个芝麻糕饼，因为当时的人们认为芝麻会提升女性的生育能力。

从严格意义上来讲，罗马婚姻不需要举办仪式也能生效，一对男女只需要向外宣称他们结婚了。尽管如此，许多罗马人还是遵守了传统的仪式。和希腊人一样，女子先将她儿时的玩具和衣服献给家庭守护神，标志着她要转为成年人的角色。然后，她为婚礼做准备，穿上一件及膝的白裙（只穿这一次），戴上墨角兰编的花环，一块透明的面纱，然后穿上与之搭配的鞋子。婚礼的独特象征物品不是裙子，而是面纱。不过，罗马新娘的面纱和现代的婚礼面纱不同，它是鲜红色的，更像一条丝巾，遮住她的头，而非遮脸。她的头发也会被梳成特殊的样子，说明她已经过渡到成年期。在孩童时期，她的头发梳成马尾，但现在被分成六缕，编成辫子，盘在头顶，呈圆锥形（只有在婚礼当天才梳的发型）。用来分头发的是一支铁矛（最好是杀死过角斗士的那种）。这个仪式背后的原因众说纷纭，但很可能是用来辟邪或提升生育能力的，因为角斗士的生殖力都很强。尽管今天给新娘梳头发已经不用武器了，但穿一生只穿一次的特殊礼服，梳一生只梳一次的特殊发型，仍是我们熟悉的习俗。

罗马婚礼上，只有女子会说誓言，她会对新郎说："不管你的家庭是好是坏，我都愿意加入其中。"接着，新娘牵住新郎的手，两人在证人前签一份正式婚约。然后，宾客大喊"Feliciter！"意思是祝新人幸福或好运。和希腊婚礼一样，后面会有一顿婚宴。新娘带着火把从娘家前往夫家的游行，也是仪式的重要组成部分。

游行时，亲朋好友会唱婚礼歌曲，鼓励新人早生贵子，还会高喊一些下流笑话。诗人卡图卢斯保留下来的一首婚礼歌曲，歌词如下："走上前来，新娘。好好听我们说。看啊，我们的火把闪烁得像金发。走上前来，新娘。就像柔软的葡萄藤缠绕近旁的树，你也将这样拥抱你的丈夫……你的新主人将会多么开心啊，在昏暗的夜晚，甚至在大白天，他将体会到何等的欢愉啊……伙计们，高举你们的火把！我看到她的面纱……你啊，新娘，千万不要拒绝丈夫的愿望，不然他就会另觅新欢。许墨奈俄斯啊，许墨奈俄斯啊！"歌词最后提到的许墨奈俄斯是主持婚礼的神明。

另一个看起来似曾相识的婚礼仪式，是按照传统，队列中的宾客们扔坚果（现在欧洲人是扔大米，那时尚未传到地中海地区）。三个小男孩跟着新娘，两个在她左右牵着她的手，一个走在她前面，手中举着一支特殊的婚礼火把，是在新娘父母家点燃的（仿照希腊习俗），这又是一个与现代婚礼高度类似的习俗。来到新家后，她会将火把扔向人群，少不了一番争抢，因为抢到的人被认为将会长寿。

虽然现代扔新娘捧花的仪式，肯定要安全得多（因为人们争抢的是一束捧花，而不是燃烧的火把），但这种现代仪式也许保留了一些古代特征。另外，值得注意的是，原来的火炬男童，现在成了撒花女童。当时认为，抢到火炬的人得到的奖励是长寿，而不是婚姻，考虑到古代死亡风险那么高，一点儿也不奇怪。来到新房以后，游行以另一个至今未变的仪式宣告结束——新郎抱起新娘，踏过门槛，进入他们共同居住的新家。

新娘的火把在希腊和罗马婚礼中的重要性，很可能为"火把歌"（通常女性所唱的关于单恋的歌曲）、为某人"手举火把"①之类的现代短语提供了灵感。将爱情看作火苗或火，无疑促使了这些短语的流行，但手举一支火把，却永远无法用它来点燃你所爱之人的火炉之火（无论是婚姻意义上的，还是性方面的），这一具体的形象，蕴含着一种特有的心酸。

爱情的游戏

古代人对性的认知与现在大不相同，其中最根本的区别是：今天多数人认为性倾向由定义明确、对立的两端——同性恋和异性恋，以及中间极少的双性恋构成，而多数古地中海文明以完全不同的方式看待性倾向。他们认为，性倾向是一种连续体，有些人可能偏向这一范围的某一端，只受同性或异性吸引，但多数人在中间的某一位置。因此，如果一个男人主要和女性，但偶尔会和其他男人产生性行为，古人不会觉得奇怪。而且，他这样也不会被当成同性恋，因为"同性恋"这个词和概念那时还不存在。

---

① 火把歌，高举火把在西方皆有"单恋"的意思。

就像古人对性倾向不太纠结，他们也不觉得人们从事的性行为的类型与道德有什么联系。他们有不同的动词描述三种不同的性行为，进行这些性行为也都被视作正常。

值得一提的是，在古典世界，性这个话题在学术界争议很大，学者们始终没有完全达成一致。不过，目前有很多人相信，古人对性的某一方面非常在意，并且将其看作评判一个人的行为是否合乎道德的试金石，这就是他在性交过程中扮演的角色。在古典世界，被动或顺从等同于低等。男性尤其受到期待，要一直主动，不能被动。这意味着，在性行为中，古人对谁在性交过程中占据主动地位非常在意。如果你是主动的一方，你就更高一等，你所做的事情没有任何可耻的地方。不管你亲近的是谁，不管你亲近的是什么，都没有你是主动一方的这个事实重要。但是，如果你是被动的一方，那就意味着你像个女人，因而你会被视作低等、顺从、道德败坏。

因此，说一个男子"女人气"虽然是一种侮辱，但不一定是指他的言谈举止像女人，更可能是说他在性交中扮演被动的角色。比如，因滥交而臭名昭著的恺撒，因为谣传他有时扮演"低等"角色而遭到非难。一首关于他的小调四处流传，其中指责他是"所有女人的男人，所有男人的女人"（斯维都尼亚斯，《儒略·恺撒传》）。前半句只是说他淫乱，而后半句可以说是严重诽谤了，因为这是在指控他经常扮演被动的角色。如前所述，关于性的话题在学者之间充满争议，也有人认为，相比于一个人对自己性欲的控制程度以及性生活是否适度，性倾向和扮演的角色不那么重要。

尽管有以上种种关于分类的潜在差异，古典世界的很多实际性行为以及有关性的仪式，对我们而言并不陌生。古希腊和古罗马当然也有引诱、通奸、嫖娼、滥交和对贞洁的过度重视，古代的恋人也经历过调情、求爱、迷恋、与情敌较量、分手和失去所触发的情感过山车。

图2.5 绘有性爱场景的酒具。类似主题经常描绘在日常家庭用品上，比如杯子和灯。

　　这些情感的一种最佳例证，就是爱情诗歌。有一位诗人写过许多关于诱惑和风流韵事的作品，他就是波孚利乌思·奥维提乌思·纳索，也叫奥维德。他在一篇代表作中讲述了一个男子与一个已婚女性有暧昧关系。他尴尬地发现，自己不得不和他的情人及情人的丈夫参加同一场宴会。他妒火中烧，内心狂吼："当你依偎在他的胸膛，当他下流地搂着你的腰时，我必须看着另一个男人享受你的爱抚吗？……不允许你的丈夫靠你这么近。不允许你可爱的脑袋靠在他丑陋的胸膛上。不允许他将手指放在你柔软的胸脯上。"接着，他开始无比煎熬地想象后来的事情："宴会结束后，你回到家，你的丈夫会享受你的亲吻，不仅仅是亲吻……愿他在你身上得不到享受，或者至少，愿你不享受。然而，无论你们今晚发生什么，明天我见到你时，请笃定地告诉我，昨晚什么也没发生过。"（《恋情集》）

　　今天，我们走进任何一家书店，都会看到书架上有很多关于约会、寻找完美伴侣、如何吸引异性的书。奥维德最出名的作品就是这类书的古代鼻祖，书中的建议从许多方面来看，都现代得令人惊奇。这本书就是《爱的艺术》，书中的内容大多是关于如何吸引女性的建议——因而它也许是最早的约会指南之一。对奥维德来说，爱情是一场游戏，胜利属于使用任何必要手段，赢得女孩的那个人。《爱的艺术》中充满了务实的建议，针对搭讪和俘获芳心的每一个阶段。长久以来，一个困扰单身汉的问题是去哪里找迷人又温顺的女性。奥维德就建议去法院旁听（当时一种流行的娱乐活动），或者在花园、广场之类的公共场所溜达。准备出门时，奥维德强调了梳洗的重要性，包括穿干净合身的衣服、把头发梳整齐、把手洗干净、修剪鼻毛、尽力避免口臭或体臭。

写给现代男性的约会指南，总是会写到一个核心问题：如何与女性交谈。针对这个话题，奥维德提供了许多建议。他建议，当你在追求女性时，最重要的是要不断地赞美她的外表、奉承她。奥维德指出，这样的恭维话不必实话实说，却能帮你赢得芳心。奥维德不是轻言放弃的人，如果一位女士刚开始拒绝了你，他建议你要保持耐心，坚持不懈，最终你会一点点让她放下防备。如果你开始对进度感到不耐烦，他的建议是请她喝一杯。最后，如果这些方法都行不通，他指出眼泪是女性的软肋，如果你无法真哭，应该借助外力让自己流泪。当你俘获你的梦中情人后，如果你和她吵架了，他建议说，睡一觉情绪就会恢复如初。

《爱的艺术》中比较有趣的部分，讲的是如何带女性出门约会。古罗马没有电影院，也许举行战车竞赛的马克西姆斯大赛场能提供相似的乐趣。据奥维德说，这一环境为有望成为情侣的人提供了许多提升好感的机会。首先，男性应该从食品摊贩那里买些好吃的糖果，满足她的食欲。他应该买张柔软的垫子，让她的座位舒适一些。他应该搞清楚她支持的马或队伍，然后使劲加油欢呼，暂时忘记自己的喜好。最妙的是，观众很多，人挤人，他就有借口接触身体，当马匹难以避免地扬起灰尘，落在她的外衣上时，他就有希望假装帮助她擦灰尘，借机碰触身体。奥维德对恋人们提出的实用（也很讽刺）建议，让思想比较保守的罗马人无法接受，因此，奥古斯都皇帝把他流放到罗马帝国的一个偏僻角落，让他远离大都市的喧嚣和乐趣，痛苦地了却余生。奥古斯都好像养成了流放人的习惯，他的女儿由于犯了滥交和通奸罪，被他放逐到一座小岛。

从庞贝古墙上的涂鸦中可以看到一些关于古典爱情简洁但不够诗意的表达。这些涂鸦在公共厕所或大学宿舍厕所里再常见不过了。这些涂鸦，大部分是"×××爱×××"这种永恒留言的变种，比如，其中一个写着"马库斯爱斯宾杜莎"。有些记录着花花公子的自我吹嘘，比如，有一个露骨地说，"我在这儿睡了很多女孩"，另一个说，"愿我在床上永远像在这儿时那么威武"。还有更夸张的，"我来，我爽，我回家"。不过，这也许是对恺撒某句名言的恶搞，原话是"我来，我见，我征服"。

这些涂鸦展示了各种各样的普遍情感。一位孤独的旅行者在一家旅馆的墙壁上写道："维比亚斯·勒斯提图斯独自睡在这里，充满了对乌尔巴纳的渴望。"毫无疑问，许多感情深厚的夫妻出差在外，远离爱人时，都会产生这种想法。有些愤怒或失意的古代恋人，留下类似"蒂亚斯，不要把你的爱交给福图纳图斯""阿提梅特搞大了我的肚子"这样的话。在一家小酒馆的门柱上刻着一连串有趣的涂鸦，似乎记录了一场三角恋之间的信息交流。第一条涂鸦宣称："织布匠苏克塞苏斯爱旅馆老板娘的奴隶艾丽丝。她不爱他，可他却试图让她可怜他。他的情敌如是说。祝好。"在旁边签名的人叫塞维鲁。然后，很明显，苏克塞苏斯在这条信息旁写下他的回复："你嫉妒我，恼羞成怒，但别想从长相比你英俊的人那里抢走她，他床上功夫了得，比你厉害。"接着，西弗勒斯添了一句："西弗勒斯写给苏克塞苏斯——我已经说过，也写出来了：你爱艾丽丝，但她不爱你。"（《拉丁铭文全集》）

诗人卡图卢斯曾表达了爱情引发的从极乐到绝望的极端感情。他生活在罗马共和国后期，是一个感情强烈的青年。他深深爱上了一个名叫克罗迪亚的已婚女人。于是，他写下一系列诗歌，诉说他在追求她的过程中心情的跌宕起伏：在有些诗中，克罗迪亚看似友好的举动，将他送至狂喜的巅峰；在另一些诗中，克罗迪亚直白的拒绝，令他坠入憎恨和自怜的痛苦深渊。其中一首诗的首句尤其出名，简练地概括了两种情形："我恨你，但我爱你。"卡图卢斯无法长期承受如此激烈的情感，33岁就去世了，那时他身无分文，彻底被克罗迪亚拒绝。

尽管今天不少人认为，古希腊人和古罗马人（尤其是后者）骄奢淫逸、放荡堕落，但他们有时也相当一本正经。比如，在古罗马共和国，甚至连公开表示爱意都会招致旁人不悦。一位元老院议员因为在公众场合吻了妻子一下，被视为难以忍受的不道德行径，并因此被逐出元老院。然而，一些人，尤其是昏庸的帝王，也会参加通常会与罗马人联系起来的那种淫荡的狂欢。不过，这确实是一种罕见的极端行为。

在性行为的具体操作方面，那时的人们像今天一样，对找到一种有效的避孕方法兴趣浓厚。不幸的是，因为古人没有现代对生物学的认识，所以他们的许多方法没有效果。一种常见的避孕方式是用各种符咒。例如，老普林尼写的一本百科全书中教女性找到一种多毛的大蜘蛛，切开其头部，据说里面能找到两只虫子，然后把它们佩戴在身上。据称，用这一方法可以有效避孕长达一年。更有效的避孕方法是用羊肠制成的避孕套。尽管这种方法效果不错，但也有可能传播性病，因为人们会反复使用这种避孕套，而且经常几个人共用。

尊敬长者

今天很多老年人期待退休，享受用一辈子的辛劳交换而来的悠闲，还

74

有养老金或社会保障金，可古代世界的老年人却没有类似的保障。在古罗马，老年的概念不完全由年纪来定义，还关系到一个人的身心健康程度。比如seniores、senex这一类词。senex意为"年老的"，seniores意为"年长者"，英语词"senior"（年长的）、"seniority"（老年）、"senescence"（老年人）、"senile"（老年的）都源于此。这几个词表示的年龄段，可以从46~60岁中的任何年龄开始。你的阶层或地位，决定了你老年生活的模样。如果你足够富有，就可以投身于那些锻炼大脑的活动。古代许多哲学论著探讨的都是关于衰老的问题，原因就在于有时间、有兴趣学哲学的基本上都是老年人。

图2.6 一位古罗马老人的半身肖像。罗马肖像的写实风格，在类似雕塑中，精确地记录了岁月的痕迹，甚至连最细小的皱纹都被呈现了出来。

成年生活充满了负担，要履行种种政治、公共责任和义务，比如在军队服役、在各种公民大会上投票、结婚和生育。到了60岁时，情况就大有不同了。男子不能再在军队服役或参与投票；罗马帝国时期，他们可以不再履行议员和法官的职责，但仍保留其头衔；奥古斯都的婚姻法宣布，他们不用再为了国家结婚生子。古罗马有句格言"六十岁，便过了桥"，指的是不许老年人再投票，因为"桥"是一个俚语，指代投票者进入投票站时要通过的狭窄通道。虽然现代英语里形容人到中年的短语"over the hill"（越过山丘）与此无关，但很明显意思相近。基本上，古罗马男性的地位呈一条抛物线。孩童时期，他缺少权利、权力和公共生活中的角色；成年后，他获得了这些；进入老年后，他又失去了这些，回到一种第二童年，他依靠别人，失去了之前享有的（或承担的）大部分独立性和权利。

古罗马的"pietas"（美德）一词，指的是对父母的尊重和父母年老时照顾他们的责任，它平衡了这种老年生活图景。维吉尔在《埃涅阿斯纪》中形象生动地描绘了这种责任感："孝顺的埃涅阿斯"背着羸弱的老父安喀塞斯，逃离燃烧的特洛伊城。据说，罗马皇帝安东尼努斯（Antoninus）在名字后面加上了"Pius"（孝顺），是因为他赡养了他年迈体弱的岳父。

充满细节的葬礼

对祖辈的孝顺，也体现在对葬礼的重视上。对买得起墓地的人来说，葬礼是十分重要的仪式，可能花费许多钱财。因为人们经常祭拜祖先、向祖先祈祷，安葬死者很受重视，例如，著名的希腊戏剧《安提戈涅》的整个情节都围绕着一个话题：主人公安提戈涅感到自己即使是违抗国王的旨意，也必须确保自己的兄长得以安葬。古罗马人也对他们的祖先怀有强烈的敬意，许多大户人家都有一只柜子，里面装着祖祖辈辈的蜡制死者面具，在举行重要的家庭仪式时，这些面具会被请出来，扮演关键角色。

古希腊葬礼仪式分为三个步骤。首先，死者家中的女眷为死者擦洗身体、用油涂抹全身、穿上衣服、戴上花冠，将尸体准备妥当，以供瞻仰。

其次，第二天举行遗体瞻仰仪式，家人朋友可以前来吊唁，这种仪式到今天还很普遍。为表哀悼，女性身着黑色衣服，将头发剪短，她们还捶胸号哭，撕扯自己的头发，公开展示内心的悲恸。如果你很富裕，还可以雇专门的哭丧者，进一步增加气氛。最后，葬礼游行在第三天举行。黎明之前，用裹尸布包住的遗体被抬到丧葬地下葬，然后供上祭品，其中包括食物、饮品、名为lekythoi的罐子，这种罐子用来储存橄榄油，通常被用来陪葬，因为遗体身上涂抹了油。丧宴在仪式结束后举行，其形式与今天很像，葬礼后人们聚集在死者的家中，一起吃些东西。

顺便一提，"付钱给摆渡人"这个短语源于希腊人和罗马人的另一种丧葬习俗。准备尸体时，其中一个步骤是将一枚钱币放在死者舌头下，作为给卡戎的报酬，卡戎是摆渡人，负责用他的船将亡灵从阳间摆渡到斯提克斯河对岸的冥界。如果没钱给他，卡戎会将亡灵留在河边，亡灵无法进入冥界，不得不作为鬼魂在阳间四处游荡。用硬币盖住死者的眼睛这一由来已久的风俗，无疑存留了对这个神话的记忆，不过这样做还可能有一种实用的原因——压下眼皮，这样死者就不会突然睁眼，引起人们的不安。

罗马的葬礼仪式（funus，英语"funeral"的词源）也遵循一种典型模式。人临终前，家人和朋友常常陪在身边给予安慰。他的至亲会在最后献上一个吻（人咽气时灵魂会脱离身体，这样做是为了将其捕获），然后合上尸体的眼睛。家人不断呼唤死者的名字，表达他们悲痛的心情（一种名为conclamatia的仪式）。和希腊人一样，罗马人为尸体擦洗、抹油、穿衣、戴花冠（男性公民穿托加长袍下葬，以象征其地位）。遗体会安放在一张特殊的殡仪床上，双脚朝向房子的正门。尸体必须"脚朝前"被抬出家门，以免其鬼魂回来作乱，这一在西方由来已久的迷信，据说就源于这一风俗。门上挂着一根柏树树枝，柏树是古代世界与死亡相联系的一种树木，其原因也许在于，柏树是常绿植物，可如果过度修剪，其树枝不会再长回来。事实上，直到现代，柏树仍象征着哀悼。墓碑上常常刻有柏树枝，柏树也是欧洲和阿拉伯国家墓园中最常见的树木。

罗马人像希腊人一样，会停放遗体供亲戚朋友瞻仰，现代人也一样。不过有证据表明，罗马人停尸时间多达七天。一幅大理石浮雕详细地描绘了一个停尸场景，从中可以看到两只香炉和几只花环，这些东西无疑是用来遮盖任何腐烂气味的。古罗马有殡仪人员，专门为有钱人安排葬礼，而掘墓人负责挖掘坟墓和墓穴。

当然，这些仪式中最重要的就是葬礼本身。最完整的葬礼，包括家庭成员念的悼词、游行到埋葬地点、遗体的火化或埋葬。罗马葬礼游行通常在晚上进行，游行人员举着火把。死者的亲友会抬着葬礼床上的遗体，就像今天，抬棺人仍然是与死者亲近的人。游行队伍中包括雇来的吹笛子和喇叭的乐手，有时还有合唱团和舞者。有时演员或家庭中的年轻人会戴上祖先的蜡制死者面具，仿佛他们又活了过来，亲眼见证新人进入他们的行列。家庭成员穿着特殊的黑色衣服，如今参加葬礼的传统穿着还是黑色，也许就来源于此。而死者穿的却是最好、最昂贵、最精致的衣服。遗体安放在停尸架上，周围摆放着贵重的熏香和香料，被抬至城外的火葬地火化。在游行的过程中，家中女眷会叫喊并抓挠、捶打自己，撕扯自己的头发，以示悲痛。有时还会雇用专业的"哭丧者"，在遗体旁夸张地哭喊。焚烧尸体的柴堆可能搭建得非常奢华，放满黄金、油漆和更贵重的熏香，游行队伍中，死者生前最喜爱的东西也可能被抬上柴堆，和死者一起火化。我们至少知道一个罗马人，其葬礼花费超过100万塞斯特斯，相当于当选元老院议员所需的最低净财富。

火化后，骨灰会被收集放在某种容器中，通常放在一只小箱子或骨灰罐中，然后可能被埋葬，或者存放在房子状的家族祠堂里，又或者放入一种名叫"columbarum"的壁龛中，这是一种特殊的坟墓，看起来很像有很多隔间的鸽子笼，因此得名。坟墓本身可能非常精致。最富有的罗马人会建造巨大的大理石墓地和墓碑，用来安放多位家庭成员的遗骸。许多罗马人为了确保其继承人建造体面气派的坟墓，会在遗嘱中详细指示想要的坟墓类型。甚至，有不少遗嘱规定，继承人将死者按他所要求的方式安葬后，才能获得他的遗产。

从一位罗马男子的遗嘱中就能感受到这类指示的细致程度。这份遗嘱规定："我希望我的坟墓按照这些规范建造：墓穴中必须有一个区域放置一座我的坐姿雕像，至少要有1.5米高，材料必须是最高级进口大理石（或上好的青铜）。这里必须有一条长凳，左右各有一张椅子，都由高级进口大理石制成。当墓穴开放时，这里必须放上枕头、两块地毯、两只垫子、两件斗篷和一件短袍。每年，我的后人、解放的奴隶及其所有后人，必须在我的墓前举行一场盛宴，直到所有美酒佳肴都被吃光后，才能离开……（坟墓周围要是花园）由不少于三位园艺师及其学徒打理。旁边永远不能葬其他人。以上规定，须永久遵守。"毫无疑问，许多继承人对必须花如此多的时间和金钱建造墓地，感到愤愤不平，为了小小报复一下，他们会将自己的名字也刻在纪念碑上。不少纪念碑上，建造者的名字比亡者的更大、更显眼，这不难理解。

在以后的年月里，家人们经常聚集在坟墓前，举行纪念亡者的宴会。为了纪念祖灵节（Parentalia），罗马人用鲜花装饰他们的家族墓地，这也许是今天祭扫习俗的起源。今天我们将鲜花和植物放在坟前，表达我们的思念和爱意，而古罗马人在坟前敬献食物和酒等祭品，而且在坟前聚餐，每逢亡者诞辰或节日，他们会进入墓穴，祭拜亡者。希腊人和罗马人皆在坟墓周围建起有围墙的丧葬花园，里面种满果树、鲜花、藤蔓，还建有水池，这是个前来哀悼者能够与亡者交流的清静之所，也是英雄们希望死后抵达极乐净土的一种写照。今天的墓园植物修剪整齐、绿茵成片，四处装点着哀悼者敬献的鲜花和植物，反映出一种类似的情感需求。

图2.7 卢修斯·维比亚斯、他的妻子维西利亚·希拉和他们的儿子卢修斯·维比亚斯·费利西奥·费利克斯的墓碑。注意妻子的姿势凸显了她左手上的婚戒。

最后，坟墓上还刻有墓志铭。如今，墓碑上的墓志铭一般非常简单，通常只列出逝者的姓名、生卒年月，有时还会附带一句简短的程式化语言，比如"安息（R.I.P）"。这有点令人失望，因为墓碑不仅代表一个人向世间发言的最后机会，还代表着向后世诉说的可能性。幸运的是，古代的墓碑更具有描述性。有时，墓碑上的文字是逝者在世时就选好的；有时则是立碑的人选的。不过，无论是哪种情况，墓碑上的文字一般都很长，通常记录着逝者的生活细节、其成就与性格，甚至还包括其人生哲学或留给后世的一句话。

一些墓志铭简要概括了死者的整个生平，他们的人生有时相当戏剧化，例如："盖乌斯·儒略·麦戈多尼乌斯，生于帕提亚的自由人，年轻时遭到俘虏，在罗马被卖作奴隶。当我重获自由成为罗马公民后，感谢仁慈的上苍，我存了一笔养老金，50岁后使用。从年轻韶华时起，我就在迈向老年，所以现在，墓碑啊，心甘情愿地接受我吧。在你的佑护下，我将摆脱烦忧"。短短几句话，展现了这个人精彩的一生——他从自由人变成奴隶，而后恢复自由，晚年积累了财富。

这些墓碑让世人瞥见他们生活的一个方面：将夫妻、家人和朋友紧密相连的强烈情感。一块墓碑记录了一位丈夫失去年轻妻子的悲伤："永远怀念布兰蒂娜·马蒂奥拉，一个无可指责的女孩，她活了18年9个月零5天。西康公民、泥瓦匠庞贝尤斯·卡图萨将此碑献给他的妻子，她天下无双，对他非常好。在他们一起生活的5年6个月零18天中，她没有一丝过错。读此碑文的人，去沐浴太阳的光泽吧，就像我曾经和我妻子所做的那样。我希望我还能那样。"

这些碑文还反映出了一些父母对他们孩子的感情，例如，"冥界的鬼魂啊，带领无辜的马格尼拉穿过树林和极乐世界，直接到达你的安息之地吧。她在8岁时被残酷的命运夺走了生命，那时她还享受着童年的稚嫩时光。她美丽而体贴、聪明、优雅、可爱，远超同龄人迷人。这个这么早就被夺去生命的可怜孩子，必须用永远的哀悼和泪水来铭记"。

有些罗马人似乎比起记录生前的种种成就，更在意的是确保自己的身体在死后不会受打扰。比如，一个碑文上写道："尤斯·图利厄斯·赫斯帕让人为自己建造了这座坟墓，作为他的骸骨的安葬之所。如果任何人毁坏他的骸骨，或是将其从此地移走，愿他长久生活在巨大的肉体痛苦之中，当他死时，愿冥界诸神将他的亡灵拒之门外。"

从一些碑文上，能依稀看出其作者的性情。比如，一句简短的碑文写道："我没出生。我活过。我死了。我不在乎。"最后，一个享受生活的男人留下了一块墓碑，上面写着："洗澡、喝酒、做爱，不爱惜身体。可是，除了洗澡、喝酒和做爱，活着还有什么意思呢？"[1]

也许这些墓碑最重要的价值之一，是它们记录了个人真实的感受，展现出了爱、恨、嫉妒、骄傲等基本情感，证明着跨越时间、文化和地理的普适性。它们还保留了人类的一种最复杂却又最微妙的特征——乐于享受幽默。很明显，许多墓碑上的信息是写来取悦和娱乐读者的，有些碑文在两千年后仍能让人忍俊不禁，这是古人和现代人情感相通的最好证明。

日历：分割与规划时间

到目前为止，本章透过时间的维度勾勒了一个人从生到死的生命抛物线。我们所使用的分割是描述性的，即将人生分为明确定义的阶段，比如童年或老年。这些阶段，因一个特定人的人生而具有了意义。在本章的最后一节，我们将向前延伸一点，看古代社会是如何分割和计量时间这一基本维度本身的。

几乎所有社会，都倾向于用几个基本单位来计量时间，而所有这些时间单位都基于地球相对于太阳的运动，以及由此产生的物理效应。因而，最基本的时间单位基于地球的一次完整的自转，其物理表现是一天一夜的一次反复。第二种自然单位，是月球经过一个完整的月亮周期所花的时间，这一周期以满月开始，然后月缺、月圆，然后再次变为满月。第三种伟大的自然周期是年，以四季更替的物理术语定义。几乎所有社会都认可这三种基本时间单位的某一形式，并用它们创造日历。这些日历，提供了时间秩序，从而让我们有序地组织生活。有了这些日历，我们能知道我们

---

① 以上墓志铭均出自《拉丁铭文全集》。

在四季更替中所处的位置，并且能够期待重要的日子，制定时间规划，这样生活看起来就不会那么混乱和随意。此外，日历还有助于增强社会凝聚力，因为日历帮助人们遵循同样的时间安排，庆祝相同的节日，协调他们的计划。让我们看看古希腊人与古罗马人如何组织时间，探究他们的日历如何演化成我们现在用的日历。最后，在本章结束时，我们将考察一些一年中的重大节日，看到这些节日是如何起源于古代的。

图2.8 复原后的罗马日历。不同符号表示集市日、节假日和禁止营业的日子。

如今，重要会议场所的公告牌和日历，提醒着人们关注相应的公共事件。在古罗马，他们将日历（Fasti）刻在公共场所和公共建筑的侧墙，列出一年中的所有日子，指出哪些是节日，并用字母标记，以表明其性质和活动限制。因此，每个人都可以查询巨大的公共日历，看看这些节日处在一年中的哪个位置。

对时间的记录，不仅规范了一年之中的秩序，还规范了一天之中的秩序。人们有时会嘲笑地中海地区的人缺乏时间观念，但没办法，那里的人自古以来就觉得"时间要有弹性"。和我们一样，古罗马人的一天分成24小时，但不同的是，他们不是将一天均分为24小时，而是将其分成白天12小时，夜晚12小时。那时，还没有计量小时的精确设备，比如今天随处可见的手表，因而这一划分方法合情合理。尽管除了在夏至和冬至，白天和夜晚的时长从未相等，夏天的白昼明显长很多。这也意味着，当人们安排约会和会议时间时，只能定个大概时间，比如"第一个小时"（日出后一个小时）或"第十二个小时"（正午）。正午（meridies）这个时间，将一天分为上午、午前（ante meridiem）和下午（post meridiem），现在美国还在沿用这一区分，将A.M.和P.M.加在时刻后面。

为什么在我们的日历上，一年被分为12个月、365天？这点我们要感谢儒略·恺撒，他改革了罗马历法。可是，为什么罗马最有权势的人要费劲去折腾日历呢？罗马人最初将一年分割为10个月，但是他们很快开始使用12个月的日历，而最初的10月历法还保留在一些月份的不规则名称中：罗马人的一年分10个月，从March开始（体现出农业社会的特征），所以他们将7月称作September（源自拉丁语septem，7），将8月称作October（源自拉丁语octo，8），将9月称作Novermber（源自拉丁语novem，9），将10月称作December（源自拉丁语decem，10）。因此，现代英语中将9月称作"7月"，10月称作"8月"，11月称作"9月"，12月称作"10月"，其实都不准确。最晚从公元前153年开始，民间一年的开始从3月1日改为1月1日，与我们今天的公历一致。

然而，还有一个重要的区别，罗马的一年最初是355天。显然，经过一段时间后，日历月份开始与反映出地球绕太阳运动时四季的不一致。为了解决这种差异，每隔一段时间，祭司们会添加一个"闰月"（在两个月之间插入一个不命名的月份），但他们偶尔会忘记做这件事，因而造成种种混乱。当恺撒大帝最终打败所有对手，成为罗马唯一的统治者时，当时的日历已经快了6个月，所以他的第一步行动就是连续增加6个闰月，使得那一年实际上是一年半长度。自公元前45年1月1日，儒略历（Julian Calendar）开始生效；公元前46年因此得名"混乱的最后一年"。为了避免类似的混乱，恺撒取消了闰月，将一年的天数增至365天。这样，日历和四季基本保持一致，但由于公历年的实际长度为365.25天，恺撒宣布每四年将2月增加一天（我们现在把那一年称作闰年）。儒略历由儒略·恺撒发明，并以他的名字命名，许多个世纪以来一直在使用（1582年，罗马教皇格里高利做了一些微小的调整），基本与我们今天使用的公历历法相同。

为什么日历最初称作calendar（历法）呢？"calendar"一词表示分割年份的系统（历法），最早出现在1200年左右，而为展示这些分割而制作的表格（日历），最早则出现在14世纪中叶。"calendar"可以追溯到古法语词calendier，指列表或登记簿，以及拉丁语词calendarium，指一个账簿，这个词又源自拉丁语词kalends，指一个月的第一天还账日。因此，每当我们看到日历时，应该马上想到每个月第一天该还账单了。

我们已经探讨了从9月到12月的起源。那么其他月份呢？这些月份主要来源于神灵的名字，或者后来被神圣化的人类及宗教仪式。之前提到，公历的1月（January，拉丁语Ianuarius）以雅努斯（Janus或Ianus）命名，雅努斯是罗马的门神、开始之神和过渡之神。他通常被描绘为拥有前后两张面孔，望向相反的方向，就像一扇门（拉丁语Ianua）能开能关。一年开始的月份以开始之神的名字命名，这合情合理，而且1月1日是从一年过渡到下一年的日子，就像跨了一道门槛。

2月（February，拉丁语Februarius）命名自februa，意为"赎罪祭品"或者"一种净化手段"。早期罗马人将2月（旧历中一年的最后一个月）视为一年的转折点，那时冬季即将更替为春季（新生和新开端），所以春天是告慰生育之神和先祖灵魂，净化和清洁一切，以及翻开崭新篇章的时间。奥维德说，早期罗马人也将"净化工具"称为februa，他还提到了用扫帚清扫房屋这一习俗。这种清扫经常发生在有人去世之后，其目的是净化房屋，"扫除"逝者的鬼魂，这样它就不会回来作乱。不过，这种与2

月的联系，让人想起我们为了清除冬天积累的污垢，在春天进行大扫除的习俗。

3月（March，拉丁语Martius）命名自战神玛尔斯（Mars）。3月1日，即罗马旧历法中一年的开始之日，是敬神的重要节日。一些罗马作家认为4月（April，源自拉丁语Aprilis）命名自希腊爱情女神阿佛洛狄忒（Aphrodite），但多数罗马作者认为Aprilis与"aperire（打开）"一词有关，因为4月是花蕾绽放的月份。无论4月是否命名自阿佛洛狄忒，它都将受到这位维纳斯女神的祝福。5月（May，拉丁语Maia）可能命名自罗马的丰饶女神迈亚（Maia），6月（June，拉丁语Iunius）则可能命名自天后朱诺（Juno）或iuvenis（指年轻人，不论男女）。7月（July，拉丁语Iulius）一开始名为Auintilis，意为"第五个月份"，更名为Iulius，是为了表示对儒略·凯撒的尊敬。8月（August，拉丁语Augustus）最初名为Sextilis，意为"第六个月份"，后改用罗马第一任皇帝奥古斯都（Augustus）的名字。罗马月份通常有29天或30天，只有2月例外，为28天。这可能也解释了为什么平年的公历2月是唯一一个28天的月份。

在古代，不同的文化采用不同天数的星期制。七天星期制在东方盛行，希腊占星家尤甚，他们用不同天体的名字命名一周中的每一天，这些天体被认为由特定的希腊神明统治。罗马人最初采用八天星期制，七天星期制最早出现在罗马，是在奥古斯都统治时期。罗马人在采用七天星期制后，更改了每一天的名字，用罗马神明代替了希腊神明。星期日（dies solis）意为"太阳日"，星期一（dies lunae）意为"月亮日"，星期二（dies Martis）意为"火星神日"，星期三（dies Mercurii）意为"水星神日"，星期四（dies Jovis）意为"木星神日"，星期五（dies Veneris）意为"金星神日"，星期六（dies Saturni）意为"土星神日"。

拉丁语中的这些星期名词，在罗曼语族①中仍能看到很多痕迹。比如，在法语中，星期一（lundi）意为"月亮日"，星期二（mardi）意为"火星神日"，星期三（mercredi）意为"水星神日"，星期四（jeudi）意为"木星神日"，星期五（vendredi）意为"金星神日"。不过，这些联系没有延伸到周末，星期六（samedi）意为"安息日"（西班牙语：sabado，意大利语：Sabato），星期天（dimanche）意为"上帝日"（西班牙语：domingo，意大利语：domenica，源自教会拉丁语②dies Dominica）。我们能在英语的星期六（Saturday）中清晰看到土星神日（Saturn's Day）的痕迹，也能在星期日（Sunday）和星期一（Monday）中看到太阳日（Sun's day）和月亮日（Moon's day）的痕迹，但英语中的另外四个星期名词呢？实际情况是，罗马众神转变成了相对应的日耳曼神：火星神玛尔斯（Mars）变成了日耳曼战神提尔（Tyr，古英语Tiw），提尔日（Tiw's day）衍生出了星期二（Tuesday）；水星神墨丘利（Mercury）变成了北欧神话中的主神奥丁（Odin，古英语Woden），奥丁日（Woden's day）衍生出了星期三（Wednesday）；木星神朱庇特（Jove）变成了日耳曼和北欧神话中的雷神索尔（Thor），索尔日（Thor's day）衍生出了星期四（Thursday）；金星神维纳斯（Venus）变成了日耳曼神话中的天后弗丽嘉（Frigg），由于弗丽嘉和日耳曼爱神弗蕾亚（Freyja）有许多相似之处，一些学者认为，两位女神一体同源，因此，也许星期五（Friday）依然与爱神有关。

有趣的是，英语也保留了星期六和星期日的异教名字，而不是像罗曼语族一样将其基督教化，变成安息日和上帝日。因此，英语中的星期表达，异教色彩尤为突出。在非基督教徒眼中没有周末的概念。安息日的概

---

① 罗曼语族，属于印欧语系，源于拉丁语，主要包括罗曼语族诸语言，比如法语、意大利语、西班牙语、葡萄牙语、罗马尼亚语、罗曼什语、加泰罗尼亚语等。

② 天主教教会活动所用的说教式的拉丁语。

念源于犹太人，很明显，非基督教徒认为每一天属于一个不同的神。八天星期制和七天星期制在古罗马并存了很久，直到公元321年，东罗马帝国的首位皇帝君士坦丁一世采用了七天星期制。

普天同庆的节假日

也许因为在基督教之前的世界中，没有周末可以休息，所以节日作为休息和享乐的机会，变得格外重要。基督教吸收了一些较受欢迎的异教节日，并将其转变为自己的节日，因为要想消除这些节日并不容易。基督教有时还将庆祝异教神明的节，变成圣徒的节日。例如，古罗马的节日Caristia或Cara Cognatio（亲爱的亲人节），旨在解除家族纷争，加强亲人间的关系，后来被改成2月22日的圣彼得节。有些基督教节日日期不固定，根据复活节的时间而定，因此有"不固定的圣节"（movable feast）的说法，而这一概念也起源于古罗马。在古罗马，每年祭司或地方行政长官设定庆祝某些节日的日期（这类节日名为feriae conceptivae）。古代世界节日众多，以至于皇帝马可·奥勒留不得不设定一年中的节日上限，不准超过135个。一些古代节日仍影响了今天的节日，让我们看看几个比较重要的节日吧。

每年12月25日圣诞节是基督教乃至西方最重要的节日之一。然而，《圣经》并没有确切记载耶稣的诞生时间。那么，是什么使得12月25日成为耶稣的生日呢？

无敌太阳神（Sol Invictus）是古代叙利亚的神，同样来自叙利亚的疯子皇帝埃拉加巴卢斯在罗马大力推行对无敌太阳神的祭拜。事实上，有证据表明，他试图镇压所有其他宗教，将无敌太阳神尊为最至高无上的神。埃拉加巴卢斯死后，无敌太阳神崇拜的影响有所减弱。然而，奥勒良皇帝又让祭拜太阳神重新流行起来。他在罗马建了一座无敌太阳神神殿，并且在公元273年设立了无敌太阳神的专属祭司。君士坦丁皇帝年轻的时候，似乎尤为狂热地崇拜过无敌太阳神，他铸造的钱币上常常带有太阳神的图像，并且刻有 Soli Invicto Comiti，"无敌太阳神，与皇帝相伴"；一些金币和圆形挂坠上，同时带有无敌太阳神和君士坦丁的图像，并且刻着 Invictus Constantinus（无敌君士坦丁）。即使是在公元312年他皈依基督教后，这种与太阳神的独特关系似乎仍在某种程度上得以延续。最早一直到公元324年，他还在继续铸造带有无敌太阳神图像的钱币。君士坦丁凯旋门于公元315年建立，上面描绘有三尊被扛起的无敌太阳神雕像，而且其所在位置意味深长，走近这座凯旋门，透过门洞便能看到，一尊巨大的无敌太阳神雕像，矗立在斗兽场旁。公元330年，君士坦丁参加新都城君士坦丁堡落成仪式时，头戴着一顶饰有太阳光束的皇冠。

公元321年，君士坦丁下令，太阳日（dies solis）为基督徒和异教徒的休息日，那一天应该停止工作，政府部门应该关门。因为君士坦丁在皈依基督教期间，抬头望向太阳，看到那里有象征基督的符号，所以也许他甚至将无敌太阳神和基督联系起来。事实上，在《圣经》中，基督被比作太阳，在描述基督时使用了太阳的意象。尽管长期以来，人们一直认为，无敌太阳神的信徒每年在12月25日，即（儒略历确定的）冬至日进行盛大的庆祝活动，但能够证实这一点的最早证据出现在公元354年的《计时法》中，其中一种历法"腓洛堪林历"将庆祝太阳的生日的节日（Natalis Invicti）定在了12月25日，并首次提到基督的生日是12月25日。学者们普遍认为，基督教将12月12日作为基督的生日，是为了削弱这种异教信仰的影响：太阳神与基督争夺着君士坦丁的信仰，而且信奉太阳神的人数依然很多，因此神学家奥古斯丁反对这种信仰。尽管对于基督教选在12

月25日这一天的确切原因，目前仍存争议，但确定的是，这和异教信仰有一定关系。

不管无敌太阳神和基督的生日是不是同一天，圣诞节的习俗都受到一种更古老且更重要的罗马节日的影响，即农神节（Saturnalia），12月17日到23日临近冬日时祭祀农神萨图恩（Saturn）的庆祝节日。根据拉丁文学中的描述，农神统治了人间风调雨顺的黄金时代。农神节期间，所有人都去度假，商店、学校和法院都关门歇业。令人惊讶的是，聚众赌博一般是违法的，但在此期间可以被允许。农神节不仅是个宗教节日，还是每个人得以享乐的时刻，这时候，平常的规矩被放宽，甚至会被推翻。比如，奴隶会由他们的主人伺候饮食，能够玩笑般地支使他们而不受惩罚。人们身着便服，头戴一顶尖尖的毡帽，名叫pilleus（又称自由帽或自由人帽，因为这种帽子是奴隶在仪式上戴的，在此期间，他们暂时获得自由），也许反映了他们摆脱规则和限制的自由。家庭中会选出一位"农神之王"，负责主持狂欢活动。

中世纪英国的"第十二夜"（Twelfth Night）的节庆方式跟这也很像。第十二夜的庆祝开始于圣诞节，到主显节前一天1月5日（圣诞节后第12天）结束，在此期间，社会等级被颠倒过来，农民和贵族互换角色。节日一开始，大伙儿会吃一个藏有一粒豆子的蛋糕，吃到这粒豆子的人，就成为"豆子国王"或"暴政勋爵"。这一习俗仍能从现在的国王蛋糕上看出来，这种蛋糕里面放有一个小东西，通常是一个小人。圣诞节期间，国王蛋糕仍会出现在许多欧洲人的餐桌上（但美国路易斯安那州把这一传统变成了狂欢节）。在农神节期间，古罗马人互赠礼物，特别是蜡烛和送给孩子的陶瓷娃娃。我们之所以仍在圣诞节点燃蜡烛，将蜡烛放在圣诞树上，互换礼物，也许这就是其中一个原因。

2月15日的牧神节（Lupercalia），是延续最久的古罗马节日之一，始于罗马最早期，一直持续到教皇哲拉修一世对其的打压，他为此发起了持续数年的运动。他写了一篇抨击这个节日的文章，而且在公元496年，为了取代这一节日，他还将2月15日定为圣母行洁净礼日和圣瓦伦丁节①。实际上，名叫瓦伦丁的圣徒不止一个，其中一位是罗马祭司，他因协助迫害基督徒而遭到监禁。还有一种由来已久的观点，认为2月14日是鸟儿配对的日子，乔叟和莎士比亚都提到过，不过，这种迷信是从什么时候开始的尚不清楚。

为什么哲拉修对这个异教节日如此介怀呢？牧神节的庆祝仪式是这样的：被称为"luperci"（狼人）的祭司们聚集在母狼养大罗马城建立者罗慕路斯兄弟的神洞中，献祭很多只山羊和一条狗，供由维斯塔贞女②烘焙的神圣糕点。祭司们将杀死祭品的刀上的血，抹在贵族青年的额头上，将山羊皮割成条状，然后这些小伙子手握羊皮条，赤裸着身体，在罗马的街道上奔跑，鞭打路人（尤其是妇女）。人们认为，受到这样的鞭打，能提升生育能力，因而想怀孕的妇女会拼了命地去挨鞭子。这个节日的起源十分古老，人们已经搞不清楚这些仪式都象征些什么，也不知到底在祭拜谁，尽管如此，到罗马共和国后期，牧神节已经成为吸引大批群众参与的盛大活动。

牧神节的仪式不乏性的意味，比如男性裸奔、鞭打女性，以及与生育的联系，这些都与基督教不合，因而这些元素被去除，使得这一天成为颂扬基督慈爱和圣母行洁净礼的节日——纯洁和童贞都与牧神节所代表的东西完全相反（不过，有人认为，牧神节的庆祝仪式不仅与生育有关，还与净化有关）。然而，流行文化最终改变了圣瓦伦丁节（1969年，教会从圣人日历中删除了这个节），去掉了"圣"字，使其重点从宗教变成了爱情。

---

① 2月14日西方情人节的来源之一。

② 侍奉灶星女神维斯塔（Vesta）圣火的女祭司。

每年1月1日，古罗马人会庆祝新年。老普林尼曾这样问道："为什么每年的第一天，我们满怀喜悦地互相祝贺新年快乐兴旺？"由此可见，罗马人也像我们今天这样，互相祝好。那天庆祝的开始，类似我们的新年游行。元老院议员、友人和门客们成群结队，聚集在两位执政官家中，同他们一起走过街道，彼此寒暄。然后，两个队伍会集成一个更大的游行队伍，继续向卡匹托尔山行进，人们在道路两边聚集观看。来到众神之王朱庇特神庙前后，两位执政官献祭两头公牛，以兑现前一年执政官立下的保佑罗马太平的誓言，然后立下新的保佑国家的誓言（vota publica）。这有点像我们立下新年目标、重新开始的做法。1月1日还是健康神阿斯克勒皮俄斯的节日，对他的祭拜在台伯岛的神庙里进行，也许祭拜他是祈求来年的健康。

3月17日是基督教的圣帕特里克节，这一天是圣帕特里克的卒日。在这一天，大斋节（Lent）①对吃肉喝酒的禁令都被解除，所以圣帕特里克节不仅是宗教节日，也是人们普天同庆的吃喝节日。在今天，尤其是在美国，圣帕特里克节更像是一个通过喝大量啤酒庆祝的世俗节日。巧合的是，3月17日在古罗马也是酒神节（Liberalia），是祭拜"自由之父"（Liber Pater）的节日，他是生育神、酒神和自由神，相当于希腊的狄俄尼索斯或巴克科斯。酒神节是放纵的节日，当天，人们尽情畅饮，对性的态度更加自由。我们现在和古罗马人在同一天喝大量酒，庆祝所谓的宗教节日，这着实奇怪。顺便说一下，帕特里克一开始是异教徒，后来被卖作奴隶，然后恢复自由，改信基督教，他因为驱除了爱尔兰所有的蛇而闻名。由于爱尔兰岛上没有土生土长的蛇，这个故事被阐发为驱除异教的寓言，考虑到异教信仰与神圣的蛇之间的关联，也有一定的道理。

---

① 基督教的斋戒节期，共40天，从大斋首日开始，到复活节前日结束。

4月1日，对我们来说是愚人节，是愚弄别人的日子。而对古罗马人来说，这一天是维纳斯节（Veneralia），是祭拜爱与性的女神维纳斯的日子。帕莱斯特里纳日历上的一条注释说，在维纳斯节那天，"成群结队的女性向生育女神福尔图娜祈祷，而地位较低的女人甚至会在澡堂里祈祷，因为男人会在澡堂里裸露一部分的皮肤，而光洁的皮肤正是这些女人所渴望的"。福尔图娜可能既是生育女神，也是幸运女神。只有地位较高的女性敬拜维纳斯。奥维德提到，女人们进入澡堂时，向生育女神敬香，如果女神看到她们身上有一点斑痕，她会施法将其遮掩住，让男人们看不见。4月1日，人们还会祭拜"沃提考迪亚的维纳斯"，意思是"改变心意者"①，她是维纳斯女神的一种化身。今天，4月1日是愚弄所有人的日子，而在古罗马，这一天似乎只捉弄男人：女神帮女人掩盖缺点，让男人爱上她们，和她们生孩子。

和我们一样，古罗马也有母亲节。3月1日，丈夫祈祷妻子健健康康，并送礼物给妻子。罗马人也有一个独立日，名为"国王逃跑日"（Regifugium），这个节日在2月24日，纪念将最后一位伊特鲁里亚国王"傲慢者"塔克文逐出罗马，建立罗马共和国。考虑到美国创立者们对罗马历史的熟悉与效仿，如果他们知道这个早前的独立日代表着新的共和政体取代专制君主，也就能说得通了。尽管7月4日的美国独立日很久以后才成为正式节日，但《独立宣言》签署后第二年，美国人就在自发庆祝这个节日了。而且，就像前文提到的，古罗马人也有像万圣节或墨西哥亡灵节那种节日，那时候，人们认为冥界的大门敞开，鬼魂会进入阳间，在我们的世界显灵。

众所周知，美国现代诗人罗伯特·弗罗斯特在《修墙》一诗中引用

---

① 指维纳斯女神将心中的淫欲变成贞洁的能力。

了一句17世纪的谚语，"好乡邻全靠好篱笆"，这句话不失为对界碑节（Terminalia）的贴切描述。界碑节定在2月23日，是祭拜边界和界碑之神的节日。住在相邻土地的邻居们向对方走去，在界碑处相遇，供上一顶花冠或一只花环，还有一个蛋糕。他们还会献祭一只小猪或小羊，然后一起享用。通过共享一餐，这一仪式有助于促进和巩固邻居间的友好关系。有一条早期罗马律法说："任何移走界碑的人，都会遭到诅咒。"这个仪式促进了邻里和睦，而这种睦邻友好关系能让社会运转顺利，公民遵纪守法。

在很大程度上，现代人的生活节奏，也就是我们划分人生阶段、丈量年份的方式，反映了自古典时代就已建立起来的种种规范。古希腊占星学家将一周划分为七天，而古罗马人将一年划分为十二个月，并对我们仍在庆祝的一些节日造成了影响。在标志着人生重大转变的仪式上（比如婚礼或葬礼），以及我们对人生各个阶段的期望方面，我们也能看到古典世界的印记。此外，古典世界也影响了我们所重视的人际关系，以及行为与情感之间的联系，这种影响延续了许多个世纪，从儿童如何玩乐，父母如何与子女互动，到两性之间如何交往，都是如此。我们对时间的概念和对旅程的规划，也要归功于古典时代的人们。

第三章

快乐生活：娱乐与休闲

除了获得生存的必需品和建立亲属关系，人类还一直拥有强大的娱乐能力。我们喜欢沉浸于游戏和运动之中，喜欢观看盛大的仪式和娱乐表演。这些娱乐活动不仅是无所事事的消遣，还常常体现或反映出我们对自我、身体和价值观的文化态度。今天盛行的许多观念，以及我们玩的许多游戏，都可以直接追溯到古典时代。

赏心悦目：运动和完美的形体

今天，无论我们去到哪里或看向何方，我们都会被年轻、肌肉发达、理想化的身体形象狂轰滥炸。广告牌上闪过修长的双腿；杂志内页中，"搓衣板般的腹肌"跃入我们的眼帘；广告片中，接连不断的靓丽模特向我们兜售产品；体育赛事中，特写镜头和慢动作中展示着运动员起伏有致的肌肉；我们看的电视节目，几乎清一色的是年轻美貌、有着"硬实身体"的人。于是，我们想要效仿这些理想化的苗条、结实的身体形象，在这种无谓的希望驱使下，无数的普通人拥入当地的健身房，花无数时间在跑步机上狂跑，疯狂举铁，强迫症似的计算卡路里，尝试各种"奇迹减重食谱"，甚至不惜用有风险的补剂和药物填满他们的身体。然而，这种对完美身体和增肌瘦身方法的迷恋并不新鲜。许多古人对身材和相貌的痴迷程度，丝毫不亚于最狂热的现代健身者或健美教练，而且那时理想身体的形象也一样无处不见。

公元前4世纪，一个古希腊人若是漫步于城市中心，举目所见皆是闪闪发光的青铜和大理石雕像，雕的几乎都是赤裸苗条、肌肉发达的男性身体。不论其面孔是一个神、一个神话英雄、一个著名的运动员，还是一个尊贵的公民，所有雕像呈现的身体都十分相似，表达着一种完美。古希腊人认为，赤裸、年轻、健美的男性身体是最高的审美理想，大多古希腊雕塑都能解读为对完美男性身体比例的探索。许多学者认为，一尊名为"拿着长矛的人"（Doryphoros）的雕像，代表了真正完美的身材比例。当然，如今博物馆中满是一尊尊与之类似的雕像。

图3.1 古希腊人极为尊崇年轻、健美、肌肉发达的身体，他们认为这是最美的。

城市里无处不在的青铜和大理石雕像，构成了一种别样的"森林"。除此之外，如果一个古希腊人漫步于城市中心，在经过那些重要的公共建筑时，他便能看到这些建筑表面关于完美男性裸体的浮雕与绘画。在山形墙和屋顶之上，还有更多精心设计的浮雕和雕像，摆出一副最能展现肌肉的姿势。如果他在一个小摊前停下，买点酒喝，酒杯和倒酒的罐子上很可能绘有同样完美无瑕的身体。回到家后，在自家的盘子、碗和其他容器上，更多美丽的身体图案凝视着他，就连摇曳着光芒的橄榄油灯也可能印有运动员的图案。

古希腊社会中健美的男性身体形象如此普遍，因此希腊男性拼了命地朝这一理想塑身，也就就不足为奇了。和今天一样，实现这一目标的主要途径是定期的剧烈锻炼，锻炼的场所是当地的体育馆。在古代，希腊体育馆中央是开放空间，周围是铺好的跑道和围成巨大矩形的列柱。当然，和今天的体育馆有一个重要区别，古希腊人是裸体锻炼的，"体育馆"（gymnasium）一词的字面意思是"裸体的地方"。和今天一样，去健身的古希腊人首先进入的房间是更衣室，不过在古希腊，这个房间名为"脱衣间"，而不是更衣间。锻炼的只有男性，女性不会在公共场合锻炼，除非是在斯巴达，那里的情况特殊，人们认为身体健壮的母亲会生出更强壮的勇士。在斯巴达以外，女性健身就是离奇现象了，一位古代作家的话证明了这一点，他称斯巴达女孩为"寡廉鲜耻、有失体统的露大腿者"。

图3.2 运动员浮雕。他们在一群观众面前用棍子玩某种球类游戏，可能类似现代曲棍球。

在体育馆中，热门运动项目包括跑步、摔跤、球类运动、拳击和举重。他们举的可能是铅块，也有可能只是上面刻有把手的大石头。今天，用音箱或者播放器放歌在健身房很常见，但是就连在健身场所听音乐健身，在古时候也可能有先例。最初，古希腊人在跳远时，双手会紧握1.8～3.6千克重的铅块，前后摆动。据亚里士多德称，这些重量有助于运动者跳得更远。因为古希腊人认为，跳远是最难的运动项目，所以会有长笛手在一旁吹奏，大概是为了帮助协调胳膊和腿的节奏。跳远者被提倡在摆动双臂时，手握这些重物。总的来说，持重被认为是一种很好的运动，不仅对训练跳远者有益。

在运动前，运动员用橄榄油涂抹身体，事实上，运动赛事的竞争者需要的唯一关键物品，就是优质橄榄油。摔跤是最受古希腊男子欢迎的运动。他们通常会加入一种摔跤学校，在那里和朋友们一起玩儿摔跤。在摔跤前，他们用灰尘涂抹身体，增加摩擦力。摔跤场地有两种：一种是干的，地上铺着沙；另一种是湿的，地上是稀泥，暴雨过后用来比赛。有句谚语"出沙入泥"，相当于我们现在说的"出锅入火"，源自这两种赛场的训练方式。摔跤手为了避免对方拉扯自己的头发，把头发留得很短，这点能从欧里庇得斯的剧作《酒神的伴侣》中找到证据，其中有句台"你的鬈发很长，我想你可能不摔跤。"

体育赛事：更快、更高、更强

体育赛事在古代时时刻刻都存在。每个小镇都会举办各种比赛，而且有的大型赛事，运动员会从各地赶来参加。还有种类繁多的大众体育项目，其中大部分在现代仍然能找到同类。希腊人特别喜欢赛跑，跑步是体育馆的一项重要健身活动。在奥运会等体育比赛中，名气最大的项目是200码（约183米）短跑，这个项目名为stade，即英语词stadium（露天体育场）的词源。跑道是长条形的，与现代的椭圆形赛道不同，古代长跑，赛道两端设有标杆，赛跑者必须绕过标杆，180°转身，继续奔跑。

据记载，古代的五项全能比赛，包括跳远、铁饼、标枪、赛跑（很可能就是stade）和摔跤，最早出现在公元前708年的奥运会上。与今天不同的是，只有赛跑和摔跤还单独进行比赛，跳远、铁饼、标枪只是五项全能比赛的一部分。那时的标枪投掷，与我们现在的方法不同，希腊人在投掷标枪时，大拇指或大拇指和食指上缠着一根皮带，这样能使掷出的标枪更加平稳。

图3.3 一个经验丰富的拳击手的雕塑。请注意他拳上缠着的
皮带，相当于手套；还有他被打坏的鼻子，说明他是个老手。

那时的拳击比赛不分回合，可以不间断地进行下去，直至其中一位拳击手举手放弃比赛，抑或被击昏。拳击训练时使用沙袋。拳击手用皮带包裹自己的双手，这样做是为了保护自己的手和手指，而不是为了对对手手下留情；事实上，拳击手最终还戴上了厚重的皮革指关节垫子，垫子坚硬的边缘能割伤对手的脸。从拳击手雕塑中，能看出他们伤痕累累，鼻梁被打断、鼻子被打塌、耳朵被打得开花，由此可见拳击比赛的凶残。拳击手的护手有一个绰号，叫"蚂蚁"（myrmex），暗指蚂蚁凶狠，会咬很多口，非常疼。从瓶饰画中，能看到拳击手脸上的伤口和被打伤的鼻子鲜血直流。后来的一些护手带很明显是羊皮做成的，用来擦额头和眼睛上的汗。

今天，"终极格斗"和综合格斗等格斗运动越来越受欢迎，不过这些也不新鲜。古希腊人有一项名为"全力角斗"（pankration）的运动，是一种拳击和摔跤的结合，规则非常少。事实上，只有两个禁止动作：咬人和挖眼睛。裁判员手握棍子，站在旁边，谁犯规就打谁。尽管如此，这一规则还是会被打破，这点能从挖眼睛的瓶饰画中看出，而且讽刺作家卢西恩戏谑地说，把"狮子"当成格斗者的绰号很合适，因为它们总是咬人。脚踢是常见动作，打击腰部以下部位也在意料之中。一篇讽刺运动员的文章，将冠军颁给了驴子，因为它们很会踢人。这项比赛只有在其中一位选手投降或被打残时才会终止。有资料提到，格斗者在比赛过程中当场死亡，这不足为奇，诗人品达就曾写道："竞赛者必须用尽方法，干掉对手。"（《伊斯米亚颂歌》）殴打、拳击、摔跤、扼喉，都允许，一位知名格斗手出了名地习惯打断对手的手指。据说，还有一个选手在赢得比赛后当场身亡，胜利的花冠只好搁在他的尸体上。英语中"agony"（极度痛苦）一词，就源自古希腊运动竞赛"agon"一词，这一点也不奇怪。

由于在古代世界没有重量级别，所以你越重，就越可能在拳击、摔跤和全力角斗中获胜。也是因为这一点，希腊人将这些比赛称作"重量赛事"。和今天一样，这就导致许多运动员吃特殊的饮食"增重"。据说，摔跤手米洛每天吃共计9千克的肉和面包，喝8升葡萄酒。有一次，他将一头公牛扛到奥林匹克体育场，因为这是他一天的伙食。现代运动员不断追求超越对手，为此他们会尝试许多奇特的训练方法，不过和古代运动员相比，这些都不算什么。据说，摔跤手阿梅西纳斯为了提高自己的技能，与一头公牛较量。他甚至在前去参加奥运会比赛时，还带着这头公牛。最终他赢了比赛，可见这种训练方法起效了，他也许应该感谢他的陪练。

古代奥林匹克运动会始于公元前776年，和今天一样每四年举办一次，直到公元393年罗马皇帝狄奥多西一世下令禁止举办，理由是和异教相关。与现代奥运会不同，古代奥运会的体育部分只持续两三天。其他天数用来举行宗教仪式和献祭，这是奥运会的一个核心组成部分，祭拜的神明是宙斯，他的神庙同样占据奥运会举办地点的关键位置。在四年的比赛间隙，体育场疏于料理，杂草丛生。按照传统，参赛运动员理应在奥运会举办前主动清理垃圾、拔掉杂草，将场地准备好。

图3.4 位于奥林匹亚的体育场。这里是许多最初的奥运会赛事的举办地点，
其中包括被名为stade的短跑项目，这就是"stadium"（体育场）一词的由来。

今天，"奥林匹克休战协议"经常用来指对在奥运会举办期间停战的呼吁，但虽然休战协议源于古希腊，其意义却有所不同。事实上，休战协议只呼吁运动员和观众，在往返奥运会的途中老老实实，禁止城邦交战的双方起冲突。在比赛开始前，裁判们要宣誓，他们会保证公平，绝不收受贿赂；运动员也要宣誓"不行恶"。因为除了战车手和骑手以外的所有运动员，得裸体比赛，所以，虽然今天代言在体育比赛中司空见惯，但在过去，他们根本没地方印广告。

纳斯卡拉力赛和一级方程式赛车目前大受欢迎，在古罗马，情况很类似。战车竞赛在古罗马是最受欢迎的娱乐活动，和相对罕见的角斗士比赛不同，战车竞赛直到公元后二十多年还存在，每年举办数十天，而且马克西姆斯大赛场能容下的观众比罗马斗兽场要多得多。英语的"circus"（马戏团）一词源于拼写完全相同的拉丁语词，意思是圆圈或赛马场。罗马的马克西姆斯大赛场确实是一个巨型体育场，能容纳25万名观众。

图3.5 马克西姆斯大赛场战车竞赛的浮雕。请注意浮雕底部的那位不幸的战车手，他从车里掉了下来，正好被一位对手的马踩在蹄下。

古罗马人像我们今天一样，在赛车时使用椭圆形跑道。不过，我们设计的赛道，是为了尽量减少撞车的风险，而古罗马人建的赛道，似乎是为了增加碰撞，因为撞车被视作娱乐的一部分。之所以会出现碰撞，是因为尽管战车手在起点时间隔了一定的距离，但如果他们想在转弯时节省时间，就必须往一个方向凑。此外，不像汽车赛道的弯道较宽、相对平缓，战车手必须不断进行非常危险的急转弯。这时候，战车就容易挤到一起，发生相撞，赛车迷们将这种灾难称为"沉船"。今天，汽车竞赛的开始和结束，通常以挥舞旗帜为标志。这一传统在古代就有先例：在马克西姆斯大赛场，比赛开始的信号是主持官员扔下一块名为mappa的布。

超级巨星：冠军和明星运动员

奥运会获胜者没有奖金或任何本身有价值的奖品可领，冠军赢得的只是一个橄榄枝编成的花环。今天，我们用金牌、银牌和铜牌，分别奖励每个项目目前三名的运动员，而古希腊人只对第一名感兴趣，只奖励获胜者。每个项目一结束就会进行加冠仪式，这是我们现在颁奖仪式的前身。很多古希腊作家描述了一种现象：波斯人不相信希腊人参加奥运会比赛是为了荣誉而非物质利益。不过，奥运会冠军在比赛结束回到家乡后，也会得到奖励。正如纽约市必然会为凯旋的运动队举行盛大的纸带欢迎仪式，古代城邦也会用盛大的庆祝游行欢迎他们获胜的运动员归来，参加这些游行的是他们的粉丝。今天，成功的运动员会从广告代言中获利，而出名的古代运动员，则会被赠送大量金钱和贵重物品，而且终身都会享受城邦提供的免费饮食。

今天，古希腊运动员常被誉为业余体育的典范，与如今滋生腐败的职业体育形成鲜明对比。然而，这种所谓的"纯洁"是对现实的扭曲。古希腊人根本没有业余体育的概念，因而也没有表达这一概念的词语，是现代奥运会普及了这一概念，它产生于维多利亚时代而非古代。不分贵贱，任何古希腊男性都可以参加比赛（不过，有钱的参赛者有一个优势，他们经过了长期训练，而且各种比赛费用都是自己出的）。因而，我们今天所谓的业余运动员一样能在古代奥运会上获胜。资料记载，首位奥运会获胜者，是来自埃利斯的科罗布斯，据说是个厨师，奥运会冠军里还有农夫、牧牛人和渔夫。

然而，久而久之，由于每个城邦都希望自己的公民摘得橄榄冠，很自然，训练变得更加正式化，更多钱和赞助被投入有可能获胜的运动员身上。古希腊时代尤其如此，大量金钱被投入其中，运动员全职从事体育运动能赚很多钱，体育运动又发展了娱乐观众的活动。特别是在古希腊和古罗马时期，来自所有社会阶层的男孩都会在公共体育馆集中受训，这就意味着，有前途的运动员可能会从较低的阶层中被挑选出来，获得参加比赛的机会；如果他们能够赢得冠军，就能得到国家发放的津贴。

正如今天的职业运动员全年受训，古罗马的顶级运动员也将自己全部的时间花在了准备比赛和比赛上。尽管奥运会每四年只举行一次，但在此期间，还有其他的运动会。因为各种各样的运动会不断地进行，所以运动员经常要和今天一样不停地训练和比赛。

除了奥林匹克运动会，古代还有三个著名的"花冠运动会"，也都要求在运动会期间休战，分别在德尔斐、尼米亚和伊斯米亚的宗教圣地举办。这"四大"运动会的举办时间是交错的，这样每年都至少有一种会举办。这类似现代网球和高尔夫锦标赛的安排方式，这样最好的运动员就能参加所有比赛。这四种古代运动会被统称为循环赛。可见，古代运动员是循环参加这些比赛的。在德尔斐举办的皮提亚运动会，敬献希腊太阳神阿波罗，由于阿波罗的神树是月桂树，所以授予获胜者的是月桂枝花冠；伊斯米亚运动会最初授予获胜者松树枝花冠；尼米亚运动会授予获胜者野芹花冠。最后一种习俗背后还有一个故事：相传，有个婴儿的保姆把他放在一片野芹地上休息，结果他被一条蛇咬死了，尼米亚运动会最初是悼念这个婴儿的葬礼运动会。还有更多小型的运动会也遵循了授予植物花冠的习俗，比如罗德斯运动会用白杨树枝、底比斯和阿尔戈用桃金娘、艾留西斯用大麦。

一些运动会也授予获胜者物质奖励，比如盾牌、银杯（至今仍然流行）、优质橄榄油、彩绘的双人床和钱。据普鲁塔克称，希腊的立法者梭伦规定了国家可以奖励运动员的最高金额：奥运会冠军奖励500德拉克马（这在古代是一大笔钱），伊斯米亚运动会冠军奖励100德拉克马，大概相当于当时一个工人辛苦工作至少一年的收入。

和今天一样，古代最成功的运动员会成为国际名人，受到各种追捧。通往奥林匹亚体育场的道路两边，矗立着一排排奥运冠军的雕塑，那里体育馆的墙壁上，记录着历届冠军的名单。城邦为他们最伟大的运动员，竖立雕像和纪念碑，诗人写诗歌赞美他们。诗人品达为来自16个城邦的冠军写了45首赞颂胜利的诗歌。然而，和今天精心编排舞姿显摆胜利的运动员不同，品达笔下的理想冠军不露声色，在获胜时谦逊有礼。艺术作品中描绘的运动员在获胜时，通常目光低垂。而在另一个角落，失败者饱受羞辱，他们从背街偷偷溜回家，还会受到各种嘲弄。尽管有些古代运动员也会像个别现代体育明星那样自命不凡，在场外傲慢可耻，但在比赛时又不得不遵守规矩。在一些比赛中，会有男子手持鞭子站在一旁，随时准备抽打犯规或蛮横的参赛者。如果我们经常看到一些现代运动员在球场上乱发脾气，也许会希望再去雇几个抽他们的人。

　　佩戴幸运符，遵循特定流程，以求在比赛中取胜，并不是现代运动员特有的行为。普鲁塔克提到，一位运动员认为，自己的成功取决于使用某只油瓶或某把刮刀，如果那个幸运物件丢失了，他就会狂躁不安。考古学家发现了用来给特定运动员带来胜利的护身符。有时运动员的压力会过大，难以承受，据说有个格斗运动员竟在奥运比赛前一天逃跑了。

　　在今天的体育界，子承父业的现象经常出现（比如恩哈特、佩蒂、安得雷蒂的赛车王朝），古代也有这样的现象。来自斯巴达的希波墨涅斯，赢得过6次奥运会摔跤比赛，他的儿子赢了5次。罗德岛有一个尤为著名的运动员世家——迪阿格里德家族，三代人出了6个奥运会冠军，共赢得9次重大比赛，还在其他运动会上取得了许多胜利。来自科林斯的奥尔加西达家族，在伊斯米亚和尼米亚运动会上取得了60次胜利，后来这个家族里的塞萨卢斯及其儿子色诺芬赢得了奥运冠军；为了履行对阿佛洛狄忒许下的誓言，色诺芬献出100个女奴给她的神庙当侍女，并祈求她继续保佑他获胜。

一些运动员在死后被尊为"英雄",使得他们带上了"半神"的光环。他们受狂热的信徒崇拜,这些信徒认为上天赋予了他们的偶像一种神力,认为跪拜其雕像能祛病消灾。事实上,当他们还活着的时候,他们的超人壮举也能激起神性的暗示,比如,据说来自塔索斯的泰阿奇尼斯,在22年的职业生涯中赢得了1300场胜利。传说,他的亲生父亲是一位天神(他的"人类"父亲是一位祭司,从而使那位天神找上了他的母亲)。著名的摔跤手,来自克罗顿的米洛,甚至被装扮成半神赫拉克勒斯的模样,头戴他的奥林匹克橄榄冠,身穿狮子皮,手持棍子,鞭策他的信徒勇敢作战。

这种对获奖运动员的尊贵待遇,免不了有人反对。作家色诺芬对这种对奥运冠军的崇拜提出抗议:"即使他成为同胞们的无比光辉的楷模,在奥运会中赢得'光荣席位'(prohedria),他的膳食由公费承担,并且获得政府奖赏的极其贵重的礼物……他的价值还是不如我……城邦不会因为有一位出色的拳击手、一位五项全能运动员、一位摔跤手,或者一位速度飞快的赛跑者,而变得更加遵纪守法……对政府来说,运动员在奥运会取得了胜利,不是什么喜事,因为他没有增加政府财政收入。"现代批评家与色诺芬有着相同的看法,他们谴责大众对运动员的过度崇拜,质疑运动员积极正面的偶像形象。

狂热粉丝和观众

有人认为现代体育粉丝对他们最喜爱的球队或运动员太过痴迷,岂不知古代的粉丝更疯狂。古代粉丝的许多惯常做法,在我们看来并不陌生。古罗马最受欢迎的观赏运动——战车竞赛尤其如此。罗马战车竞赛从不同队伍（所谓"派别"）中抽出战车，进行竞争。不同派系的战车手，穿着的衣服颜色不同。最早只有红、白两派，然后增加绿、蓝两派，后来试图增加金派和紫派，但最终失败了。特定派别的粉丝在为赛手加油时，穿着这一颜色的衣服，以示支持。就像当代橄榄球和足球球迷一样，在比赛那天，战车派别的粉丝们身着他们支持团队的颜色的衣服，前去体育场，在看台上坐在一起。他们经常喊出复杂的口号，给他们派别的战车加油，贬低其他派别的战车。这种集体性的口号或歌曲，在现代体育赛事中十分常见，尤其是在橄榄球和足球比赛中。

图3.6 这幅壁画展示了庞贝竞技场的一场骚乱。庞贝粉丝与邻镇粉丝之间爆发的这场暴力冲突，导致角斗士竞赛在庞贝城遭到长达十年的禁止。

在现代球迷之中，有一项行为令人不安，那就是球迷的暴乱行为。尤其在南美和欧洲，足球比赛中发生过不少臭名昭著的骚乱。然而，这种现象并非只有现代才有，在古代娱乐活动中，观众中出现暴乱，其实很常见。公元59年，在庞贝城，庞贝当地人和邻镇对手的粉丝打了起来，结果导致数人死亡，并且在体育场和场外街道激烈打斗。作为惩罚，庞贝城被禁止举办角斗士比赛达十年之久。

公元532年，在君士坦丁堡，蓝派粉丝和绿派粉丝之间爆发的骚乱更为严重。这场暴乱被称为尼卡暴乱，因为尼卡的意思是"胜利"，是粉丝们的常用口号。暴乱持续了将近一个星期，烧毁了城市的大部分建筑，在军队被调来镇压后才平息。据说，截至暴乱平息，死亡人数达到3万人。

而且，就像今天一样，古代体育运动能够在粉丝中间，激起强烈的情绪。阿米亚努斯·马塞利努斯在《罗马史》中这样描述马克西姆斯大赛场粉丝的狂热情绪："对那些人来说，马克西姆斯大赛场是神殿，是家，是社区中心，能够满足他们所有的希望。在城邦的大街小巷，你能看到他们激烈地争论有关比赛的一切……他们宣称，如果在下次比赛时，他们自己拥护的某一冠军在起跑时不领先，在绕过标杆时马匹不听话，他们的国家就完了。在比赛那天，天还没亮，他们就狂奔到体育场占座，其速度之快，几乎能胜过参赛的战车。"迪奥·克里索斯托姆对粉丝参加亚历山大城的体育比赛的描述，也透露出同样的狂热："他们走进体育场，表现得十分激动，就像是吸了毒一样……当你身处其中时，我该如何描述那些叫喊与狂吼，那些疯狂与反复无常，你脸上骤然变化的表情，以及你喊出的那些亵渎神明的可怕话语呢？"

狂热的粉丝有时会使用魔法，表现他们的支持。他们会购买或制作诅咒牌，召唤神灵和恶魔，让某一战车手或他的团队受伤或败北，然后将这些诅咒牌藏在赛马所在的马厩中。一块这样的诅咒牌上写着："11月8日，请在马克西姆斯大赛场帮助我。将红派战车手——奥林匹斯、奥林匹亚努斯、斯科提乌斯和尤文库斯的四肢、每一根肌腱、肩膀、脚踝、胳膊肘，都束缚起来。折磨他们的头脑、智力和感官，让他们不知道自己在做什么。弄瞎他们的眼睛，让他们无法看到前路——无论是他们，还是他们将要驾驶的马匹。"

女性粉丝团也追古代的运动明星。一个名叫莱斯的名妓，在奥运会上看到短跑选手尤巴塔，一下子迷上了他，想尽方法勾引他。但他最终抵制了引诱，因此他的妻子为他竖立了一座雕像，铭记他的忠诚，而非纪念他的运动成就。现在有一种陈词滥调说，粉丝与他们支持的运动队或运动员在场上同生共死，而在古代，这可不仅仅是一种说法。在一个著名的红派战车手的葬礼上，一个粉丝悲恸欲绝，他也走上柴堆，躺在他的偶像身旁，被活活烧死。

掷骰子：游戏和赌博

另一个很受古人欢迎的休闲活动是棋盘游戏。考古学家在意大利佩鲁贾的一个狂热玩家的墓穴中发掘出总计816个玻璃棋子、16个骨头棋子。古希腊人有一种游戏，在类似跳棋的黑白方格板上进行；而古罗马游戏"十二行"（Duodecim Scripta），使用三个骰子和若干黑白棋子，在一张24格的棋盘上玩，类似于双陆棋。古罗马游戏"强盗"（Latrunculi）有点像现代国际象棋，目标都是吃掉对方的棋子，而且一方持白，另一方持黑。棋子最初名为calculus①，分别代表不同的身份，比如强盗（latro）或士兵（miles，英语military一词的词源）。游戏的目标是，袭击对手的羊圈（mandra），同时保卫自己的羊圈。游戏的棋盘（Tabula Lusoria）可能很简朴，也可能很奢华贵重，要看主人的财力如何。在能找到的最早的一本小说《萨蒂利孔》中，佩特洛尼乌斯笔下富得流油的提里马乔拥有一张奢华棋盘，是由奇珍松木制成的，棋子是水晶的。马夏尔也描述了一种两面棋盘，既能玩"十二行"，也能玩"强盗"（《警世言》）。"强盗"被视作一种考验智力的策略游戏，就像今天的国际象棋一样。

---

① 这个词也指做数学计算时用以计数的鹅卵石。

图3.7 刻在腓利比城（Philippi）一座公共建筑的台阶上的一个棋盘。这个游戏可能类似于现代双陆棋，按棋盘上指定的位置走棋。

玩运气和技巧结合的游戏，难免导致古代赌博盛行。在《伊利亚特》中，荷马的希腊英雄们，已经在帕特罗克洛斯的葬礼运动会上对战车比赛下注。也许最简单的赌博是罗马猜拳游戏（micatio），有点儿像我们的"剪刀、石头、布"，两位玩家同时用右手伸出不同数目的手指，与此同时喊出双方所伸手指的总数；重复这一过程，直至其中一人喊对数字为止。古罗马人有句谚语："诚实的人，是你能与之在黑暗中一起玩猜拳游戏的人。"不过，最受欢迎的运气游戏还是老少皆宜的掷骰子和掷距骨。骰子（英语：cube，源自希腊语kuboi，拉丁语：tesserae））和我们今天用的骰子一样，在6个面上分别刻有数字1—6。显而易见，希腊人为掷出的每种数字组合也取了名字。最好的组合是3个6（以爱神的名字命名，叫"阿佛洛狄忒"），象征着好运。一如既往，罗马人同样吸收了希腊人对掷骰子的热爱。不同的数字有不同的价值，最差的数字显然是3个1，希腊人和罗马人都把这种组合叫作"狗"。距骨（希腊语：astragaloi，拉丁语：tali）是四肢动物小腿脚腕处的一块骨头，有两种玩法。一种凭技术，将距骨向上抛起，然后用手背接住，女人和小孩常常这样玩。另一种凭运气，将距骨看作有四个面的骰子，每一面代表一个数字：平整面是1，凸面是3，凹面是4，凹凸不平面是6，玩法是用杯子或双手将距骨扔到桌上。罗马人认为，最好的一掷，是同时扔四个距骨，四个朝上的面都不一样，这种组合被称为"维纳斯"，取自罗马爱神的名字。

赌博在古罗马非常流行，几乎人人都赌博，上到皇帝，下到泡在巷子酒馆里的穷人，虽然也有各种法律限制赌博。古罗马首位皇帝奥古斯都喜欢掷骰子，他曾经在一封信中写到自己"玩了一整天，几乎没离开牌桌"。无论是谁，扔出"狗"，就得往罐子里塞钱，而扔出"维纳斯"就能通吃全场（苏埃托尼乌斯，《奥古斯都传》）。他的孙子克劳迪斯皇帝也对掷骰子十分痴迷，他甚至写了一本关于掷骰子的书，还在他的马车中装了一张特殊的防抖棋盘，这样他就能在旅途中专心玩掷骰子了（苏埃托尼乌斯，《克劳迪斯传》）。甚至连恺撒大帝在横渡卢比孔河时说的那句名言"骰子已掷出"，也来自掷骰子游戏。恺撒用了一个人人都能理解的比喻，描述了自己宏大的政治赌博。

克劳迪斯有能随身携带的便携棋盘，而普罗大众得自己去找棋盘，或者动手做一个。他们可以在酒馆中找到棋盘。和现在一样，当时的酒馆也是最受欢迎的赌博场所之一，全城上下，公共区域的石头和大理石表面上都刻有棋盘。事实上，不仅在罗马广场和斗兽场发现了棋盘和赌桌，甚至连在维斯塔贞女院里都有。如果罗马人想玩棋盘游戏，他们只要想办法在人行道或台阶上画出或刻出棋盘就行了。在游览古代遗址时，如果你留意到这种棋盘，你就能体会到棋盘和赌博游戏在古代的受欢迎程度，丝毫不亚于今天。

赌角斗士和赌马也很受欢迎，不过那时似乎没有类似今天的有组织的正式押注机构。这种赌注好像比掷骰子金额更小，后者更可能让你输掉长袍。尽管如此，粉丝们还是会不住地讨论喜欢的角斗士和战车手、马匹的血统，还有他们以往的表现。就像罗马史学家塔西佗所描述的："我们城邦有一个特有的恶习，就像是从娘胎里带来的，那就是对演员、角斗比赛和战车比赛的狂热……日常交谈里几乎不聊别的话题。"（《关于演说家的对话》）作家卢西恩描述了能在大街上听到许多关于赛马、战车手雕塑、马匹名字的谈话，他称之为"赛马狂热"（hippomania）。甚至，连古罗马的孩子们都会下注赌斗鸡，显然这是一种老少咸宜的活动。今天，狂热粉丝们消费着大量的与体育相关的电视节目、广播节目以及出版物，互相引用详细的数据，他们无疑会理解古人的这种浓厚兴趣。

洗个舒服的热水澡

当你再次走进水疗会所，享受按摩、拔毛、蜜蜡脱毛等服务时；当你再次光顾汗蒸房和果汁店，或是在健身房跟人闲聊时；当你再次走进装有地暖的浴室时，要记得，你正在追随着古人（温暖的）脚步，在他们文化的余荫之下汗流浃背。今天十分流行的多功能健身房和水疗设施，源自一种古老的建筑：古罗马大浴场。泡热水澡被视作一种放松身心的方式，除此之外，古罗马人还赋予了浴场新的含义，将其用来建立并强化人际关系。浴场并不是个人独处的地方，而是沟通的场合，让自己成为社交圈的一环。在罗马大浴场中，你可以找到各式各样的货品和服务，让自己的身心获得愉悦。

古罗马人酷爱沐浴，建有大型公共浴场，这两点都非常有名。沐浴的传统源于古希腊，古罗马人经常借用并模仿他们的文化。荷马在《伊利亚特》《奥德赛》中描述的英雄们，喜欢在战役和长途跋涉后泡个热水澡，而且，在别人家中做客时，主人们会用沐浴来款待他们，比如，费阿刻斯女王命人伺候奥德修斯沐浴，"阿瑞忒令女仆赶紧在火堆上架起大锅，烧洗澡水。她们将大锅架在燃烧的火堆上，倒入清水，在锅下添上木块，木头燃起通红的火苗；柴火舔着锅底，锅里的水越来越烫……他看到滚烫的洗澡水，内心喜悦……女仆们帮他沐浴，抹上橄榄油，然后帮他穿好短袍，披上崭新的斗篷，他走出浴池，加入喝酒的人群"（《奥德赛》）。

希腊人号称拥有欧洲最早的浴缸：在皮洛斯城的内斯特宫遗址，发掘出一个来自迈锡尼青铜时代的嵌入式陶土浴缸，内部绘有螺旋形图案。这个浴缸比较小，说明沐浴者是端坐其中，用水冲洗。在《奥德赛》中，泰勒马科斯在内斯特宫做客时，享受了一次热水澡，也许这在某种程度上促成了该遗址以"内斯特宫"来命名。后来，小型陶土浴缸逐渐为富人所使用，因为在古希腊早期，洗热水澡是穷人享受不起的奢侈活动。

一些比较传统的希腊人认为，热水澡会让人贪图享受、危及道德，因此都会洗拉科尼亚式冷水澡（拉科尼亚是斯巴达的所在地，这样命名是为了将他们比作强悍干练的斯巴达人）。早期古希腊体育馆设计了沐浴的地方，名叫loutron，即冷水冲洗室，里面有洗脸盆，有时还有淋浴。从公元前6世纪开始，古希腊瓶画描绘出许多洗浴的场景：女人们在野猪头和狮子头喷水口下冲洗；运动员们在一个类似公共淋浴室、形同神庙的封闭建筑中冲洗；男人们用水瓢和土罐从水盆中取水，冲洗自己和他人。在许多体育馆的遗迹中能看到这样的设施：排水系统、成排的洗脸盆以及提供自来水的动物头喷水口（有狮子、豹子、野猪造型）。不过，没有加热设施。

然而，对热水澡的偏见，最终被愉悦和实用性打败。运动员在锻炼前会用橄榄油和灰土涂抹身体，显然，用热水比用冷水更容易将这些东西洗掉。道德主义者也无法阻止体育馆进行供热水改造，也挡不住公共浴场的流行。促成这些趋势的其中一个因素是教育观念的转变。锻炼身体是教育的基本关注对象，此外，教育者更强调要通过哲学、音乐、文科，更多的知识追求来提升心智。随着出现这种转变，体育馆开始增设图书馆和专门的讲座空间。这样一来，人们去体育馆，既可以锻炼身体，也可以锻炼大脑。道德观念不再过度关注人的体魄，热水澡也不再那么危及道德。不过，总有人反对洗热水澡，觉得洗热水澡让男人变得柔弱了。

图3.8 浴场建筑群中的更衣室。顾客在光着身子去洗澡前，可将自己的衣物存放在墙壁架子上的壁龛中。

对罗马人来说，沐浴可不仅仅是清洗自己。希腊人开创了体育馆这种多功能建筑，能同时提供众多活动和服务，而他们的浴场建筑群正是以这种体育馆为模板建成的。和保守的希腊人不同，罗马人大多认为沐浴是一种享受，甚至是一种奢华的体验。沐浴被看成一种文明的表现，而非堕落与柔弱的象征。然而，和以往一样，还是有一些传统的人反对沐浴，认为这种习俗会损害人的强韧。比如，斯多葛派作家塞涅卡欣喜地发现，罗马英雄大西庇阿的乡间庄园中只有一间窄小阴暗、外人看来简陋不堪的浴室。他赞美他的先辈虽然不太干净，但道德高尚："对大西庇阿来说，用不太洁净的水洗澡没什么关系，因为他去浴室是为了冲掉汗水，而不是为了洗掉油腻的香水……而且他不是每天都洗澡。为我们传达古罗马习俗的作家说，我们的祖先每天只会洗他们的胳膊和腿，因为只有这些身体部位会在干农活时沾上泥土。身体其他部位每周只洗一次。当然，现在有人会说：'好吧，但他们身上气味很重。'那你觉得他们身上是什么气味呢？这是军队、农活、男人的气味！"（小塞涅卡，《书信集》）然而，生活在古罗马帝国早期的塞涅卡最终打了一场必败的战斗。公共浴场成为罗马城市的标志，出入浴场成为罗马生活必不可少的一部分。

图3.9 卡拉卡拉浴场遗址。这个建筑群规模之巨大，仍能从其遗址大小中感受到。

虽然十分富有的人自己家中或乡间别墅会有某种私人洗浴设施，但他们还是会去公共浴场。虽然绝大多数人住的公寓完全没有洗浴设施，但任何一个罗马人，无论来自什么阶层，都能去公共浴场。进入这些浴场，要么免费，要么只收取象征性的费用。和今天一样，你先要将你的衣物存放在古代版的更衣室中（不过在古罗马，更安全的做法是找个奴隶看管自己的衣物)。你的衣物,要么存放在墙上的壁龛中(在许多罗马浴场的废墟中,还能看到这种壁龛),要么存放在木柜中。你必须自备毛巾、橄榄油、香水、运动服和浴衣,以及一种名叫刮板的金属工具,用来刮掉皮肤上的油脂、汗和污垢。那时没有香皂,一般用橄榄油代替。进入公共浴场,一般先锻炼,然后洗澡,最后回家吃饭。人们尤其喜欢先打打球,在下水洗澡之前微微出些汗。

图3.10 罗马戴克里先浴场(Baths of Diocletian)的模型。这种建筑群不仅包括许多不同水温的水池,还包括运动场、体育馆、图书馆、美食广场和花园。

事实上,除非是最精致复杂的现代洗浴设施,其他的都比不上罗马浴场的花样繁多。对古罗马人来说,洗浴是一种重要的仪式,浴场也变成一种社交中心。到公元3世纪,罗马有上百家浴场,有些是小型私用的社区浴场,有些是大型的公共浴场。大型公共浴场的门票要么免费,要么只收一小笔钱,这样保证每个人都能使用。这些由皇帝建造的巨型建筑群,不仅包含各种各样的水池,其实也是罗马人可以整天待着的社交中心,因而大多配备有运动场、花园、演讲厅、艺术展览、图书馆、美食广场和类似水疗的设施。仅卡拉卡拉浴场的一层就占地约10万平方米，这个浴场可同时容纳1万名顾客。

图3.11 罗马浴室的剖面模型。加热系统由两层地板组成，中间用砖块支开，热气能在两层中间循环流动。

对古人来说，沐浴的过程遵循了一种模式，通常要光顾一系列水温不同的房间：从温水间到热水间，再到冷水间。不过，你可以根据需求调整这一顺序。还有很多种类似我们所说的"桑拿"。古代洗浴者可以选择在一个"汗蒸房"里放松身心，这个房间要么湿热，要么干热，在这种房间里蒸出汗，被认为有治疗作用。洗浴结束后，你可以自己涂抹橄榄油，或带香味的润肤乳，也可以让仆人代劳。你还能选择享受按摩，任何大型浴场里都能找到技术娴熟的按摩师。此外，在浴场随时提供收费服务的还有美容从业人员。一种常见的美容服务员称为alipilus，专门帮人用镊子拔除多余的体毛。不过，体毛拔得过火了，会让人怀疑不够阳刚；诗人尤维纳利说："身上多毛，胳膊上满是粗犷的汗毛，这才像个男人。"（《讽刺诗》）

罗马浴场地板下有一种名为hypocaust的加热系统，字面意思是"从下面加热的炉子"。这个系统包括一种双层结构，两层中间由砌起的砖块支开。加热浴缸水的炉子散发的热气，被迫导入地板之间的这个类似夹层的区域。热空气上升，加热上面的地板。因此，尽管罗马浴场建筑的地板一般使用上好的进口大理石，但踩上去并不凉，因为下面有地热。就算只在这种环境中走走，也是一种感官享受。在理想温度更高的浴室中，比如热水间，墙壁里嵌有中空的陶土管，可以通过这些管子输送热气，提高整个房间的温度。

虽然洗澡是为了清洁和放松身体，但这不是说古代的浴场像今天的水疗中心那样，是远离嘈杂的清静之地。由于浴场有各种各样的活动，其实非常繁忙喧闹。也许塞涅卡反对沐浴的部分原因是，他住的公寓下面是一家公共浴场，沐浴者发出的种种噪声不断干扰他搞研究。他对这些忍无可忍的噪声的描写，也生动地描绘出了公共浴场里日常的活动："我住在一家浴场的正上方。请你想象一下我假装听不到的、种种喧闹的噪声。我能听到健身的人举铅锤的声音。当有人卖力健身时，至少假装在卖力时，我能听到他每一声喘息；当他做深呼吸时，我能听到他的每一次呼，每一次吸。还有，我必须忍受一个享受别人给他按摩的懒蛋制造的声音，我能听到按摩师张开或摊平手掌、拍他肩膀的声音。再加上喋喋不休的怪人，小毛贼，五音不全但孤芳自赏、爱在澡堂子里唱歌的男人的可怕声音，还有一个心急的游泳者一跃跳入水中、溅出巨大水花的声音……某个饶舌的拔毛师傅从不闭嘴，除了他拔人家腋毛，让他的受害者尖叫时。然后，还有糖果小贩叫卖各种商品，卖香肠的、卖甜食的，还有卖各式各样小食品的，他们每个人用别具一格的声音推销着自己的商品。"（《书信集》）

可想而知，和任何如此关注身体、展露如此多健美肉体的场所一样，古代的浴场里也充满了与性有关的氛围。就像今天有些人去健身房或在游泳池附近闲逛，是为了认识俊男靓女，古代浴场或体育馆中也一样暗流涌动。因为古代浴场通常男女分开，所以大部分搔首弄姿、暗送秋波都发生在男人中间。塞涅卡描述了，有男人专门去浴场勾搭年轻帅气的情人，然后带回家。马夏尔在几首诗中描绘了男人们在浴场中注视着彼此的场面，他甚至直接警告了一个死盯着他的人："你，菲洛缪索斯，在我洗澡时，别一直盯着我。"（《警世言》）

走出国门：旅游和旅游业

探索摆满著名艺术品的博物馆；与街头小贩讨价还价，买印有当地景点图片的廉价纪念品；查看包罗万象的旅行指南，里面有详细的徒步旅行路线，通往著名城市的所有主要景点；某些可疑的当地人死缠烂打，要做你的导游；去一个有本地特色的水疗中心放松身心；游览名人故居；因在景点附近花高价订酒店和贪婪的老板讨价还价；乘坐拥挤的交通工具，忍受痛苦的旅程……以上种种，都是现代国际旅游的标准体验。如今，旅游业是世界上最重要的产业之一，大批游客定期花费大量时间和金钱去外地度假，在风景如画的地方找乐子、放松，同时履行义务似的参观著名文化地标。以上描述的种种体验，对于现代游客来说再熟悉不过，而对2000年前地中海沿岸的古代游客来说也差不多。有一个古罗马人反思了这种前往异国他乡观赏风景名胜的永恒冲动："我们为了观赏就在我们眼前却被我们忽略的东西跋山涉水。我们似乎天生喜欢远方的东西，却对眼前的事物无动于衷，或者说，任何太容易满足的欲望都会失去其吸引力。不知道什么原因，在我们自己的城市（罗马）和周边地区就有各种从未接触过的东西，可一旦同样的东西出现在希腊、埃及或亚细亚，我们就会去了解，去阅读，并迫切前往，一睹为快。"（小普林尼，《书信集》）

虽然古代和现代旅行者的经历十分相似，但由于技术发展的原因，有些交通工具完全不同。今天的喷气式飞机，可以在几个小时内将一个人从地球的一边带到另一边，但对古代的旅行者来说，所有旅行必须步行、骑马，或乘坐受变幻莫测的风和天气制约的慢船。那时的旅行不仅慢，还有土匪、海盗和其他风险。也许正因如此，那时就有大量关于旅行的迷信。比如，如果你梦见了驴子，说明你的旅行将安全而漫长；梦见猫头鹰或鹌鹑也不吉利，预示着你会遭遇强盗；梦见野猪，说明你会遭遇暴风雨。

图3.12 罗马商船的马赛克画。这类货船也是游客出国旅游的交通工具。

由于海上旅行比陆地旅行快得多，而且能带上更多行李，所以几乎所有的旅行都和坐船有关，除非是特别短途的旅行。今天，大型游轮能将游客送至他们想去的地方，可古人却没有这样的专用客轮，必须乘坐商船。不过，因为古代地中海地区到处都是这种在大港口间穿梭的货船，所以坐商船旅行也相当容易。例如，使徒保罗可能会被归为宗教型游客，他通过搭乘罗马运送谷物的货船周游地中海各地，四处布道。

乘客必须自备旅途中所需的一切物品，包括被褥，以及随行仆人的饮食。有钱人或许能订个小隔间，但普通游客一般只能睡在甲板上。和今天一样，那时游客最关心的实际问题，是带够旅费，到达国外时兑换当地货币。今天通常的做法是带张银行卡，从自动取款机中兑换当地货币。古代游客可没这么便利，不过他们也有避免携带大量现金的聪明方法。一种方法是，带封介绍信给住在当地的亲戚或家族保护人，管他们借钱。古希腊与古罗马商人经常和地中海地区的外地商人达成这种互惠协定。

另一个实际问题，是把你的钱兑换成当地货币。今天，美国游客经常能用美元在外国买东西，尤其是在专门的旅游区。而在古代世界也有一些货币，即便远在国外也能流通。例如，雅典城铸造的标准货币是由高纯度银制成的，上面印有显眼的大眼猫头鹰形象，猫头鹰是雅典娜女神的象征。这些钱币俗称"猫头鹰"，在地中海东部同样能用，因此在雅典统治时代，周游列国的游客只需准备足够的"猫头鹰"，就能在旅途中畅通无阻。还有一种广泛流通货币，是波斯铸造的金币。后来，当古罗马人征服地中海地区时，人们可以用同一种罗马货币，从大不列颠一路旅行到叙利亚。因此，罗马货币可能是现代欧元这类国际货币的先驱。

然而，游客身上带的钱往往比当地人多，所以难免会吸引扒手和强盗的注意。今天，许多游客将自己的护照和钱装在内衣的贴身口袋中，古代游客也一样，他们在脖子上挂一个口袋，藏在衣服下面，把现金都放在里面。另外，他们尽量避免佩戴华丽招摇的珠宝，以免招贼。

精明的现代游客在出发前会查阅大量的旅行指南，其中包含从住宿、参观到交通的最新且最值得信赖的建议。古代世界也有类似的指南，其中有一种名为"路线指南"（itineraria），主要提供有关道路、沿途旅行条件和食宿地点的信息。在古罗马统治时期，这种路线指南尤为详细，标注了各个城镇之间的准确距离，它们沿着罗马四通八达的道路而建，除此之外，还标注了提供食宿的旅馆。有些路线指南甚至给旅馆打了分，指出每个旅馆都有哪些设施，就像今天的米其林和美国汽车协会道路指南一样。此外，有些旅游指南还评论了每段道路的实际状况，例如"大部分是上坡，不过有很多可以歇脚、吃东西的地方"，"这段路脚力不错的人一天可以走完"，"这段路大部分穿过橄榄树林和森林"，"附近完全没有强盗"——最后这条评论也许是游客最想看到的一条。

最久负盛名的古代旅行指南，由一个名叫保萨尼亚斯的希腊人写于公元2世纪。他写了第一本全国旅行指南，是深得现代游客信赖的贝台克、弗罗默、《孤独星球》系列等旅行指南的真正鼻祖。他的《希腊志》详细描述了他所到之处的建筑、纪念碑、艺术作品、地方传统、历史、神话和土特产品。全书分为10个部分，每个部分涉及希腊的不同地区。第一部分与阿提卡地区有关，包括对著名的雅典城及其纪念碑的冗长讨论。就像许多现代旅游指南一样，他在对雅典描述中推了几条穿越城市各个区域的徒步线路，还详细说明了游客遵循他的线路能看到什么景观。其中的一些路线到今天还能走，至少能参观一些留下来的遗迹。保萨尼亚斯的叙述风格轻松闲适，就像一个对景点烂熟于心的理想导游，在卖弄自己渊博学识的同时，总想着既有干货，还要有趣。

在关注古代游客的旅行动机和他们所选择的景点类型的过程中，我们发现现代游客喜欢的目的地类型也差不多，基本可分为五种：（1）因某一原因而出名；（2）拥有丰富的文化内涵；（3）声称能改善健康或治病；（4）能亲历一场著名活动或者场面；（5）具有引人入胜的异国风情。和今天一样，在制定旅行路线时，古代游客往往会选择具有以上特点的景点。

古代世界的一些热门景点包括：主要城市，如雅典、罗马和亚历山大；宗教圣地，如奥林匹亚、德尔斐和提洛岛；自然奇观，如西西里岛的埃特纳活火山；具有异域风情和神秘感的地方，如埃及；著名神话和历史事件的遗址，如特洛伊城和马拉松战场。此外，还有人造奇迹，如金字塔、罗德岛巨像，还有巨大巍峨的寺庙或雕像。早在公元3世纪，就已经有人编出了古代世界七大建筑奇迹名录，古代游客一定也会吹嘘自己打卡了多少个。

最近，很多人喜欢前往畅销书和热门电影的取景地。古代游客同样对文学作品中出现的地点着迷，比如，希腊的坦佩谷，不过是个风景宜人但毫无特色的森林地带，却碰巧成为许多著名诗人描述的对象。

今天，在洛杉矶、纽约和伦敦等城市有专门的旅行团，用观光车载着你参观在世和去世的名人故居（还有名人坟墓）。古人也对类似景点感兴趣。在雅典，游客成群结队地参观苏格拉底故居，在斯巴达参观梅内莱奥斯故居，在皮勒斯参观内斯特故居，在底比斯参观诗人品达故居。仅仅是亚历山大大帝的一生，就养活了一整条旅游产业链。在马其顿，你能参观亚里士多德给他上课的学堂；在希腊的喀罗尼亚战场，你能坐在一棵据说他曾扎过帐篷的橡树旁；在腓尼基的提尔附近，你能体会他曾小憩并梦见征服该城市的溪边冥想；在巴比伦，你能参观一所他曾住过的房子；最棒的是，在埃及的亚历山大城，你能在他的墓前向这位伟大的征服者致敬，并参观他那具被黄金包裹的遗体。这具遗体遭受过一次不幸的亵渎——罗马皇帝奥古斯都在参观陵墓时，一不小心把亚历山大的鼻子从他的干尸上撞掉了。

亚历山大毕竟是真实存在的历史人物，但特洛伊的海伦仅仅是神话人物，却连她的遗物也深受古代游客欢迎。在罗德岛上，一座神庙展示了一对据称是她戴过的手镯。在意大利南部，还能看到一只她穿过的凉鞋。一则有关她的神话说她是从一个蛋里孵出来的，更不可思议的是，游客能在斯巴达的一座神庙中见到这个蛋。在德尔斐，参观者能看到她曾戴在美丽脖颈上的一条项链，还有一张她时常坐的凳子。不过，底比斯声称他们也有一样的凳子，因而，游客必须自己考虑哪个是真货。最后，最激动人心的遗物出现在罗德岛，参观者能在那儿看到她用过的杯子，而且更吸引人的是，据说这只杯子和她一只乳房形状相同。

这种与神话相关的东西，多得令人惊奇。可想而知，不同英雄用过的武器和盔甲数不胜数；此外，人们还能看到建造特洛伊木马的工具、梅内莱奥斯战舰的舵杆、埃及女神伊西斯的头发和马西亚斯的长笛①。古代的游客还喜欢参观奇珍异宝。有不止一座神庙展示了巨人骨头——现在一般认为这些是在希腊发现的猛犸象骨骼。其他类似的寺庙收藏，还包括鲸鱼颌骨、非洲黑猩猩标本、一具浑身长毛的女性干尸、大象头骨、哈哈镜、一块近百斤重的水晶等，还有一个圆形物体，根据描述可能只是个椰子。

古代世界没有真正的博物馆，不过寺庙通常具有相似的功能，那里陈列着大量著名艺术品、战利品和前文描述的奇珍异宝。或许最早的致力于保存历史文物的博物馆，是公元前6世纪亚述国王尼布甲尼撒二世宫殿中的一系列房间，那里陈列着他本人的和他所征服民族的铭文、雕像、武器和物品。他把这些房间向公众开放，让他们能对着这些藏品感慨惊叹。他为这个机构取名为"人类奇迹陈列室"。

对于那些喜欢高端文化的游客来说，古代的很多著名雕塑和绘画收藏都值得一看。首先是世界七大建筑奇观中的几座雕塑，比如著名雕塑家菲狄亚斯的作品奥林匹亚宙斯巨像。罗马政治家西塞罗曾列出一份最著名的艺术品名录，吸引了大批游客前往参观。这一名录会让人想起现在旅行社的"欧洲精选艺术之旅"，这种旅行团保证说让游客能自豪地炫耀自己看过达·芬奇的《蒙娜丽莎的微笑》、米开朗琪罗的《大卫》、波提切利的《维纳斯》、凡·高的《向日葵》、维米尔的《戴珍珠耳环的少女》、莫奈的《睡莲》，还有西斯廷大教堂。西塞罗的名录中包括一幅由阿佩利斯画的从海中升起的维纳斯，一尊由毕达哥拉斯雕刻的宙斯化身公牛劫走欧罗巴的画，一幅由普罗托格尼斯画的雅典三桨战船，以及一尊迈伦雕刻的

---

① 根据希腊神话，擅长吹笛子的凡人马西亚斯狂妄地挑战多才多艺的阿波罗，阿波罗将竖琴倒过来演奏，马西亚斯无法将笛子倒过来吹，只能认输，结果被阿波罗剥皮处死。

青铜母牛。这尊母牛雕像尤其受欢迎，据说在雅典卫城展览时，人们纷纷感叹其惟妙惟肖，认为不仅普通人难辨真假，就连牧牛人和公牛也会受到愚弄。

另一个吸引大量游客拥出国外的诱因是体育赛事。今天，当一个城市或国家举行类似"世界杯"足球赛或"超级碗"橄榄球赛时，外地游客会蜂拥而至。同样，古代的国家或国际体育赛事也吸引了大批观众。2000多年前最能吸引游客的体育赛事，和今天一样，也是奥林匹克运动会。古代奥运会和今天一样，每4年举办一次，吸引了大批爱好者长途跋涉。而且，和今天一样，这些体育粉丝中，总是有个别名人。不过，在古代世界，这些贵宾中如果有心理不平衡的罗马皇帝，就会引起大麻烦，因为他们狂妄地以为自己实力超群，也想参加比赛。前面提到，除了奥运会，还有三个轮流举办的国际运动会，所以每年都会举办一场重大运动会。另外还有数百种地方赛事，专业运动员不断地巡回比赛，就像现代高尔夫或网球职业选手参加年度巡回赛一样。同样，某项运动或某个运动员的狂热粉丝，也能马不停蹄地赶场子。

我们一般认为，旅游是为了享受或打发时间，但无论古今都有相当多的游客为了更严肃的目的踏上旅程。他们通常是为了他们的健康而出游的人，其中许多人是为了治疗顽疾。今天，这一现象有时被称为"医疗旅游"，有人去豪华的墨西哥水疗中心放松一周，或做个廉价的小整容手术，也有人身患重病，濒于绝望，去宗教场所寻求奇迹痊愈。

在古代世界，最受欢迎的医疗旅行目的地，是医神阿斯克雷庇俄斯的神殿。其中最著名的两座，一座位于埃皮道鲁斯，很早就因神治愈了人们的疾病而声名远播；另一座在科斯岛上，是伟大的医师希波克拉底及其医学院的所在地。在诸如埃皮道鲁斯的神殿，远道而来治病的人一般遵循一个相当标准的程序。病人先沐浴，洁净身体，然后在神庙或神殿过夜，向医神祈祷。为了容纳成群结队的访客，一些神殿建有大宿舍，如果没有宿舍，访客们就睡在庙堂中。人们相信，医神会在你睡着时来到你的梦境中，奇迹般地治好你的病。也许更常见的是，神庙侍者会给你开一些药物、药膏，或者让你采取特殊饮食、锻炼和宗教仪式的方式，恢复身体健康。

图3.13　一对敬献的耳朵模型。这是一个有听力障碍的病人留在疗愈
神殿的献祭品。

古代作者留下了无数的证词，声称他们通过这种方法得到疗愈，或者至少减轻了他们的痛苦。其中许多人出于感激，在神庙敬献物品。最常见的一种敬献品是用黏土或大理石做成的患病的身体部位。因此，现代博物馆常常会见到一个展柜，陈列着大理石雕成的真实尺寸的手、脚、眼、耳、肺、肠、子宫，以及其他的器官或身体部位，全是治愈的访客敬献的古代神庙文物。这并不稀奇。想想看，每年大约有500万人不远万里去法国卢尔德圣泉，希望治好各种疑难杂症，现在那里还留有很多拐杖，是那些治好腿脚的人留在那儿的。如今在许多国家，仍然留有与古代敬献陶制身体器官相似的传统，比如在墨西哥。不过这些名为米拉格罗斯的祭祀用

品，过去是用锡做成的身体器官模型。

另一种对健康有利的旅行方式是乘船游览。船上的生活让人舒心，气候也较为适宜，古人希望能以此治愈疾病。一条深受欢迎的船游路线是顺着尼罗河北上或南下，除了在船上享受悠闲的时光，偶尔还能参观两千年前的著名古迹。埃及的干燥气候也被认为对患有呼吸疾病的人特别有益，因而，医生可能会建议此类病人去当地旅行。富有的罗马贵族小普林尼，在自己特别宠爱的奴隶感染肺结核后，让他乘坐豪华游船沿着尼罗河航行，以便恢复健康。直至20世纪初，医生还建议患呼吸疾病的病人去埃及旅行养病。

那些在神殿乞求医神显灵的人一般患有重病，而另一种与健康相关的热门旅行是泡温泉。那时的人们认为，在自然加热和富含矿物质的水中沐浴，既能放松身心又有益健康。这个古老的做法，在维多利亚时代尤为流行，至今仍在继续。今天仍有大量游客为了同样目的前往罗马温泉疗养地。位于德国的威斯巴登温泉疗养地，原本是罗马的马提亚塞温泉度假胜地；位于法国的薇姿，原本是卡里德温泉度假胜地；位于英国的巴斯，原本是苏利斯温泉度假胜地。在对这些遗址的考古发掘中，在温泉底部发现了大量古钱币，由此可见另一个经久不衰的习俗：古代游客在喷泉和泉水边时，也会为了好运而投硬币。

在意大利那不勒斯湾周围，温泉资源尤为丰富，这里我们聊聊另一种类型的游客。这种游客喜欢游览特别美丽的景点，比如海滩。不为其他，只为了躺着享受时光。对古罗马人来说，那不勒斯海湾就是这种无比迷人的度假胜地。尤其是在夏天，罗马人会成群结队地来到海边，躲避城市的炎热，那里清爽的海风要比拥挤、恶臭的城市舒适得多。那不勒斯湾周围到处都是富人别墅，数不胜数的海滨度假城镇吸引了来自各种社会阶层的度假者。今天，在美国，许多放春假的年轻人喜欢齐聚墨西哥的坎昆或佛罗里达的海滩等度假胜地。在欧洲，他们聚集在西班牙沿岸海滩和伊比沙岛、圣特罗佩兹、波托菲诺等时髦度假胜地，这些地方满足了不同经济阶层的度假需求。和现代的度假胜地一样，一些古代的度假城镇也因游客的不道德行为和酗酒现象而声名远扬。比如，那不勒斯湾的巴亚城，既有温泉也有海滩。如今，度春假的年轻人因种种出格的行为受到谴责，比如湿T恤比赛和饮酒狂欢，但想一想古时候对那不勒斯湾生活的描述也差不多，比如："裸体沐浴派对""醉汉在海岸边跟跄前行""喧闹的船上派对"。一个看不下去的罗马长者说，在这个地方，"女人属于大家，老年人像年轻人，年轻人像疯子"。

在以上的叙述中，古典世界的游玩方式与现代的十分相似。除此之外，一些游玩相关的体验也古今相通。例如，到达目的地之后，当地人会一窝蜂地围上来，向你推销他们的导游服务，令人烦躁。在希腊，这些人被称为"四处可见的向导（periegetai）"，他们臭名昭著，死缠烂打地招揽生意，叽叽喳喳说个没完，而且大多数是乱讲一通。一个古代作家描述了自己的一次典型遭遇："我刚到狄俄尼索斯神殿的柱廊，就有两三个人冲到我面前，告诉我只需付一点钱就能奉上最详细的解说。"当地人深知游客能带来大量收入，经常举办表演或提供各种体验，只为了多赚些钱。例如，在埃及，多个景点养有神圣鳄鱼，这些鳄鱼被认为是索贝克鳄鱼神的化身。在一座神庙，游客能让祭司召唤他们训练有素的鳄鱼张开大嘴供游客观赏，当然前提是要付钱。在另一座神庙，游客能购买献给鳄鱼神的蛋糕、肉和葡萄酒，然后观看祭司用这些祭品喂那些饥饿的鳄鱼。

对许多游客来说，只有他们满载而归，把纪念品发给亲朋好友时，才算真的出过国了。古代游客亦是如此。在任何热门旅游景点，卖纪念品的摊贩无处不在。如果景点是著名雕塑和建筑物，那么纪念品通常是小型的复制品。因而，今天许多去巴黎旅游的人回国时，旅行箱里都会有一个迷你埃菲尔铁塔，或者，欧洲游客都会从美国带回一个小自由女神；同样，古人也会带回迷你的迈伦牛和金字塔。今天，你可以拍摄著名景点照片带回来。这在古代当然不大可能。不过，你能买到各式各样绘有景点图案的廉价生活用品。最常见的纪念品有烧橄榄油的小黏土灯，这是古代十分常见的主要照明用具。这种灯可以批量生产，贴上亚历山大灯塔等景点的图片。另一种常见纪念品是小玻璃瓶，也能轻松贴上当地重要景点的图片。更有钱的游客，能买到由青铜或大理石制成的名作仿制品，尺寸与原件相同，他们可以运回去摆在家里，以展示自己阅历过人、品位高雅。

最后，就像现在许多游客出国旅行的亮点是购买当地的便宜特产，比如土耳其的地毯，古代游客也试图低价购买类似的特产。不难想象，在地中海东部，这些特产包括各种纺织品和异域香料。还有一些产品是地方特有的，比如希腊的海默图斯山的蜂蜜远近驰名，因此，来这里旅游的人可能会带一罐送给挚友。有些纪念品也像今天一样具有宗教意味。比如，信仰埃及某个神祇的人去那里旅游，可能会带回一瓶尼罗河圣水。当古代游客买了一堆纪念品满载而归时，他们也要通过类似海关的地方，申报自己买的东西并支付关税。

出国旅游的人经常担心会在国外遇到麻烦。今天，如果你深陷严重困境，可以向你国家的领事馆寻求帮助。这种做法也不是什么新鲜事。在古希腊时代，如果你在国外陷入困境，你会向当地的代理人求助。代理人是你本国的公民，但是在另一个国家永久居住，被指派为驻外大使。这些人往往是富商，因为商业利益生活在国外。虽然严格来讲，他们做代理人没有薪水可领，但还是要尽一切可能帮助短暂逗留的同胞。这些帮助通常仅仅是提供食宿，如果是更严重的麻烦，代理人就会花钱和找当地人脉去顺利解决。

最后，不幸的是，那时的游客和现在一样喜欢偷偷带回文物的碎片，或者在上面留下自己的印记。游客们会难以抑制好奇心伸手去摸，或者干脆敲掉一块，带回去当纪念品，许多著名景点和文物都遭到了破坏。前面提到的奥古斯都敲掉亚历山大大帝干尸鼻子的例子，虽然只是意外，却也毁损了一件珍贵文物。古代游客的其他文物破坏行为包括：带走埃及金字塔等遗址的碎石，好奇地拆散属于名人或有特色的古代服装。也许，证明你到访过某个景点或参观过某一文物，最长久的方式是在上面刻自己名字，古代游客当然也热衷于此。古往今来的游客在著名古迹上留下了最常见的刻字涂鸦，包括经典的"某某到此一游"。在位于埃及国王谷的法老墓穴的墙壁上，古代游客一共留下了2000多处涂鸦。另一个遍布涂鸦的埃及景点，是一座据说能发出声音的门农巨像。古代游客在巨像腿脚上能摸得到的高度留下了几百处涂鸦，记录他们到此一游。留下这些涂鸦的，不光是没教养的社会青年，还有无法无天的流氓。这些留言的其中一条竟然来自哈德良皇帝的妃子萨比娜。

第四章

政治体制：权力归于人民

古希腊人和古罗马人为我们留下了两种宝贵的政治体制——希腊民主制和罗马共和制，对从古至今的政治产生了深刻影响，而且持续影响当今的政治。这两种政治体制都是在进行革命性的实验：在不同程度上都是对国民广泛分享权力，而非将权力集中在一个或少数人手中。对于那些偏爱集权的国家，古罗马后期的帝制为许多野心勃勃的统治者，提供了另一种值得借鉴的模式。不光是这些政治结构，从这些古代政治体制中衍生出的词汇和象征意义，在今天同样无处不在。因而，假如我们对这些古代政体一无所知，就无法透彻理解现代政体。

政治和古代城市：人是种政治动物

在探讨具体政府类型之前，我们先思考一下"政治"一词的词源。一如许多食物，我们要感谢古希腊人。polis（通常译为"城邦"）一词，最早出现在公元前8世纪，随后700年里成为希腊特有的社会和政治组织形式。城邦是涵盖城市及其周边地区的地理区域。住在城市中心的居民和住在周边乡村的居民，都属于"politai"（城邦成员），是同一政府统治的人民。例如，哪怕你住在雅典城外24千米的地方，只要你还是阿提卡地区的居民，你都算是雅典人。polis是"politics"（政治）和"political"（有关政治的）两个英语词的词源，也是"metropolitan"（大都会的）和"cosmopolitan"（世界性的）等形容词的词源。

哲学家亚里士多德在其著作《政治学》的开篇追溯了人们自行组织的基本单元，开始是家庭，然后是村庄，最后是城邦，他说"城邦的存在是为了美好的生活"，是人类共处方式的巅峰。"人类生来是政治动物①"，他写道，其根本特征是需要与他人群居，建立有序的共存关系，"一个人如果由于偶然以及出于本性，不归属于任何城邦，那他不是缺乏人性，就是超越人性……一个人如果不能与人结成伙伴关系，或非常自给自足，不需这样做，那他就不属于一个城邦，因而，他要么是一个低等动物，要么是一位神明"。离群索居的人很不正常，他本应是一个政治性的存在（换句话说，归属于城邦）。

在城邦繁荣发展的同时，另一种社会政治组织形式民族聚居区（ethnos），在希腊广大地区产生了重要影响，这个词的意思为"部落、民族、人民"。虽然政治上并不统一，没有中央政府，但作为住在特定地区的单一民族，拥有很强的认同感，他们拥有同样的文化，拜同样的神。一个民族聚居区可能由多座小城镇或小村庄组成，这里的居民并肩作战，抵抗共同的敌人，或者共同处理一个重大问题。ethnos也是英语词"ethnic"（民族的）的词源。住在城邦的古希腊人往往认为，自己比他们"落后的"乡下亲戚更老练、世故，这种态度是随着城市的诞生而出现的。

雅典与民主：一场伟大的实验

人们常说，希腊人对现代世界最伟大的贡献之一是缔造了民主的概念。让我们直接跳到这个话题上，看看这个想法是如何诞生的。这时候，我们要回到公元前514年的古雅典。那时，雅典尚未奉行民主，好几代都由一个类似国王的独裁家族统治，名叫"佩西斯拉蒂家族"。佩西斯拉蒂

---

① 也译为"归属于城邦的动物"。

家族有两兄弟，当弟弟喜帕恰斯看上了年轻貌美的哈尔摩狄奥斯时，故事正式拉开序幕。在今天，这没什么奇怪的，但哈尔摩狄奥斯已经有男朋友了，另一半名叫阿里斯托革顿。喜帕恰斯向哈尔摩狄奥斯求爱遭到拒绝，他恼羞成怒，为了报复，他拒绝让他的妹妹在即将举行的大型国家游行中提篮子。这种报复，听起来可能有点儿傻，但在游行里提着篮子被认为是一种荣誉，这对哈尔摩狄奥斯的家庭来说是奇耻大辱。

年轻的恋人哈尔摩狄奥斯和阿里斯托革顿因此十分生气，他们决定在举行游行时暗杀喜帕恰斯和他哥哥希庇亚。但他们不是专业刺客，结果只成功杀了弟弟，希庇亚逃跑了。希庇亚的保镖很快反杀了哈尔摩狄奥斯和阿里斯托革顿，至此，这件事似乎告终了。

图4.1　哈尔摩狄奥斯的雕像。对这位年轻人的骚扰在雅典
引发了一场革命，这场革命最终以建立首个民主政权告终。

为什么提到这些呢？其实是有原因的。这起事件，使那些反对暴君家族的人站了出来，几年后引发了一场革命，希庇亚被逐出雅典。逐出独裁者后，雅典人才想着要建立有史以来首个以人民行使国家权力为基础的政体，换言之，首次尝试建立民主政权。你想知道民主的真正起源吗？其实，一切都始于一次性骚扰事件。

因此，雅典人是在公元前508年摆脱佩西斯拉蒂兄弟的统治后不久才意识到他们想在政府组织形式上做出重大改变，但他们却不知该怎么做。几百年前，他们也遇到过类似的状况，那次他们大胆地选择了一个名叫梭伦的智者，让他设计一个新政府，然后承诺无论他设计的政府是什么样的，民众都一概遵从。结果，情况还不错，所以他们决定再次启用梭伦模式，将所有权力交给一个人，让他来重整城邦，设计一个更好的新政府。但梭伦早已作古，他们这次找到的智者克利斯提尼，将会建立首个真正的民主政权。

可是，克利斯提尼意识到，建立民主政权面临的最大障碍是，雅典已经从地理上分裂成不同的派系——住在山区的山民、住在海边的渔民和住在城市的市民。这些地区的经济利益各不相同，克利斯提尼知道，来自同一地区的人会团结一致，支持只对他们自己地区有利，而非对整个城邦有利的政策。克利斯提尼通过将雅典人分为十个部落，巧妙地解决了这一难题。每个部落包含来自三个不同地理区域的公民。这种构成，确保这些地理区域的公民无法再将自己分离，他们不得不在其部落中和其他地区的人协作。

随后，他成立了一个名为"五百人议会"的团体，该团体成为雅典城的主要立法机构（相当于国会），负责做大部分重大政治决策。虽然除此之外，还有一些选举产生的官员，但五百人议会是权力的核心，被赋予批准立法的权力。真正使之成为真正的民主政权的，是这500个议会成员的挑选方式。每年10个部落分别派50人到议会任职。每个部落的50位代表都是随机抽选的。部落所有成员都会将他们的名字放入一个大瓮里，抽出50人，如果你被选中，将会在五百人议会任职，你所做的决定将会在那一年支配雅典城。

现代的代议制民主，选举政客代表选民，而这种直接民主，能使每一个公民都有平等的机会在政府任职，使雅典成为真正的民主政权。这个个体化制度确实激进，我有时也在想：如果美国每年随机挑选535位公民，将他们送去华盛顿组成议会，能不能拥有一个更好的政府？在古代雅典，按这个比率，很可能每个人一生能在五百人议会任职两次。雅典的民主政权还发生了一些变化，比如添加了一项重要的法律，赋予每位公民在公民大会上站起来发言的权利——这毫不夸张地给了每位公民就政治发言的权利。

图4.2 雅典卫城。这个巨大的岩石山丘，上面装饰着壮观的神庙和建筑，是开创民主政治体制的城邦雅典城的中心。

当然，"democracy"（民主）这个词本身源自希腊语，它由两部分组成：demos代表"人民"，kratos代表"权力"。因此，民主是一种将权力赋予人民的政治体制。虽然人们因其民主政治体制对雅典人称赞有加，但是切记，这其实只是一种对有资格获得公民身份的人的民主。在古雅典，有许多人根本不具有公民身份。妇女不算公民，儿童不算公民，奴隶不算公民（那时雅典有大量奴隶），住在雅典的大量外国人也不算公民。这样加起来，居住在雅典的人中，其实只有不到两成能算作公民，能享受他们民主体制下的所有成果。从此，许多其他希腊城邦也逐渐接受了某种形式的民主。

民主制的优点

今天，许多西方政客和智囊团都声称，民主政体可以产促成一系列积极的社会效应：科学创新，经济繁荣，等等。西方民主政权还会吹捧其政治体制与社会宽容、个人权利、言论自由等抽象价值之间的关联。尽管类似言论在冷战时期尤为普遍，但如果查看近50年来美国的总统演讲，就会发现他们不断主张民主会为采取民主政权的社会带来众多积极影响。这些说辞虽然贴合当代政治话语，但也和民主本身一样古老。事实上，所有倡导民主的演讲都源于希腊政治家伯里克利在公元前431年的演说。如果你对那篇演讲的内容了然于胸，那么下次听到总统演讲时，你就会自然地注意到，这些现代演讲中回响着（或直接抄袭了）这篇演讲中的不同言论。从这种意义上来讲，伯里克利的话大概是从古至今被剽窃最多的内容之一。接下来，让我们来探讨伯里克利的一些具体主张，有些至今听着耳熟。

据说，这是在伯罗奔尼撒战争爆发后不久，伯里克利在一场雅典举行的葬礼上，为了纪念前一年在战斗中牺牲的士兵所做的演讲。根据历史学家修昔底德所记录的版本（《伯罗奔尼撒战争史》），伯里克利没有细数这些阵亡将士的功绩，而是要通过描述哺育他们的城邦来赞美他们，其中包括"让我们日益伟大的政治体制，以及造就这种政治体制的民族特性"。因而，伯里克利最终发表的"葬礼演说"，旨在提醒雅典人民铭记雅典民主的理想。

他首先指出，雅典人没有模仿邻国的政治制度，并且宣称"我们的政权名为民主政权"，他将其简要地定义为："政权……掌握在多数人手中，而非少数人手中。"他接着强调了平等在这一制度中所扮演的角色，尤其是所有公民无论贫富、贵贱与出身，在法律面前一律平等的重要观点："法律面前，人人平等。"顺便说一下，雅典比起多数其他城邦，给予了奴隶更多的免受虐待和辱骂的法律保护，并因这些法律而闻名四方。雅典的法律体系还有一个关键构成部分。对于多数犯罪行为，负责审判的是一个陪审团，其成员是从所有公民中抽签产生的。这些陪审团往往非常大，陪审员人数为501~1501人。规模如此大，是为了防止出现贿赂，而且也说明判决可能代表所有公民，而不是少数个人的意见。此外，雅典法律体系还有其他强调平等的元素，比如，任何公民提起诉讼都相对容易，而且在审判过程中，原告和被告要在陪审团面前自行陈词。

根据伯里克利的说法，这种对平等的强调，其导致的结果是在雅典，奖赏根据功劳而定，公民只要能力允许，想爬多高就能爬多高，而且无论贫富贵贱都能为国家服务。这和现代反复强调"白手起家"的商人一样，就像霍雷肖·阿尔杰①的那些故事所写的。伯里克利进一步指出，虽然普通公民不以政治为业，主要忙于他们自己的事，但他们完全有能力担任法官，决定政治事务。

伯里克利还强调了民主雅典的另一个基本原则——个人自由。他指出了这些自由权利的几种形式，包括每个公民在法律范围内行动自由的权利，用他的话说就是："在公共生活中，我们强调自由，在私人交往中，我们不互相怀疑，也不因邻居做他想做的事而心生怒气。"伯里克利认为，雅典人之所以在战争中英勇无比，是因为他们是自由的人，在为他们所共有的城邦而战斗。他指出的另一种自由，是我们今天所谓的言论自由。由

---

① 19世纪下半叶的一位牧师兼小说家，他的小说十分畅销，主题全部关于某人通过决心与努力，从一贫如洗到腰缠万贯。

于雅典最重要的决定都是在议会上，经过辩论和投票而诞生，所以自由地公开讨论对于这一体制的正常运行至关重要。伯里克利宣称："我们不认为辩论会阻碍行动，相反，我们珍视辩论赋予我们的智慧，让我们在行动之前做好准备。"最后，他指出，甚至连非公民的个人权利也受到了尊重："我们的城邦向世界敞开大门，我们从不驱逐异邦人，也不会限制他们的见闻。"这一声明也意味着"存异"，事实上，有许多外邦人，其中多数为在雅典定居的"metics"（其他希腊城邦公民）。雅典人虽然为他们自己的传统和身份而自豪，但绝没有拒绝吸收外族的思想，雅典城的多元文化，使其能够轻易接触并吸收来自古地中海世界各地的新概念和新知识。

雅典人生活的开放性必然刺激了经济活动，促进了经济增长。尽管资本主义经济的概念尚未产生，但伯里克利已经意识到，在雅典独特的民主体制下，富有活力的经济是雅典的优势之一。伯里克利说："因为我们城邦的伟大特性，普天之下的商品源源不断地涌入我们的城邦，使我们能像享受自己的商品一样享受外国商品。"

伯里克利认为，民主体制的好处远非只有赋予公民政治和法律权利，它还塑造了一系列价值观和属性，使雅典在其他领域也表现出众，其中最重要的是：一个开放民主的国家，会鼓舞其公民进行文化创新和创造。他骄傲地宣称："我们为思维更新提供了充足的途径"，"我们热爱美丽的食物，可我们的品味却朴实无华，我们培育心灵，却不让其失去男子气概"。公元前5世纪，雅典在艺术、建筑、哲学和文学领域取得的成就，似乎证实了伯里克利的观点。在演讲的末尾，伯里克利宣称，雅典培育的公民，"独立自主、适应力强，而且多才多艺"。此外，他还提到，雅典始终处于成就和创新的前沿，它设立了其他国家奋力追赶的标准。这番话不禁让人想起近来许多向其他国家"输出"民主及其效果的政治言论。伯里克利的"葬礼演说"，对民主的积极特征做出了精妙的总结，如果上面引述的话有很多听起来很熟悉，那是因为在过去2300年里，某些政客一直在重复伯里克利的话和主张。

伯里克利（和他的现代模仿者）虽然有言过其实之处，但也情有可原，因为撇开花哨的言辞，他们对民主种种好处的主张，包含了一个基本真理。民主体制能够产生，而且已经产生了其拥护者所主张的许多积极价值和影响。然而，民主政体作为一种政治体制，并非完美无缺。

民主制的弊端

今天，有多少人毫不犹豫地颂扬民主，就有多少人看到民主的种种缺陷，看到它遭到不择手段和自私自利的团体或个人腐蚀。有趣的是，古希腊人深知民主的好的一面，也同样清楚这一体制存在种种缺陷或弱点，其中许多缺点我们今天仍在与之斗争。民主的种种潜在缺陷，在一个戏剧性的故事中一览无余。这个故事讲述了两艘船之间进行的一场著名竞赛，而这场比赛的结果，将决定整个城市的命运。

公元前427年夏天，一艘三桨帆船（一种战舰）匆匆忙忙从雅典港起航。三桨战船的特征是船身窄而长，两侧列满数百个桨手，这样的设计是为了提升速度，而速度正是那天所迫切需要的。这艘船从港口里一闪而出，向东驶去，第一批桨手用尽力气后，倒在甲板上睡觉，立即换上另一批桨手，继续奋力全速前进。他们迫切希望能保证速度，桨手们甚至没有停下，花时间吃饭，他们只是迅速吞下浸泡在酒和橄榄油中的大麦蛋糕。他们之所以如此马不停蹄，是因为正在和另一艘三桨战船竞赛，而他们的竞争对手比他们早出发将近24小时。终点线是约300千米外一座小岛上的米提利尼城，赌注既不是钱，也不是荣誉，毫不夸张地说，是米提利尼每个公民的生命。

此时，雅典统治着几十个从属城邦组成的一个同盟，即提洛同盟，米提利尼城就是其一。米提利尼人起身反抗他们的领主，但雅典军队很快就平息了叛乱。雅典公民聚集起来，举行大会，受狂热的复仇心理驱使，投票决定严惩叛乱，处死米提利尼城所有成年男子，无论他们是无辜还是有罪，并且将所有妇女和儿童都卖为奴隶。于是，他们立即派了一艘船，传达这项可怕的政令。

然而，就在第二天，雅典公民开始反思他们判决的残酷性，重新审思这样做是否明智。于是，另一场大会匆忙召开，在听过几段激动人心的演讲之后，雅典公民投票取消了之前残忍的判决，改为更适当的惩罚，只处决叛党的头目。随后，他们又派了另一艘船，传达新的政令，两艘船的竞赛就此开始，一切要看第二艘船是否能先于第一艘船到达米提利尼，在执行集体死刑之前赶超它。

这个戏剧性的事件反映出民主体制的一些优点和缺点。一方面，最初投票通过的过于严厉的惩罚，表明在议会的激动时刻，民众能轻易受一时的情绪（如愤怒）或煽动性演说左右，做出冲动而残忍的举动。另一方面，他们愿意重新审视和改变自己的决定，由此可见民主体制的灵活性允许纠正错误。然而，甚至连这种灵活性也可以被视为一种缺陷：一项政策有可能很难坚持下去，因为一群人在某一天做出的决定，可能会在另一天被推翻。这种变化无常，会使长期规划和外交变得困难重重。这些全都是民主制国家至今仍在努力解决的问题。这个故事的结局是，传达集体死刑政令的那艘船还是先到达了米提利尼，就在死刑判决刚宣读完的时候，第二艘船划进港口，刚好在千钧一发的时刻，阻止了这一判决的执行。

米提利尼事件，说明了民主政权长久存在的某些潜在缺陷，而古希腊人所意识到的比这多得多。无论是当时还是现在，对许多民主政权提出的最明显的批评，使得公民权利通常只适用于有限的特权群体，而这一群体有时只在总人口中占少数。以美国为例，想想非裔美国人为了摆脱奴隶制，获得平等的权利而进行的漫长的、艰苦卓绝的斗争。虽然美国作为一个强调"人人生而平等"理念的所谓"民主制国家"，已经建立超过两百年，但非裔美国人真正被纳入这些理念之中，只有短短几十年。同样，在美国诞生后的大部分时间里，女性根本无权平等地投票或参与政治。想想自己的历史，我们无法轻率地谴责2400年前的雅典人不给妇女和奴隶公民身份。明确了这一点之后，我们可以通过与古雅典相关的两个角度评析一下民主体制的其他消极方面：首先我们将看希腊知识分子自身对这一体制的批评，然后我们将审视雅典在民主制时期的一些作为，看这些表现与伯里克利在"葬礼演说"中描述的崇高愿景是否一致。

民主的概念诞生不久，希腊哲学家已经对民主制提出了一些保留意见，并指出了它存在的一些潜在缺陷。其中最大的担忧是，民主政权给公民太多自由，他们要么会滥用这种自由，要么会利用这种自由，谋取私利，对公益置之脑后。柏拉图在《理想国》中指出，在民主制国家中，"充满行动自由和言论自由，每个人都可以随心所欲"。在现代人听来，这种程度的自由像是一种赞美，其实柏拉图意在批评。他接着描述了他眼中大量自由的后果："如果你有能力掌权，你也完全可以不去掌权，又或者你若不愿服从命令，你也完全可以不服从，没有人可以逼你；如果在打仗，你可以不上战场，又或者你讨厌和平，也能在和平时期发动一场战争。"柏拉图将自由比作一种让人上瘾的麻醉剂：民众获得的自由越多，渴望的自由就越多，直至所有的自律都消失，当个人毫无约束地迎合他们更卑劣的本性时，道德就会沦丧。

柏拉图认为，最后，社会差异会瓦解，直至被消除，这样一来，年轻人就会不尊重长辈，孩子会反抗父母。在柏拉图看来，随着个人自私地追求自利，不惜损害整个社会，民主政权所允许的自由不可避免地会被滥用。许多古希腊哲学家对人性持相当悲观的看法，他们认为，民主体制受到欢迎的一个主要原因是它允许人们放纵自己的欲望，而"大多数人喜欢过放纵的生活，因为他们觉得放纵比克制更畅快"（亚里士多德，《政治学》）。在他们看来，一个真正的民主政权，必然会退变成"一种无政府的社会形式"（《理想国》）。

哲学家们普遍批评民主的第二个方面是，雅典的民主制严重依赖随机选择。许多政府职位都是通过抽签补上的，一些哲学家认为，就算是在生活中，我们也不愿意哪项任务让随机选出的人来做，而不选培训过、有技能或有经验的人来做。苏格拉底在一次对话中指出："没有人会想用抽签的方式选择舵手、木匠或音乐家，更别说选择城邦领导人了。"（色诺芬，《追忆苏格拉底》）雅典人并不反对咨询专家，比如，苏格拉底在另一次对话中指出："当我们召开议会，商讨建造一座建筑物的议题时，我们请建筑师提供建议，当商讨的议题是建造船只时，我们请船工。"（柏拉图，《普罗泰戈拉》）

然而，当涉及管理国家的问题时，雅典人愿意将这项任务委托给随机挑选的人，不论他们智力高低，是否睿智。柏拉图绝望地得出结论，民主"将所有人平等对待，无论实际上他们是否平等"（《理想国》）。这样说可能有些言过其实，因为抽签选出的地方行政长官毕竟还要具备基本的办事能力，不然也会被议会罢免。而且，他们并没有真正地"管理这个城邦"。不过，雅典人愿意让普通公民参与行政管理，这还是挺令人惊讶的。

许多希腊知识分子完全没有伯里克利的信心，他们不认为一般公民有能力行使至高的权力，在他们看来，民主体制是穷人剥削富人的一种手段。一段著名的批评，来自一位"老寡头"，他直截了当地将民主定义为"一种下等公民，以牺牲上等公民的利益为代价，进行统治的政治制度"[(伪)色诺芬,《雅典政体》]。这一观点得到了许多哲学家的认同,包括柏拉图,他说:"贫民取得胜利,将对手处死或流放,然后与其他人平等分享权力和公民权利,民主政权就是这样产生的。"

亚里士多德更强调财富的作用,他认为,真正的民主体制,不仅仅是让权力掌握在"多数"人手中,还必须将"自由"和"贫穷"算进去。在他看来,"只有当那些自由、贫穷、占大多数的人掌握了政权时,民主体制才诞生"。他认为,民主体制的目标是,以牺牲国家整体利益和富人为代价,造福穷人(《政治学》)。正是这种对普通人掌权的能力及动机的怀疑,促使柏拉图最终得出这样的结论:至高无上的权力只应掌握在一小群理性思维经过严格训练的人手中,即他的"哲学王"。

除了通过梳理古希腊知识分子所提出的哲学方面的反对意见,历史还给了我们第二种评判雅典民主政权的方法,即审视雅典在民主时期的所作所为,看雅典人民做出的决定是否明智,以及一种检视方法,看雅典在实际行动中,是否遵守了伯里克利在"葬礼演说"中所表达的理想主义原则。这样的评判方法存在两方面的问题,首先,有关民主时期的雅典的记录不可能全部可靠;其次,民主时期的雅典是否功大于过,还存在可辩驳的空间。

我们不妨从公元前480年波斯入侵到公元前431年伯罗奔尼撒战争爆发的时段谈起。当时,雅典显而易见是希腊地区最强大的,因此在选择对待邻国策略上有很大的自由。雅典在这段时期所做的,是扮演帝国主义强权的角色,用军事力量统治其他城邦,奴役或杀害反对他们的人,强迫其他城市向雅典朝贡,并在从属领土建立雅典殖民地、派兵驻守。雅典对其帝国的控制,还有另一个不光彩的方面,雅典人不仅强迫所谓的盟国签署条约,还让他们的全体公民向雅典"忠诚宣誓"。其中一些誓言保留至今,除了承诺不反抗雅典、不援助叛军、缴纳所需的贡品之外,别国公民还必须宣誓"服从雅典的民众",甚至"热爱雅典的民众"。

我们已经从米提利尼岛三桨战船竞赛之前的事件中看到了雅典侵略的一个例子。但这绝不是个例。还有一个发生在同一时期的著名事件也反映出了雅典民众的潜在残暴,这就是"米洛斯事件"。雅典人威胁崇尚和平的米洛斯岛,宣称他们必须臣服雅典帝国,结果被米洛斯人拒绝了。米洛斯人称,他们珍视自己的自由,结果雅典人用暴力制服了他们。

这样的事件表明,雅典并没有始终坚持"葬礼演说"中包含的价值原则,至少没有一视同仁地使用这些原则。对待其帝国时,雅典人一再表现出一种狂妄,认为他们比其他城邦优越,而这种优越成为他们霸道和做出不道德行径的理由。雅典政治结构的核心理念,是选择自由和平等的权利,而他们却拒绝给予其他城邦(比如米洛斯)的公民这些权利,这显然是一种双重标准。现代批评者有时也指出,当代民主政权的行为中,也有类似的倾向。比如,美国有时被指控欺负其他国家,有种优越感,参与动机可疑的战争,与此同时还妄称道德正直。当然,这不是本书讨论的重点。然而很明显,虽然有时不能否认有好的初衷,但民主国家确实经常做出这种"双标"行为。

丑陋的民主制

最后,希腊人认识到民主体制一直存在的,也可说最严重的一个问题:人民可能会受到虚伪的领导者欺骗,这些领导者煽动人民的情绪或利己心理,促使他们做出鲁莽、愚蠢的决定。言论自由的原则虽然也有积极的方面,但也为那些擅长鼓唇弄舌、煽动人心的人打开了大门。演讲术,即公共演讲的艺术,在古雅典达到非常精深的水平不足为奇,而那些具有演讲天赋或者通过后天训练擅长演讲的人，可以利用这一能力获得权力。

希腊人将这样的人称作煽动者，虽然希腊语词"demagogos"的本义是"民众的领导者"，但很明显，从一开始，它就有"为了个人利益蛊惑民心的人"的意味。这样的人物经常是喜剧中嘲笑的对象。比如，阿里斯托芬的剧本《骑士》中描绘了他们的特点："一个煽动者不必受教育，也不必诚实，粗俗就够了，当个无赖。"还有他们的手法："哦，再容易不过了……将所有事实都捣碎，混在一起。然后烹制成甜言蜜语，去哄骗人民，赢得民心。若你拥有一副大嗓门、低级的教养、满口市井粗话，你就拥有成就政治事业所需的一切。"在剧本的另一处，一个角色信誓旦旦地说，他会赢得公开辩论，因为"我会比任何人都大声地喊叫，我的声音能压过任何人"。这些言论不禁让人想起现代新闻，能让人听到、容易成为新闻的声音，不是平静、理性的，而是最煽动或最耸人听闻的。

除了煽动者造成的危险，民主体制还容易受制于冲动，受一时的情绪驱使，做出不可靠的决定。例如，在战争期间，雅典议会曾投票决定非法处决一些逃离战场、任其士兵淹死的海军将领。这些人也许应该受到某种惩罚，但群情激愤之下，议会拒绝给予他们公正的审判，直接用私刑处死。此类事件，证明了另一项对民主的指控，即民主无异于暴民政治，在这种体制下，公民会显露他们最恶劣的共性，容易做出武断和鲁莽的行动。

除了以上描述的潜在结构性缺陷，很明显，古雅典的民主体制不乏政治腐败、贪得无厌，或是肆无忌惮地欺骗体制的人。例如，贿赂在当时是个严重问题，政治家们经常指控对方因倡导某项政策来换取贿赂。一项最轰动的指控，称一个雅典公民在收一个外邦的贿赂，而这个城邦的利益可能与雅典的利益相悖，这种指控貌似经常发生。同样，现代西方人也始终对富有的特殊利益集团和说客在政治和制定法律方面应扮演的角色争论不休。

从水门事件到近期的选举操纵丑闻，这对于不诚实的美国政治家及其追随者来说，都太普遍了。除了描述古代政治腐败的文献资料外，还有考古证据证明在古雅典存在一种独特的选举操纵。这一考古证据与一种名为"ostracism"（陶片放逐）的特殊选举相关。这实际上是一种反向选举。雅典人每年可以投票一次，选出他们最讨厌的人。如果投票总数超过6000票，得票最多的人将被逐出雅典，十年不得返回。如果他在十年结束前回来，就会被处以死刑，但十年过后可以回雅典，恢复全部公民权利。这种选举之所以叫这个名字，是因为雅典人的投票方式是在碎陶片上刻下想流放的人名，而这种陶片就叫ostrakon。

图4.3 在雅典广场发掘出的陶片。这是一个公民的选票，他希望将雅典政治家米提亚德之子科蒙逐出雅典十年。

我们现在很清楚雅典人不喜欢谁，因为陶器很容易保存，而且在选举后，他们会在地上挖个洞，直接将所有陶片倒进洞里，考古学家日后再将它们挖出来。考古学家在分析这些陶片时，发现了一个有趣的现象。经常，许多同一选举的陶片，上面的字迹是一样的。根据这一证据，我们可以得出什么结论？一种积极的说法是，那时不是每个人都会写字，也许是识字的人帮文盲同胞写的。另一种愤世嫉俗的说法是，有人试图用一堆假选票塞满投票箱。不幸的是,因为这些同样字迹的陶片上通常写的是同一个人的名字,所以后一种说法更有可能。因此,在民主诞生之初就已经存在政治腐败了。

总之,古希腊人能如此清晰、快速地认识到他们建立的新体制的所有优缺点,这着实令人佩服。

代议制的诞生:罗马共和国

虽然美国人总认为自己的国家是"民主制"国家,但它绝非古雅典那样的纯粹直接民主制——普通公民亲自投票表决重要法律和政策,随机选择公民担任关键政府职位。事实上,美国是代议民主制,人民投票选出一批政治家,他们代替人民投票决定重要立法。这种政治体制,尤其是美国用的这种,是直接以另一个古地中海社会的政治体制为蓝本的——罗马共和制。和罗马共和制一样,美国的政权组织形式以民选代表为特征,一系列政府职位皆由选举产生,包括一个参议院(senate),采用三权分立的制衡体系。让我们先探讨至今仍在以某种形式模仿的罗马共和制的基本组成。

罗马在刚诞生的几百年里是一个君主制国家。一般而言,这些国王甚至不是罗马人,而是比罗马更强大的邻国派去的伊特鲁里亚人。公元前509年,罗马发生了一场叛乱,叛军驱逐了国王,建立了罗马共和国。相传,最终促使罗马人造反的是一起性侵事件:国王的弟弟强奸了一位罗马良家妇女卢克雷蒂娅,导致她蒙羞自杀,这一事件激起了愤怒的罗马人反抗君主及其家族。有趣的是,两次性骚扰行为促成了两种极具影响力的政治体制的诞生——雅典的民主制和罗马的共和制,这两种体制从古典时代一直延续到今天。

罗马的新的共和体制经过数百年才逐渐发展成最终的形式，罗马共和政治体制的主要特征是一系列民选的行政官。所有行政官的职位都存在一些共同点：所有行政官由全部罗马公民直接选举产生；每个职位都有最低年龄要求；每个职位任期只有一年；每个职位是合议制的（指选举产生多人担任同一职位）；职位越重要，每年担任那一职位的人越少。政府中的最高职位（大致相当于总统）是执政官，不过根据合议制原则，罗马每年选出两位执政官，而非一位。这个民选官员结构，大致相当于一个国家的行政机关。

一个罗马人将上述职位全都担任过至少一次后，自动成为罗马元老院的一员。元老院成员是终身制的，议员经常在达到所需的最低年龄后，继续在政府担任更高的民选职位。元老院是一个就政府政策进行辩论的场所，元老院成员为立法起草提案，并且作为一个顾问团体存在。因为其成员通常是国家中最富有、最显赫的人，所以元老院除了拥有正式权力外，还拥有极高的威望，行使巨大的非正式影响力。

最后，还有罗马公民本身。他们一直占总人数极小的一部分。据估计，在共和国晚期约有100万公民，而在帝国早期，整个罗马帝国约有5000万居民，其中只有约600万是公民。和在雅典一样，要想具有公民资格，你必须是个自由的成年男性，然后，你的父亲必须是公民，否则你必须被授予公民的身份。公元212年，发生了一个巨大的变化，卡拉卡拉皇帝宣布，罗马帝国的所有自由（男性）居民都是公民。拥有公民身份，享有的主要特权之一就是投票，公民既投票选举政府官员，也投票通过法律提案。根据不同选举内容（选举官员或者通过立法），罗马公民在实际投票时，会按出生地或净资产等标准被划分为一个个群组，名为集会。

尽管听起来都很公平、民主，但即使每个公民都投一票，集会制度会使得一些人所投的票比另一些人的更重要。例如，在一种名为"部族大会"（Tribal Assembly）的集会中，所有公民根据他们所来自的地方，被分配到35个部族当中。在实际选举中，每个部族有一张选票，总共有35张选票。一个部族为决定如何投它那张票，每位部族成员先内部投票，多数部族成员如何决定，该部族的那张选票就会怎么投。因此，这一制度类似于美国总统选举中的选举人团制度，一个州的所有选举人票，全部给予一位总统候选人。乍一看，罗马的选举过程似乎民主，但其实这一制度对富人更有利。选举在罗马举行，你必须亲自出席才能投票。没有缺席选举人票，每个人都要在同一个地方投票。因此，如果你想投票，你必须奔赴罗马，而这需要时间和金钱，只有富人才付得起。因此，除非你是一个碰巧生活在罗马或罗马附近的穷人，不然你大概永远不会去投票。

如果你觉得排队投票很麻烦，看看罗马的投票步骤：投票日当天，每个人都出现在城市边界外，一个名为战神广场的巨大场地。在这片场地上，用木头和绳子建起了长长的围栏，形状类似牛栏，又或者像在迪士尼乐园等游乐场，绳子围起来的顾客等待搭乘区域。罗马俚语贴切地将其命名为"羊圈"。考古学家重建了其中一个围栏，该围栏宽约91米。长约305米，包含供35个部族使用的35条独立通道，估计一次可容纳约75000个选民。

候选人身着特殊的托加长袍，这种托加长袍经过漂白，并且涂抹了石灰，所以非常白。这种硬挺、纤尘不染的托加长袍名为"toga candida"。candida在拉丁语中意为"白得发亮"，是英语词"candidate"（候选人）的词源，不过现代政治家在竞选时，已经不穿托加长袍了。每个投票人都会拿到一个学校里使用的那种小蜡板。如果是候选人选举，他们会将他们选择的候选人的姓名缩写写在板子上，然后将它扔进一个罐子中。如果是在为一项法律投票，就在板子上写出字母"V"以表赞成。这个字母代表

uti rogas，意为"如你所要求"。如果他们想投票反对这项提案，他们会写出"A"，代表antiquo，意为"保持原样"。罗马陪审团也使用类似的投票系统。在一次审判中，如果他们想判定被告无罪，就写"L"，代表libero，意为"放了他"。如果他们想判定他有罪，就写"D"，代表damno，意思是"下地狱去吧"。

由于选举要经过在围栏排队、等待投票、计算选票等整个过程，所以常常持续一整天——这也是需要工作的穷人不能经常投票的另一个原因。你投完票后，不能离开围栏区，必须等所有人完成投票后才能离开，这样做是为了确保没人投两次票。几百名官员在这个区域巡查，处理蜡板，以防作弊。尽管如此，投票舞弊和欺骗行为依然猖獗，一个著名的例子是，在罐子里发现了几千块字迹相同的蜡板。

希望当选的政治家依靠许多策略赢得选民。有一封信描述了富有野心的罗马候选人所使用的一些策略。这封信中提出的建议在今天依然适用。信中建议的策略有：在你亲戚、朋友和客户的圈子里请求支持；亲近和奉承有影响力的人；亲自去各个城镇竞选，与选民见面；无论何时在公共场合露面，身边安排一群崇拜你的人；讨好比你更有权力的人。其他建议行为有：尽量记住尽可能多的人的名字（政治家 们身边通常带着一种名为"nomencalator"的奴隶，其唯一的职责就是记住人们的名字，以便候选人叫得出他们的名字）；向选民作出慷慨的承诺，说你会为他们做什么。这封信讽刺地指出，你不必担心当选后，无法履行任何这些承诺，你只需要关心能否当选。最后，它敦促政治家，要一直努力表现得诚实道德（你是否真的如此并不重要，重要的是你在选民心中树立的形象）。

今天，参加竞选的政客们用电视广告对选民狂轰滥炸，将写有他们名字的标牌贴在每家每户的草坪上，送保险杠贴纸给支持者，让他们贴在自己的车上。在古罗马，政治广告也同样清晰可见：政客及其拥护者在墙上写满政治涂鸦以及标语。庞贝城的墙壁上保存了1500多处与政治竞选有关的涂鸦，让我们得以窥见罗马政治在地方的运作情况。候选人及其支持者雇用专业的涂鸦粉刷匠，在墙上写满标语，夸赞候选人的优点，或者竭力主张公民投票给他："如果诚实的生活是可取的，那么卢克修斯·弗朗托理应当选。"一则标语承诺说，如果当选，这位候选人将守护国库，而另一位就比较务实，劝告说："选盖尤斯·朱利叶斯·波利比亚斯做营造官（aedile）。他会让你吃上好面包。"这些都让人想起选举期间泛滥的赞美候选人的电视广告。现代政客会瞄准某些他们觉得有可能支持他的群体，类似的广告在庞贝也能看到，"旅店老板，让萨卢修斯·卡皮托成为营造官"。还有一个有用的策略：个人公开支持，因而一些涂鸦是个人或全体对候选人的推荐，比如："马戈尼乌斯支持库斯皮乌斯·潘萨做营造官""马库斯·卢克修斯·弗朗托的邻居，大力推荐你选他做营造官"。

今天，关于政治程序争论最激烈的一个问题是，特殊利益团体产生了过多干预，然而，这一现象并不新鲜。最常见的罗马竞选涂鸦，内容是古代特殊利益团体对候选人的极力推荐。这些团体通常是由同一职业的人组成的行会："鸡贩们请求你选埃皮迪厄斯和苏伊提厄斯做两执政官""所有骡夫请求你选盖尤斯·儒略·波利比亚斯担任两执政官"。表达不同政治意见的群体，还有水果商、葡萄采摘者、渔民、农民、金匠、木匠、布染工、漂布工、香水制造商、磨坊工、面包师、理发师和搬运工。还有一个宗教组织的信徒对一位候选人的公开支持："伊西斯女神的全体崇拜者，强烈要求你选涅俄斯·海尔维乌斯·萨比努斯做营造官。"

庞贝的选举涂鸦甚至让人们瞥见一些政客所使用的肮脏手段。近年来，许多选举成功，被认为使用了攻击对手的负面广告，古罗马所使用的一种策略，是编造不良团体公开支持的话，将其写在墙上诽谤对手。一位名叫梵蒂亚的候选人，其对手似乎特别喜欢这一策略，在墙上涂了好几条这样的标语，其中包括："小偷请求你，选梵蒂亚为营造官"，"晚睡者请求你，选梵蒂亚为营造官"以及"所有酒鬼请求你选马库斯·塞里尼乌斯·梵蒂亚为营造官"。

最后，还有一个赢得选民的方法一直都很有效，虽然不太诚实：你可以直接贿赂别人投票支持你。罗马政客们毫不迟疑地向会参加投票的公民发钱，或者更间接地贿赂，比如举行盛大的公共宴会，赠送奢华的礼物。

我们已经看到，几个与政治相关的英语词，如"candidate"（候选人）和"senate"（参议院）源于拉丁语，其实还有更多这样的词，而且这些词的词源往往揭示出一些关于其意义的有趣事实。例如，"inaugurate"（为某人举行就职典礼）源自拉丁语inaugurare，意为"就职"，但这个词的本义是"通过观察鸟的飞行预测未来"。这个词之所以具有这两个意义，是因为罗马人认为，在让任何官员就职之前，必须确保神明所给的预兆是赞成的，而罗马人揣测神意的一种主要方式，是通过观察鸟的飞行和进食模式。今天，"plebiscite"是全民公决的一种高级表达，可这个词却源自拉丁语的plebs，意为"市井小民"，是"普通人"的一种稍带贬义的说法。罗马人和我们美国人用"republic"（共和）来骄傲地称呼我们的国家和政治体制，甚至连这个词也是由两个拉丁语词组成：res（东西）和publica（公共的）。因此，共和这个备受尊重和崇敬的词，字面意思却相当谦卑——公共的东西。

帝国的回击：另一种罗马政府模式

尽管到目前为止，本章主要探讨的是古代世界所遗留下的民主制，但古典世界也为几种其他重要的政治体制提供了灵感。其中最为显著的，大概就是罗马帝国，这个通过残暴的军事政府建立起来，并由集国家权力于一身的皇帝统治的巨大政治实体。后来的帝国主义国家以及野心勃勃的国家元首，纷纷对罗马帝国心驰神往。从查理曼大帝到希特勒，罗马帝国将会是一长串独裁者仿效的模板。

"emperor"（皇帝）一词，源于拉丁语的imperium，指罗马行政官手握的执行国家法律的权力。这个词也指能实施imperium的地理区域。从这个词根又衍生出英语词emperor和empire（帝国）。许多用来指代后世统治者的词，都直接源自罗马地方长官或皇帝的头衔。例如，几乎所有罗马皇帝都用Caesar（恺撒）作为名字或头衔。在俄国，这个词变成Tsar或Czar（沙皇）。在德意志帝国，这个词变成了Kaiser（皇帝）。在瑞典语、波兰语、土耳其语等语言中，也用Caesar的变体指代统治者。

图4.4 罗马浮雕，描绘了抓住一束闪电的老鹰。这种老鹰被用在罗马军团军旗上，后来的军队，包括拿破仑和希特勒的军队，都仿效了这种做法。

最早明显效仿罗马的是拜占庭帝国，即东罗马帝国，这个国家认为自

157

己是真正的罗马帝国。然而，还有许多其他后古典时期国家，梦想着征服邻国，扩张领土，他们也将古罗马视作楷模及先驱。俄罗斯帝国不仅用"Caesar"称呼其领导人，还自称为"第三罗马帝国"，排在罗马帝国和拜占庭帝国后面。在中世纪的大部分时间里，统治欧洲的野蛮民族常常选择罗马头衔和名字，妄图自诩罗马帝国的继承者或复兴者来提升地位。中世纪早期最成功的统治者查理曼大帝的事业巅峰，是在公元800年的圣诞节让教皇为他加冕，并授予他"罗马皇帝查尔斯·奥古斯都"头衔。一个基督教教皇能赐予一个蛮族皇帝的最高称号是"罗马皇帝奥古斯都"，充分说明罗马帝国的依然影响巨大。同样的，中世纪以来，欧洲统治者最渴望得到的头衔是"神圣罗马皇帝"，罗马、基督教和蛮族文化的又一个融合体。这个称号代表着无上的荣耀，10世纪以来，不断有帝王继承这一称号，直至1806年，最后一位神圣罗马皇帝被拿破仑废黜。

图4.5 罗马浮雕中展示的法西斯（fasces）。法西斯是多根绑在一起的木棍围绕一把斧头，在古罗马象征国家权威及其行政官员，是"法西斯主义"（fascism）一词的词源。

拿破仑本人对罗马和罗马帝国的模式十分痴迷,并且在很多方面对其进行模仿。他最初夺得政权时,所选用的称号是"第一执政官"(First Consul),原指罗马共和国政府中的最高行政官。后来,当他卸下共和制的伪装时,便自称皇帝。拿破仑借用古罗马的另一个著名的元素,是将绣有一只脚踩杆子的金色老鹰的罗马军团军旗用作自己的军旗。拿破仑的老鹰成了他的军队最明显、最著名的象征物之一。大约在同一时期,罗马的军团老鹰也被另一个自以为是的罗马帝国复兴者效仿——美国建国之初将这种鸟作为国家象征。

图4.6 墨索里尼的"方形斗兽场"。这座办公楼是法西斯独裁者墨索里尼在罗马南部建设的EUR区建筑群的一部分,旨在将其作为新罗马帝国的行政和文化中心。

维多利亚时代的大英帝国也效仿古罗马,不过,维多利亚时代的人倾向于专注一种理想主义的观点,即罗马帝国为多民族帝国下的"蛮族"带去了和平、法律、宗教、科技和"文明"。他们认为,英国也为他们庞大的多民族帝国带去了所谓的"优越"文化的各种好处。负责经营大英帝国的贵族精英,几乎个个都是致力于研究希腊和罗马古典名著的学校体系的产物,他们清晰地意识到他们与古代前辈之间存在的种种联系。许多被派遭到诸如近东等地区的维多利亚士兵或官员，他们对这一地区民族和地理的认知，完全来自荷马、希罗多德和色诺芬的著作。

在20世纪，法西斯领导者以及运动，难以抗拒地仿效罗马帝国。甚至连"fascism"（法西斯主义）一词都直接源于古罗马。按照当时的习俗，古罗马行政官出现在公众场合，身边总是有刀斧手陪同。这些随从每人手持一捆包着一把斧头的棍子，象征着行政官有执行国家法律的权利，负责惩罚违反法律的人。他的惩罚方式就是命令刀斧手用棍子抽打罪犯，并用斧头砍掉他们的头。在拉丁语中，这一束捆着一把斧头的棍子名为"fasces"（法西斯），英语中的"fascism"（法西斯主义）一词就源于此，也包含了一种绝对权力的意味。

图4.7 罗马墨索里尼所建的意大利广场的镶嵌画。这些仿古罗马风格的镶嵌画，装饰了沿台伯河修建的运动中心，描绘了意大利士兵行法西斯礼，呼喊墨索里尼为"Duce"（领袖）。

墨索里尼宣称，他建立的法西斯意大利，是对罗马帝国的直接复兴，而他自己是罗马皇帝的继承者。因而，他宣布，他统治下的意大利是"第三罗马帝国"或"新罗马帝国"，他用鹰旗作为他的军团军旗。为了激发人们对古罗马的兴趣，进一步加强古代和现代意大利之间所谓的联系，墨索里尼启动了多项古罗马遗址的挖掘工作，不过由于他急于发掘出令人惊叹的遗址，他的工作人员采用不妥当的方法，往往导致破坏比发现还多。他还建造了宏伟的新建筑群，将其作为现代版的古代广场和神庙，比如他在罗马南部 EUR 区建造了政府建筑群，其中包括臭名昭著的"方形斗兽场"，20 世纪 30 年代法西斯建筑的杰作（或者说噩梦，取决于评价者的品味）。

图 4.8 罗马墨索里尼所建的意大利广场的马赛克镶嵌画。这幅画也完全模仿了古罗马马赛克作品的风格，画中描绘了卡车载着手持机关枪的意大利士兵入侵埃塞俄比亚，这是开辟新罗马帝国的第一阶段。

　　他试图将自己的活动与古罗马联系起来的另一例证，是对意大利广场的装饰。意大利广场最初名为"墨索里尼广场"，是距离台伯河河岸很近的一个体育中心。这里的混凝土广场连接着不同的体育馆和赛场，广场上装饰着黑白镶嵌的图案，其风格与在罗马遗址（如卡拉卡拉浴场和罗马奥斯蒂亚港）发现的马赛克镶嵌画十分类似。然而，这嵌画描绘的却不是古代运动员，而是从事篮球等运动的现代意大利运动员。更令人吃惊的是，其中一些图案描绘的是意大利士兵入侵埃塞俄比亚时手持机关枪，挤在 0.75 吨重的卡车里。这些图案自然是为了庆祝墨索里尼征服埃塞俄比亚。

还有一些图案描绘了飞机在头顶飞过时，黑衫党成员向它行法西斯礼。这些镶嵌图案所体现的古代风格和它表现出的现代主题非常不和谐。

20世纪30年代的另一个法西斯政权自然是纳粹德国。希特勒像墨索里尼一样，也梦想着建立一个庞大的新帝国，因此他回望罗马帝国，寻求灵感。希特勒也决定用金色的老鹰做他的军旗，而且像美国一样把鹰当作统治的象征，这毫不奇怪。纳粹分子甚至一厢情愿地坚信他们与古希腊人存在某种"种族"上的联系（一点也不科学）。如我们下一章要讨论的，希特勒从古罗马时期寻求建筑灵感，规划建造了一些模仿罗马拱门、神庙或采用古典风格的纪念建筑。希特勒也认为，研究古罗马对现代具有指导意义。他甚至在《我的奋斗》中写道："罗马历史不仅在今天，在任何时代都是最好的老师。"

从很多开明的开国元首到希特勒那样道德败坏的人，竟然都在古代的政治形式和象征中找到了灵感，这乍看似乎有些奇怪，自相矛盾。但这也足以说明，希腊人和古罗马人所创建的政治体制的复杂性和独创性，还有他们的政治模式对后世的影响有多么深远。

第五章

建筑科学：理解和塑造物质世界

两座影响深远的伟大建筑

　　谈到为后世的建筑提供灵感，历史上最有影响力的两座建筑都是古罗马建筑。也许本书的每一位读者都曾接触过某些受到这两座建筑启发的现代建筑。这两座建筑的其中一座，现在世界上多数大型运动场馆，包括每个大型橄榄球场、足球场和棒球场，都是以它为原型的。而另一座是许多宏伟的公共建筑的原型，包括市政厅、图书馆、州议会大厦、法院、博物馆、大教堂、公共图书馆、大学建筑，还有一些不同用途的建筑，比如华盛顿的杰斐逊纪念堂、伦敦的大英博物馆阅览室、罗马的圣彼得大教堂、北京的清华大学大礼堂。现在，你能猜出这两座著名的罗马建筑吗？答案是：弗拉维安圆形剧场（俗称罗马斗兽场）和万神殿。本章将着重介绍古典世界对现代世界建筑的总体影响。我们先来关注这两座建筑，分析它们的独特形式是如何启发后代的。

　　尽管希腊人建造了许多剧院和体育场，作为举行戏剧演出、体育比赛和其他活动的场所，但这些地方的观众座位，都不是完全围绕表演区的。直到罗马人创建了圆形剧场，观众座位完全包围中央表演空间，这才变成了全封闭椭圆形建筑。从某种意义上来说，罗马圆形剧场就像两个面对面合并的希腊剧场，事实上，有证据表明，罗马人可能已经建造了一种实验性的木质建筑，由两个希腊剧场组成，可以旋转并连接在一起。最早的圆形剧场一般是临时性的木质结构，而已知的最古老的石质圆形剧场位于那不勒斯湾的庞贝城。罗马第一座永久性的石质圆形剧场直到公元前30年才建成，是一个名叫斯塔利乌斯·托乌斯的人在战神广场所建的。

　　当然，最大、最著名的圆形剧场，也是启发后世不断模仿的圆形剧场，就是今天所说的罗马斗兽场。这其实是后来出现的一个别称，正式名称是弗拉维安圆形剧场，因为建造这座建筑的人是公元1世纪末的弗拉维安氏皇帝家族。弗拉维安圆形剧场是一座令人钦佩的工程壮举，其巧妙的设计，使大量观众能快速进入其中，又使演员的表演场景能一览无余。

为了承受弗拉维安圆形剧场的巨大重量，建造者在建筑下方挖了一大片坑，并浇筑了深达12米的混凝土地基。建筑平面呈巨大的椭圆形，长轴188米、短轴156米。举行表演的区域，即角斗台，长86米、宽54米。该建筑物的外部是风格各异的四层结构，第一层由80个简单的塔司干柱式圆拱环绕而成。第二层是80个爱奥尼克柱式的圆拱。第三层是80个科林斯柱式圆拱。第四层是实墙，科林斯壁柱将其分成隔间，墙壁上方装饰着华美的飞檐。每隔一个隔间就有一个方形窗口，最高一层的上方还插有240根木杆，用来支撑可伸缩的布制遮阳篷，这样一来，观众就不会被日晒雨淋。四层外墙总高48.5米。

图5.1 弗拉维安圆形剧场（斗兽场），外部呈标志性的拱形，是世界上最易识别的建筑之一。

整个建筑的中心部分用的是混凝土和砖，面层用的是凝灰岩和石灰华。据估计，为了建造弗拉维安圆形剧场的面层，使用了超过10万吨石灰华。面层用铁夹，固定在中心部分上，铁夹本身共重约300吨。除了外层，建筑内部还有四层座位，以及顶层的站立看台。弗拉维安圆形剧场总共能容纳55000名观众，和今天的许多大型体育场相差无几。

图5.2 弗拉维安圆形剧场的模型。从此模型中能清晰看出这座建筑与后来世界各地所建的体育场馆间的相似之处。

地面层有78个入口，每个入口标注着一个罗马数字，从入口进入后，观众穿过极其复杂的坡道、楼梯和走道找到自己的座位。上层坐席和下层坐席的观众使用不同的走道。一些学者认为，这种走道和楼梯系统能让整个建筑物非常迅速地被装满和清空。对于任何在只有几个出入口的现代体育场馆排过长队的人来说，这听起来真不赖。古罗马的观众似乎还有类似现代门票的入场券，上面注明了其座位的出入口、楼层、分区以及排数。座位根据观众的地位来安排，这是罗马社会的一个缩影。皇帝或主持官员及其随从在一个特殊的包厢就坐，底层的好座位留给其他重要人物，比如维斯塔贞女和长老院议员，就像今天昂贵的贵宾席和豪华包厢。同样，紧挨上面的座位是留给武士的。更贫穷的公民坐在上面的楼层或站在顶层看台。如果女人和奴隶也能进去，大概只能在看台上站着看了。

角斗台下面还有地下两层，里面放有野兽笼子，还有角斗士的休息室以及存放装备的储物室。这个地下迷宫也有许多复杂的活动门和升降装置，作用是将布景升到角斗台上，而且，更壮观的是，能用来"吐出"角斗士或野兽，他（它）们赛前会突然从地上出现。关于这些活动门和升降装置的具体数目和操作，学者们还在争论，不过似乎至少有32个，也可能更多。比如，卡普亚的圆形剧场小一些，就有至少62个不同大小的活动门和升降装置。想想看，如果一头饥饿的狮子在不经意间冲到球场上，现代的棒球赛得有多刺激！

在地中海地区观看比赛，观众可能会被艳阳炙烤，可弗拉维安圆形剧场对此也早有准备。顶层的240根木杆，可以撑起一种名为"velarium"的伸缩式遮阳布篷。这种布篷可以根据需要撑起或拉开，为不同区域的观众提供阴凉。这种巨大的可伸缩顶棚到底是如何操作的，也是学界热议的话题。不过，可以肯定，罗马城中确实有一队水手驻扎，负责操作绳索和滑轮。甚至连更早建造的圆形剧场都具备这种装置，因为有文献提到残暴成性的卡利古拉皇帝喜欢在天气极其炎热时锁住出口，将遮阳篷收回，热得观众头昏脑涨。近几十年来，可伸缩屋顶已经成为一些高科技足球场和棒球场的重要特色，但现代建筑师并不比古罗马人更优秀，他们早在2000年前就用过了。

今天，也许每个大城市都至少有一个体育或娱乐场馆，与弗拉维安圆形剧场的设计相似。弗拉维安圆形剧场至今仍然屹立在那儿，虽然残缺不全，但印证了罗马设计师的精湛技艺，并且继续为后世建筑师提供模型和灵感。

现在，我们来看看第二座影响力巨大的罗马建筑——万神殿（Pantheon）。万神殿是保存最完好的，也是最伟大的古罗马建筑之一。"万神殿"的意思是"敬拜众神的庙宇"，其设计在罗马神庙中堪称独一无二。大多数罗马神庙都沿用希腊和伊鲁里亚神庙的风格，建筑平面呈长方形，至少正立面有一排柱子，通常四周也都有柱子。今天你在罗马看到的那座建筑，其实不是最初的万神殿。初版的万神殿是由一个叫阿格里帕的罗马将军在公元前27年兴建的，他还在战神广场建造了几座其他建筑。阿格里帕的万神殿似乎是一座相当传统的矩形神庙，考古学家在目前建筑下方的几米处发现了地基。第一座万神殿曾多次遭到破坏并被修复，到公元2世纪，哈德良皇帝对其进行了整体重建，扩大了规模。哈德良的设计具有革命性的意义，修建之后的万神殿矗立至今。

图5.3 万神殿的正面。从这个角度看过去，这座建筑正面有圆柱和三角形的山墙，像是一座普通的神庙，但刚好能看到圆顶的顶部，尤其可见其创新性。

从正面看过去，哈德良万神殿完全是传统式的外观。正面有一个平台，平台上有台阶，通往门廊，门廊上竖立着几排柱子。柱子上面是典型的三角形山墙。哈德良甚至保留了最初所刻的铭文，尽管这座建筑几乎与阿格里帕无关，但山墙下刻着一行大字："卢修斯的儿子、三度执政官，马库斯·阿格里帕建造此庙"。正面唯一比较奇怪的特征是山墙异常高，与其宽度不成比例。

图5.4 万神殿模型。从侧视图中能看出支撑万神殿巨大混凝土穹顶的鼓形墙壁的尺寸。

穿过两扇青铜大门进入内部以后，人们可能以为自己会置身于那种狭窄黑暗的矩形神庙之中。但不是这样，参观者会踏进一个宽约43米的巨大圆形空间。更令人惊讶的是，头顶上还有一个同样高的巨型圆顶。圆顶本身是完美的半圆，因为直径相同的球体能完全嵌入这一结构中。唯一的光源是圆顶顶端直径9米的圆形开口，名为"oculus"（眼孔），它制造出一道耀眼的圆形光柱，在一天中随着太阳运动在殿内移动。抬头看穹顶时，你可以看到它被水平地分成五排正方形的凹格（俗称"匣子"）。每排都有28个凹格，所以越往上凹格越小，这些凹格形成一种令人赏心悦目的网格形状，吸引视线逐渐停留在眼孔。万神殿的内部着实令人惊叹。猛然间置身巨大的圆形空间之中，头顶高悬气派的穹顶，会令人心生敬畏，但其比例优美，还能透过眼孔看到蓝天白云，整体上令人振奋，一点儿也不沉重。

图5.5 万神殿穹顶内部。这幅图突出了穹顶的格子天
花板和眼孔。一天中眼孔洒下的光圈在殿内移动。

即使在今天，万神殿仍然拥有世界上最大的无钢筋混凝土穹顶，这个
穹顶比华盛顿国会大厦、伊斯坦布尔的索菲亚大教堂和梵蒂冈圣彼得大教
堂的穹顶都要宽阔。这一奇观体现出的工程技艺尤为令人惊叹。其中一个
技巧是，建筑师使用了各种不同的材料，较低的部分使用厚重密实、最能
承受穹顶重量的材质，越往上，材料越轻。最低的部分使用了坚硬的石材
（石灰华和凝灰岩），往上用的是凝灰岩和砖，中间部分只用砖，而最上
方的穹顶混合使用混凝土和一种名为"浮石"的轻火山石。穹顶的混凝土
厚度不断降低，鼓形墙壁上方的厚度约为6米，而眼孔四周只有1.5米厚。
因此，这栋建筑需要重量轻的地方，使用的是更轻的材质，而需要承受建
筑结构重量的地方采用更重的材料。万神殿的建造还使用了其他技巧，比
如，用砖减轻了隐藏在大理石面层后的拱的重量，这些拱将穹顶巨大的重
量传导到与地基相连的巨型支柱上。整座建筑造得十分稳固，尽管需要承

受如此大的、无任何内部支撑的屋顶，但是在2000年后的今天，它依然完好无损。万神殿之所以能够幸存至今，其中一个原因是，公元608年，它被再次用作基督教堂，一段时间里，万神殿还附带了两座很丑的钟楼，它们被戏称为"驴耳朵"，直到19世纪末才被拆除。

万神殿是最具影响力的历史建筑之一，其基本构成——立柱支撑的长方形正面、三角形山墙、巨大的穹顶、圆形内部空间，已经成为无数建筑惯用的设计，特别是那些与政府、银行、大学等大型机构相关的建筑。在美国，几乎所有的州议会大厦，包括位于奥斯汀市的得克萨斯州国会大厦、位于麦迪逊市的威斯康星州国会大厦，和位于萨克拉门托市的加利福尼亚州国会大厦，其设计都是对万神殿的直接模仿。神庙后面是穹顶的基本建筑设计，也体现在位于华盛顿的美国国会大厦以及无数教堂上，其中最为明显的是位于罗马的圣彼得大教堂。成千上万的法院、图书馆和博物馆（如华盛顿的国家美术馆和大英博物馆的阅览室）都复制了这一建筑模式。虽然所有这些建筑都仿效了万神殿的基本设计，但几乎完全模仿万神殿的建筑物也不在少数，比如杰斐逊纪念堂、北京清华大学大礼堂、弗吉尼亚大学圆形大厅，以及巴黎的万神殿。

考虑到现代国家对罗马共和国的仰慕之情，能找到如此多效仿万神殿的政府大楼，也许不足为奇，难得的是，各种各样的政治领袖都对万神殿的设计格外倾心。阿道夫·希特勒有一个未竟的计划，要在柏林建造一座巨大无比的万神殿，它将拥有一个直径250米、相当于罗马万神殿6倍大的穹顶，光是眼孔就比罗马万神殿的整个穹顶都大。

城市规划：描绘我们的家园

弗拉维安圆形剧场和万神殿对后来的建筑产生了尤为强烈和直接的影响，而古典时代为许多其他现代建筑，以及这些建筑之间的相互作用与相互联系，提供了模板。事实上，城市规划的整个概念起源于希腊人和罗马人。

前面提到，希腊语中表示城邦的词"polis"至今仍存在于英语词根中，古希腊人在城市规划领域的发展仍持续影响着我们。一种显而易见的城市生长模式是有机生长，这种生长模式会导致弯曲的街道和狭窄的小巷杂乱丛生。有点讽刺的是，古罗马和雅典的大城市都是有机生成的，因此街道都很拥堵。不过，另一种城市生长模式是按照某些常规，系统性地规划一个城市。希腊殖民时代期间，希腊城邦派出一批批殖民者，在海外建立殖民地，提供了许多从头建设城市的机会。笔直的道路垂直交叉的那种"网格"或"棋盘"城市建设模式，很可能最早出现在小亚细亚西岸的一个名叫爱奥尼亚（Ionia）的希腊地区。长期以来，人们普遍认为，公元前5世纪来自米利都爱奥尼亚的希波丹姆（Hippodamos）是城市规划开创者。尽管这种说法仍有争议，但古希腊城市的网格模式依然被称为"希波丹姆模式"。关于希波丹姆，我们知之甚少，亚里士多德将他描述为一个长发、好打扮的男人。

无论希腊城市规划法则的开创者到底是谁，在希腊的众多殖民地和城市中都能看出城市规划的特征。自从公元前5世纪重建后，米利都就是城市秩序的典范，街道宽阔、垂直交错，主要街道与城墙大门相连。希腊城市几乎都围绕着一个名为"公民广场"（agora）的中央开放区域建立起来。这一空间具有多种用途，可以用作集市，用来举行政治集会和演讲、投票、审理法律案件、举办竞赛和表演，而且，公民们能聚在这里交换商品和交谈乃至交流思想。公民广场对希腊城市以及市民参与城市生活的概念至关重要。罗马的论坛（forum）后来承担了许多相似的用途，也是罗马城市布局的一大特点。

希腊人认为，一个地方只有拥有一定的建筑，才能算作是一个真正的城市。这些建筑包括体育馆、剧院、广场、由水井或渡槽供水的喷泉、寺庙、运动场、拱廊和政府建筑（如会议室或议会厅）。这种态度在希腊作家保撒尼阿斯的轻蔑话语中清晰可见，他曾提到一个山村小镇："……它没有政府建筑、没有运动场、没有剧院、没有市场、没有自来水，这还能算是城市吗？"（《希腊志》）

罗马人仿效了希腊人的城市规划方法，任何有自尊心的城市都需要自己独特的建筑，为此，他们增建了圆形竞技场、浴场和战车比赛用的大型竞技场。他们也采用了希波丹姆的网格模式，至少新建的城市是如此。因此，尽管罗马自身的街道小巷丛生，罗马建立的殖民地却成为组织和有序安排的典范。罗马人非常擅长测量，他们雇用专业的测量团队，将农村划分为经过精确测量的矩形地块。这一土地划分模式名为"百户区"（centuriation），是罗马人对土地所有权进行仔细记录的基础。

罗马对希波丹姆模式的改变，源于罗马军队。行军途中的罗马军团会在每天行军结束时，精心建造一种名为castrum的兵营。尽管这些兵营的大小根据军队人数不尽相同，但它们的形式十分标准化，都基于道路或街道的网格模式。这种兵营的布局被应用于更长久性的军事营地和哨所中。因为这些营地和哨所又往往成为城镇兴起的核心，所以其布局最终演变为一种城市规划。许多罗马殖民地是由罗马军团的退伍军人建立或居住的，这些城镇也倾向于使用军事营地模式的布局。到底是罗马军营仿了罗马城镇布局，还是罗马城镇仿了罗马军营的布局，说法不一。不管怎样，最终结果是罗马人建立了许多城镇，无论它们最初是不是兵营，都相当标准化。

这种设计的主要特点是，其街道是熟悉的网格模式，南北走向的主干道名为cardo，东西走向的主干道则称为decumanus。两种道路通常在位于城镇中心的广场的开放区域交会。在军营中，这相当于一种阅兵场，指挥官的帐篷就扎在那里，军团的军旗也安置在那里。英格兰的许多城镇都是从罗马的兵营开始的，这一传统不仅能从街道布局，也能从城市的名字中看出来。在英国，常常出现城镇名称末尾的"开斯特"和"彻斯特"，就来自拉丁语的castrum，因而，这些名字表示这些城市最初是罗马人的营地。在整个欧洲，从西班牙的巴塞罗那到德国的科隆（前身都为罗马的殖民地），许多现代城市同样源于罗马军营，其街道布局也证明了古典世界的持久影响。

罗马人往往在他们的城市规划里加入一个宜人的部分，它也是许多现代城市的亮点，即大型公园或所谓"绿地"。今天，有许多城市因其著名的城市公园而居住魅力大增，比如纽约的中央公园、伦敦的海德公园、柏林的蒂尔加滕公园、马德里的丽池公园、温哥华的斯坦利公园、旧金山的金门公园。这类大型城市绿地源于古代，分布在几个著名古代城市，其壮观程度与现代公园相比有过之而无不及。富人向公众开放他们的公园，是罗马社会的一种悠久传统，古罗马城市的大部分都被舒适宜人的公园占据，公园里有阴凉的大理石柱廊、池塘、喷泉、小树林和装饰性景观。城市居民可以在这些公园漫步，使用其便利设施。公共游乐园被称为horti[①]，这个概念似乎来自早期希腊风格的城市，这些城市往往包括这样的区域。其中最著名的是埃及的亚历山大，亚历山大也是使用希波丹姆网格模式规划出的最好的城市之一，其街道异常宽阔，闻名四方。据估计，亚历山大超过四分之一的面积被奢华的公园和花园占据。罗马的一些最著名的游乐园，包括庞贝剧院附近的公园、恺撒公园、塞勒斯特公园和卢库勒斯公

---

① 英语中"horticulture"（园艺种植）一词的词根。

园。任何挤在狭小公寓里的城市居民都可以利用这样的绿色城市空间放松身心，这是使城市生活更加舒适，或能让人忍受城市压力的关键因素。

基础设施：条条大路通罗马

另一个古希腊人和古罗马人所擅长，并为后世提供参照的城市规划元素，是我们今天所说的基础设施。道路、下水道、排水沟、供水系统、桥梁和公路等建筑，虽然常常不易发现或不受重视，却是所有城市至关重要的骨骼。有了这些基础设施，城市才得以运作，居住者才得以舒适地生活。

首先，罗马城中的道路四通八达，也有道路通往城外其他地方。罗马人尤其擅长修建道路，古谚语"条条大路通罗马"确实很有道理。直至近代，罗马的道路系统一直是最完善、最宽广的道路网。罗马人修建的道路不仅数量多，而且十分牢固，经久耐用。英语中"street（街道）"一词，就源自拉丁语"sternere"（铺路）。

第一条重要的罗马道路是阿庇亚大道，它的修建始于公元前213年，以修建者阿庇亚·克劳迪乌斯来命名。此路将罗马与意大利东南部的布鲁迪西姆（现代的布林迪西）连接起来，船只从布鲁迪西姆出发，向东方行驶。到了公元前2世纪末，其他道路，比如弗拉米尼亚大道和奥勒利亚大道，贯穿意大利南北，精心修建的道路网将这个半岛上的城市连接起来。随着罗马帝国在意大利之外扩张，罗马人也顽强地将其经久耐用的道路网延伸至各省。驻扎在地中海周围的军团花了大量时间修建道路，一个普通的罗马士兵在挖路上花的时间，要比在打仗上多得多。

主要的罗马道路是工程应用的奇迹：首先，向地下深挖，直至露出坚

176

实的地基；然后，填上碎石或沙子做路基；最后，往往用合适的铺路石覆盖道路。主要道路通常至少有4.6米宽，而且中央微微隆起，这样雨水就会很快流到两侧的排水沟中。令罗马人引以为豪的还有一点，无论地形如何，他们修建的道路都平坦而笔直，遇到山就挖隧道，遇到河谷就修桥。古罗马人建造的桥，今天仍保留了至少350座，其中许多还承载着现代交通任务，由此可见其质量之高。正如今天的道路上有里程碑，罗马人也在道路上每英里处放置一块石头，石头上不仅刻有行驶距离的说明（通常是从罗马出发的里数），而且还骄傲地列出下令建造此路的官员或皇帝的名字，乃至实际建造此路的军事单位。据估计，罗马人修建的大大小小的道路，总长约为8万千米，罗马帝国到达顶峰时，顺着精心铺设的罗马道路，可以从西班牙一路到达耶路撒冷。

图5.6 庞贝城的罗马道路。罗马人修建了上千英里的质量良好的道路，其中许多已使用了几个世纪。

这些道路具有多重用途。它们能让军队迅速赶往动乱地区，有助于罗马人保持对其帝国的控制。它们促进了远距离贸易，促进了经济的发展。这些道路在帝国信使服务的帮助下，加快了帝国不同地区之间的交流。最后，它们是罗马领土无可争议的有力象征，就像动物标记自己的领土一样，罗马道路的存在也发出了某一区域属于罗马的明确信号。

另外，罗马人还是技艺高超的建造者。通过建造坚固的桥梁，地中海周围的道路网才得以跨越峡谷和沟壑，罗马城本身也有十几座桥梁，连接着台伯河的两岸。罗马人是优秀的工程技术师，他们建造的许多桥梁在罗马时代过后很久仍在使用。罗马人管桥梁叫pons，罗马最古老、最著名的桥就叫pons sublicius。最初，有许多与这座桥以及台伯河相关联的重要宗教仪式，罗马的大祭司被称为"Pontifex Maximus"，意为"最伟大桥梁建造师"。后来，基督教把这个词用来称呼自己的教宗，直至今日，天主教领袖的正式头衔仍为Pontifex Maximus。我们更熟悉的称呼"教皇"（Pope）就源于此，不过很少有人记得教皇的头衔最初与罗马人建的桥有关。

对任何城镇或城市来说，最基本的要求之一就是充足的供水。满足这一基本人类需求，始终是城市规划者最关心的问题之一，水必须从两个方面进行管理。第一，必须将足够干净、充足的水输送到城市，供市民引用。除了饮用水，一座城市还消耗大量用于其他基本用途的水，比如做饭、清洁。第二，同样重要的是，必须想办法排除不必要的水，无论是因为水太多，有洪灾的风险，还是因为水经过人类使用而被污染，会造成健康危害。第二种供应包括处理人力输送到城市而后被用脏的水，以及因雨、雪、洪水等自然天气过程产生的不需要的水。无论是以古代或现代的标准来看，罗马的供水和排水设施都非常好。

罗马人管理水的能力在其首都得到了最显著的展示。到公元4世纪初，罗马城由19条渡槽供水，这些渡槽每天总共能为罗马城输送超过100万立方米的淡水。复杂的管道和水箱系统将这些水输送到将近1500个公共喷泉和水池，以及将近900个公共浴场和私人浴室，从而分配给民众。这一系统由一位高官负责监管，他手下有包括工程师在内的大量专家，并由700名训练有素的奴隶进行维持，他们被分到若干部门。

图5.7 罗马渡槽。拱形柱廊支撑起来的这段引人注目的渡槽，位于罗马城外，乘坐火车南下那不勒斯湾的乘客都很熟悉这个地方。

数百年来，自然泉水和台伯河的水足以供应罗马所需，然而，随着罗马城逐渐壮大，很明显，必须通过渡槽引入更多淡水。于是，在公元前312年，一个名叫阿庇乌斯·克劳迪乌斯·凯卡斯的人开始修建第一条从城外引水的渡槽。这条渡槽以建造者的名字命名为"阿庇亚水道"（Aqua Appia）。它是从罗马城外22.5千米的泉水中取水的，每天能输送约75000立方米，而且和现代人对罗马渡槽的刻板印象不同，这第一条渡槽并不是高大的石拱门，其实大部分埋在地下。后来所建的渡槽才包括一些引人注目的拱门，但是即使在发展完善的渡槽系统中，这些带拱门的部分也占不到10%。在接下来的几个世纪中，人们又修建了更多的渡槽，其中一些能从91千米以外的地方引水。为了分配这些水，人们建造了成千上万个水池和喷泉。仅在奥古斯都皇帝统治时期，就修建或翻新了700多个水池、500座公共喷泉和130个配水库。这些建筑设施不仅具备功能性，还富有美感。奥古斯都新建的这些设施，装饰有300尊青铜或大理石雕像和400根大理石柱。

罗马供水系统与现代供水系统一个有趣的区别是，罗马供水系统是一种连续流动的系统，即无论人们是否使用，水都会不停地从喷泉和水池流出。总的来说，打开和关闭水流的阀门很少，整个供水系统完全靠重力作用运行。水泵的使用也少之又少，因而抬高水位至关重要，渡槽全程的高度必须经过仔细调整，这样水流才会够快，不至于使水池积水或回流，但也不能过快，不然难以处理。罗马渡槽系统的平均坡度，应该是每千米海拔下降约3米。管道中的水流速度为1~1.5米/秒，不过在某些地方，流速可能高达4米/秒。按照这种典型的速度，水从最远的水源流到城市可能需要一天。水道由各种材料建成，包括石头、水硬性水泥、黏土或铅管。

虽然只有极少数罗马人家里有自来水，但几乎在每个街道的交叉口都能见到喷泉或水池。这些喷泉或水池很可能是街坊邻居的社交中心，他们去那里取水、闲聊，有点儿像今天办公室里的饮水机。当然，如果你住在高层，每天把水扛回家可能非常辛苦，有钱的罗马人多半会让奴隶把一罐罐水送到家中。古罗马有一种名为水夫（aquarius）的职业，他们是附近收费送水的工人。在讽刺诗人尤维纳利的笔下，寂寞的妇女还会找水夫寻求慰藉。你可能会发现，"aquarius"一词是十二星座里的水瓶座，它恰恰被描绘为一个男人从罐子里往外倒水。

当今世界是高科技且依赖电子的社会，必要的基础设施除了水，还包括电力、电缆、电话服务、互联网接入等。对这些公司来说，其中最大的挑战是有人非法盗接线路，不付钱就能用。虽然这可能看起来像现代才有的问题，但古代也有类似的问题。对那些负责维护罗马渡槽系统的人来说，一个最大的挑战是个人非法侵入管道。人们会在渡槽上凿出洞，接上自己的水管，把水引到自己的家中或营生中。这个问题十分严重，以至于政府必须委派官员不断巡视渡槽的所有地表部分，他们不断清除这样的非法偷用，修补所凿的洞。公元2世纪初，一个名叫弗朗蒂努斯的罗马供水官员认为非法偷用水问题严重，会移走渡槽一半多的水。他气愤地报告说，他的手下发现"田地、商店、公寓乃至妓院都用私人水管偷水"。

罗马人所建的渡槽不仅覆盖其首都，而且遍布整个罗马帝国，有些地方的渡槽是最引人注目的地标。法国南部的加尔桥是一项惊人的工程，此桥由50米高的多层拱廊组成，为了让渡槽横跨峡谷而建。西班牙的塞戈维亚镇有一段保存完好、气势雄伟的长渡槽，法国西南部的维也纳城也有超过11条渡槽，不过规模比罗马的要小得多。尽管罗马渡槽更有名，但希腊人也建造过渡槽，也同样煞费苦心为城市供应淡水。

总的来说，罗马的供水系统是一项真正了不起的成就，也是让古人自己叹为观止的伟大成就。弗朗蒂努斯就曾自夸道："你怎么能将输送如此多水、如此不可或缺的建筑，与闲置的金字塔或希腊的无用但闻名的作品，相提并论呢？"（《罗马的渡槽》）另一个骄傲的罗马人老普林尼也说过类似的话："如果我们充分考虑到向城市中公共建筑、浴场、水池、运河、住宅、花园和别墅的充足供水，考虑到输送这些水的距离、拱门的建立、山中隧道的开凿，以及横跨深谷的桥梁的建造，就必须承认：世界上从未有过比这更了不起的功绩了。"（《自然史》）

在现代城市中，排水系统和污水系统是分开的，但在古罗马，就像近代以前的大多数城市一样，两者是合在一起的。最早建造罗马排水系统的目的，显然是解决水量过多的问题，而不是处理污水。罗马的遗址在靠近台伯河的地方有很多泉水，而且在山丘之间有低洼的山谷，这就意味着这些山谷会出现积水，而且，至少在一年之中的某些时候会变成沼泽或湿地。有不少资料强调过罗马早期的沼泽化现象，情况非常糟糕，雨季期间主要的山丘之间甚至要有渡船。这些沼泽区覆盖了罗马一些最重要的场所，因此，紧抓排水，让这些地方全年干燥宜居，是这座城市发展的重中之重。罗马已知最早的公共设施就是为了这个目的而建的。

罗马的第一条下水道，后来成为罗马最著名的下水道，即马克西玛下水道（Cloaca Maxima），意为"伟大的下水道"。马克西玛下水道最早是国王下旨建造的，能排出广场的积水，将其输送至台伯河。最初似乎是一条明沟，直到公元前3世纪，广场中的行人还有掉进排水沟的危险。国王为建造这条沟渠不得不征徭役，根据传说，修建沟渠的工作太过艰辛，有些工人不堪劳苦，选择自杀。

最后是对马克西玛下水道的后期重建，使之成为地下暗渠，而且在罗马城其他区域增建了无数其他排水管道。这些下水道由混凝土乃至高品质的石头建造，在完全建好后，伟大的工程终于完成，其排水能力也得到了提高。马克西玛下水道的有些部分高度超过4米，宽达3米，据老普林尼称，管道里足以通过一辆满载干草的马车。

这一排水系统在保持城市低洼地区干燥方面发挥了至关重要的作用，也有助于加快洪灾过后的退水过程。此外还有排污的功能，尤其是罗马居民每天产生的约10万磅粪便。大多数进入该系统的污水并非直接来自厕所，只有极少数房子有直接与下水道相连的厕所，而公共厕所的数量非常少。大多数生活污水被倾倒在街道上，然后可能流入下水道。

古代作家对罗马的下水道表现出极大的敬畏，甚至把它们视为罗马城最伟大的奇迹，可以用一句话来概括："当罗马城的深度如此无与伦比，还有什么城市能比得上它的高度呢？"（卡西奥多罗斯，《信札》）

罗马另一个出色的方面，是建立了城市食物供应系统。到公元前1世纪，罗马的人口已经接近100万，而至少西半球的其他城市直到19世纪才达到类似规模。因此，罗马在进口大量食物以满足其居民需求方面与现代都市也很类似。和今天一样，运输大量大宗货物（如粮食）的最有效方式是水运，因此罗马发展出了最早的大型水运系统。包括意大利、西西里岛、西班牙、北非和埃及在内的罗马帝国南部地区，几乎所有的多余食物都被收集起来，装上船只，运到罗马，供给那里饥饿而庞大的人群。

然而，在很长一段时间里，罗马城缺少一个真正的好港口。当时已有的奥斯蒂亚港不安全，不适合船只停泊。公元42年，克劳迪斯皇帝最终解决了这一问题，他在意大利海岸线外，挖掘了一个914米宽的新人工港口。一系列运河将这个巨大的盆地与奥斯蒂亚港和台伯河连接起来。这个港口名为"波尔图斯港"（Portus），字面意思就是"港口"，尽管波尔图斯港具有巨大的防波堤，但船停在那里似乎还是很危险，因为公元62年的一场风暴击沉了200多艘船。后来，图拉真皇帝重建了这个港口，增建了一个内港，船只停泊在那里十分安全，于是罗马终于有了一个顶级港口。这个内港是一个640米宽的巨大六边形，精心建造的码头和系泊点罗列期间。罗马的现代机场有一部分就建在波尔图斯港上，今天，当你乘坐飞机在此降落时，若留意观察，还能看出图拉真建造的六边形轮廓。成百上千艘罗马货船络绎不绝地在地中海航行，每年将约60万吨重要的谷物、橄榄油和葡萄酒运到罗马。虽然罗马港口和码头近几百年来，已经失去其无与伦比的地位，但它们与现代港口相比依然毫不逊色。

罗马人之所以能建造如此令人肃然起敬的港口、码头、船坞、防波堤，是因为他们研制出了一种特殊的混凝土，这种混凝土能直接倒入水下的木模中，即使浸泡在水中也会变硬。这种水硬性水泥使用了一种火山砂，它是罗马工程的关键元素。由于能防水，水硬性水泥也被用于建造渡槽和下水道。人们对这种水泥成分所做的详尽技术分析表明，罗马水泥的效果与现代水泥相差无几，在某些情况下甚至更好。

超前的建筑方法与设计元素

罗马人也在其他建筑中广泛使用混凝土，事实上，一些建筑史学家说罗马建筑预示着"混凝土革命"的来临。尽管早在罗马人之前，不同形式的混凝土就存在了，但罗马人使用这种多用途材料的方式比任何人都更广泛、富有创造性，事实上直到20世纪还是如此。尽管人们对罗马建筑的印象是闪亮的大理石结构——确实，几乎所有的罗马纪念性建筑的外层都是用大理石或其他精美的装饰性石材制成的，但是这种大理石几乎总是在粗陋的砖块和混凝土建成的结构核心上覆盖薄薄的一层。古罗马的砖块和混凝土是廉价、耐用和灵活的建筑材料，是罗马人能快速建起如此庞大、持久的建筑的秘密。因为混凝土几乎可以浇筑成任何形式，所以在设计方面，罗马建筑师比他们的希腊前辈更有发挥空间。混凝土加上罗马人对拱顶的广泛使用，使得罗马建筑内部空间巨大，而不需要用成片的柱子支撑屋顶。混凝土也使房间和建筑物摆脱先前施加其上的直线束缚，建筑师可以大胆地使用曲面墙进行圆柱类设计了。

罗马建筑师擅长建造坚固的功能性建筑，维特鲁威是这种建筑哲学的集大成者。他生活在公元前1世纪，写了一本颇具影响力的《建筑十书》。维特鲁威在书中说，建筑"应该展现出稳固、实用和美观等原则。如果基础铺设牢固，谨慎选择建筑材料，使用充足，便可把握稳固性原则。如果其设计通过空间托配，让使用得以流畅无暇，每种类型的空间分配具有合适的用途、适当且舒适，那么就遵守了实用性原则。如果建筑物的外观愉悦、优雅，各部分比例恰当体现出对称性原则，那么美观性原则就自然实现"(《建筑十书》)。即使在今天,这三个核心原则依然体现在建筑历史学家协会的会徽上,而维特鲁威的观点让我们瞥见罗马人是如何进行理想的建筑设计的。众所周知,罗马建筑师为他们的建筑物绘制了类似现代蓝图的平面图,并且用木头、石头和黏土建造了三维模型。当我们谈到古典时期的建筑时,最常想到的元素或许就是一排排柱子。这种老套的联想基本符合事实,因为希腊人和罗马人在建筑中广泛使用柱子作为支撑和装饰,但这仅仅是古典建筑风格的一个方面。在随后的几个世纪中,后来的建筑师为了使其作品反映出古代帝国的荣耀,纷纷效仿古代建筑的外观,尤其是政府大楼、银行、教堂和博物馆等纪念性建筑。尽管古典风格流行度此起彼伏,但其影响却无处不在,今天,你走进任何一个国际都市,使用古典风格的柱子或正立面带有其他古典风格装饰的建筑几乎比比皆是。

考虑到古典风格在今天的普遍性,让我们来看看主要古典建筑风格的更多细节,了解它们如何会对后世建筑产生这么强大而持续的影响。希腊人创造了三种基本风格,有时也被称为建筑式样:多立克柱式、爱奥尼克柱式和科林斯柱式。在此基础上,罗马人又开创了两种式样:塔司干柱式和混合柱式。在讨论古典建筑式样时,人们常常会通过柱式来区分,事实上,区分这些式样最简单的方法确实是看这些特征,但这些式样又不仅是柱子,而是意味着整个建筑应该呈现出一系列合适的比例。人们可能会认为,这些建筑式样是装饰风格和尺寸模块的组合,而这些风格和模块可以像积木一般以不同方式进行排列组合。但是,由于它们都遵循了某种比例,所以整体结构在尺度上会具有一致性和平衡性。

多立克柱式,似乎是公元前7世纪晚期在希腊腹地上发展起来的;爱奥尼克柱式大约是同一时间或稍晚时候在希腊东部发展起来的;尽管在后来的科林斯柱式希腊和罗马拱门中被大量使用,却在较晚的时期发展起来。多立克柱式通常是最基本的柱式,其柱子和比例与其他柱式相比比较粗壮。其装饰也最为简单，多立克柱式的柱头没有装饰，仅包括一个简单隆起的圆形石垫，因为形状酷似海胆，俗称"海胆"（echinus），它上面是一种正方形顶板（abacus）。爱奥尼克式柱子的比例比多立克式细长，其柱头是涡卷式，像一个倒过来的卷轴，弯曲在柱子两侧。科林斯式柱子的比例更修长，其柱头最复杂，是一系列雕工繁复的卷曲毛茛叶。这三种柱式通常柱身都刻有沟槽，浅浅的垂直凹槽从顶部延伸至底部。罗马人添加了塔司干柱式，它是多立克柱式的简化版，柱身也有凹槽。第五种式样有时被认为是罗马人发明的，即混合柱式，顾名思义，这种柱式结合了其他几种的元素，创造了一种极为华丽的柱式。

除了这五大柱式，今天的建筑还使用古人（尤其是希腊人）创造的许多细节和小元素。今天建筑外观常见的几种包括：齿饰，即一排方正的齿状突起；装饰带，由三个逐渐突出的水平带组成；檐壁，即水平装饰带；檐口，即建筑侧边屋檐的上边缘；山墙，即在建筑前侧或后侧，由两面倾斜屋顶轮廓线构成的三角形空间。

剧院用来娱乐，拱门用来炫耀

本章开头我们探讨了最著名的两座罗马建筑，它们都催生了数不胜数的模仿建筑。尽管还有许多古代建筑影响了现代世界，但在本章的最后，我们下面只聚焦于两种激发了许多模仿建筑的类型：一种是非常实用的罗马建筑，剧院；另一种是纯装饰性的罗马建筑，凯旋门。

既然希腊人将喜剧发展成为一种艺术形式，那么他们还得设计出适合戏剧演出的建筑。对这样的地方主要的要求，是能够容纳数千名观众，并能让这些观众清楚地看到演员的一举一动，听到他们的声音。其结果便是独特的"D"形希腊剧场，这种剧场成为后来所有表演空间的模范。标准的希腊剧场包括一个名为orchestra的开放式舞台区，这是演员表演的地方。然后是一个巨大的半圆，观众环绕而坐。最初，大多数希腊剧场都是背山而建，这样山本身的坡度就能用作座位区，而舞台就在山脚下。雅典的狄奥尼索斯剧场就是一个例子，它背靠雅典卫城的山坡，是许多最著名的希腊戏剧首演的地方。

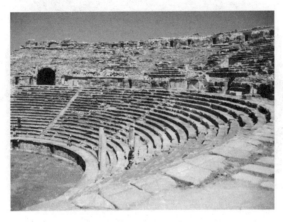

图5.8 古代剧场。有些剧场可以容纳4万名观众，这些建筑是希腊和罗马剧作家著名的悲喜剧表演的场地。

起初，观众大概只是在山坡席地而坐，后来放置了更正式的木质长椅，最后建起了石质剧场，并建造了一排排同心状排列的大理石长椅。狄奥尼索斯剧场大概能坐下2万名观众，而后来最大的剧场或许能容纳近两倍的观众。希腊剧场最令人叹为观止的一个方面，是它们经过精心设计，能够提高建筑的音响效果。在一个没有任何人工扩声手段的时代，这一点至关重要，而这些建筑建造精良，能够满足这一要求，在很多古希腊剧场，如果是有人在舞台上低语，即便是坐在后排，也有可能听得一清二楚——今天希腊导游很喜欢向游客展示这一点。

罗马人仿效了希腊戏剧的基本结构元素，现在大部分现存的剧场废墟都是罗马时代的建筑。剧场的一种变形是戏院，它与剧场形状相同，不过有屋顶，既用于音乐表演，也用于其他类型的娱乐。今天你可能去的几乎任何礼堂、音乐厅或歌剧院，其基本形式都归功于希腊剧场，因而，希腊剧场是古典世界最重要也最常见的建筑遗产之一。

图5.9　君士坦丁凯旋门。这座拱门位于罗马斗兽场附近，上面装饰有从以前凯旋门上取下的浮雕。

　　最后一种古代建筑，虽然在现代世界中，比剧场要罕见得多，但却产生了一些著名的效仿物，这种建筑就是最初由罗马人建造的凯旋门。凯旋门很可能源于为庆祝罗马将领凯旋的游行，那时奖章暂时被放在将士们经过的城门上。游行队伍会继续穿过罗马城的街道，久而久之，沿着这条路线，开始树立起雄伟的拱门，用以纪念将领及其胜利。这些是独立的拱门，有一到三个门洞，上面一般刻有罗马人屠杀蛮族、将战利品带回罗马的景象。拱门之上会有一尊雕像——一位凯旋的将军乘坐名为"quadriga"的四马战车。这些纪念性拱门的数量不断增长，在罗马城内就有50多座，另外还有至少50座遍布意大利，此外还有更多分散在罗马帝国。

罗马城中的50座凯旋门，只有3座保存至今：提图斯凯旋门、康斯坦丁凯旋门和塞维鲁凯旋门。提图斯凯旋门是相对简朴的凯旋门的完美代表。它15米高、13.5米宽，只有一个门洞。提图斯凯旋门建于公元81年，提图斯皇帝去世之后，它位于罗马广场和斗兽场之间的圣路（Sacred Way）上，纪念了提图斯在犹地阿①取得的胜利。拱门上装饰有几块著名的浮雕，描绘着罗马士兵抬着从耶路撒冷犹太人大神殿掠夺的战利品离开，其中包括一个引人注目的场景，从中能清晰地看出一群士兵正奋力将神殿中巨大的传统的犹太七枝烛台抬走。

图5.10 提图斯拱门上的装饰细节。这块浮雕展现出胜利的罗马士兵
扛着从耶路撒冷大神殿掠夺的战利品，其中包括神圣的七枝烛台。

尤其从文艺复兴开始，人们对古典建筑的兴趣复燃，后来的统治者和政府将凯旋门作为彰显他们自己或其英雄功绩的一种方式，接二连三地建造起复制品。这些凯旋门可以从世界各地看到——俄罗斯圣彼得堡的纳尔瓦凯旋门、柏林的勃兰登堡门、为庆祝从法国赢得独立而建造的老挝胜利

①　古代罗马统治下的巴勒斯坦南部地区。

门、纪念第一次世界大战的澳大利亚凯旋门。不过，迄今为止，最著名的还数巴黎香榭丽舍大街上的凯旋门。这座凯旋门是拿破仑为了庆祝他在奥斯特里茨战役中取得的胜利而建，它高50米、宽45米，比以往任何罗马拱门都要高大。然而，这座凯旋门虽然引人注目、闻名于世，实际上却不是世界上最大的凯旋门。这一荣誉属于金日成所建造的位于朝鲜平壤的凯旋门。这座高60米、宽40米的巨型建筑于1982年落成，上面刻有歌颂这位朝鲜领导人的歌词。

最早的科学哲学家是谁

在西欧，直到距今350年前，科学从古典思想家以后并没有多大进展。欧几里得和阿基米德著作中的观点依然是几何学的定论，亚里士多德和普林尼是公认的自然科学权威，希波克拉底和盖伦的著作被视为医学和治病的经典，托勒密的天文学理论仍然盛行。尽管古典时代长期主宰科学思想，可那时却没有一个词，完全等于我们现代的"科学"。当时最接近的概念，或许是雅典的"爱智慧（philosophia）"和"知识（episteme）"这类概念。然而，希腊人和罗马人却为物理学、生物学、化学、动物学、植物学和天文学等现代学科的产生及发展奠定了基础。

除了这一核心知识体系，也许更重要的是，古希腊人还将科学方法的雏形留给了现代人。这种关键的思想就是——为了解自然，人们应该提出假设，进行实验，并观察结果。"hypothesis"（假设）本身就是一个古希腊词，意思是"提议、建议、假设或提出的讨论主题"。柏拉图最先指出它是当时数学家使用的方法，又在自己的哲学对话中使用。在研究这个世界之前，我们必须提出问题，而希腊人非常擅长这一点。

另一个古希腊人在著作中记述了最早的科学实验。根据历史学家希罗多德所说：“埃及国王普赛米提库斯想知道他的国家是不是所有国家里最古老的，但他不能单凭问询来解决，所以他尝试了一个实验。他将一对平民夫妇的两个新生儿交给一位牧羊人抚养，并吩咐牧羊人，在这两个孩子身旁任何人都不能说一句话。他们被养在一个与世隔绝的小木屋中，牧羊人负责照顾他们的所有需求，用山羊来给他们喂奶。普赛米提库斯做这些安排是因为他想知道在没有任何外界影响的情况下，当孩子长大开口说话时，说的第一个词会是什么，一切都如他的计划进行。牧羊人服从国王的命令两年了，有一天，当他推开门走进小木屋时，两个孩子都伸开双臂，向他跑来，清楚地说了一个词‘becos’，接着，国王命人四处打听哪个民族使用这个词，最终发现是弗利吉亚①语，意为面包。以此他得出结论，弗里吉亚人才是世界上最古老的文明，埃及人再也不能这样妄称了。我从孟菲斯的普赛米提库斯的埃及牧师那里得知了这一真实的事件。”（《希罗多德，《波斯战争》）

　　在这个故事里，国王显然运用了一种科学方法的雏形——他提出了一个他想要回答的问题，创造一种探索这一问题的实验，然后观察其结果。当然，整个实验从根本上有严重的缺陷，因为它基于一个错误假设，即“语言是先天的而不是后天习得的”。然而，这却是一项真正为了得到信息进行的客观科学实验，而不是从迷信或传统中寻求答案的尝试，这一点比客服缺陷更重要。因此，这个故事体现出古希腊人的精神和志趣，他们被关于这种实验的故事吸引，率先为解决周围世界的问题系统寻求理性的答案。

　　想想看，在古希腊人开始问这些问题之前对自然现象的态度是怎样

---

① 希腊时代小亚细亚地区的一个古国。

的。面对一个充满风、雨、闪电等令人费解的自然现象的世界，许多古代文明为了解释世界为何如此运转，想出种种民间故事和神话。一种方法是万物有灵论，认为我们身边的一切都有灵魂，例如，古希腊人讲了关于自然精灵（仙女）的故事，比如德莱德和哈马德莱德（树仙女）、奥莱德（山仙女）和尼瑞德（海仙女）。另一种方法是将无法解释的现象归因于拥有超人力量的神。因此，众神之王宙斯挥舞着闪电；他的哥哥波塞冬控制着大海，用三叉戟敲击地面，从而引发地震；四季更替，是由于农业女神得墨忒耳在冬天丢下工作哀悼被绑架的女儿珀尔塞福涅，到春天她们团圆时，她开心地令大地复苏。然而，最后在公元前7世纪末的古希腊，一些激进的思想者出现，他们反对这种故事，对他们观察到的现象寻求合乎逻辑的解释，用科学而非故事解释。这种质疑周围世界、寻求对自然现象的逻辑解释的新冲动，奠定了我们今天所知的科学的基础。

我们将这第一批希腊科学家或所谓的"哲学家"命名为"爱奥尼亚理性主义者"。他们始于公元前600年左右，有时也称其为"前苏格拉底哲学家"，即苏格拉底之前的希腊哲学家。然而，爱奥尼亚理性主义者这一术语，更具有描述性，更能告诉我们他们是谁。让我们从这个词的后半部分"理性主义者"开始，想想这个词对于那些人意味着什么。他们是第一拨观察周围世界，并试图对所发生现象寻求逻辑解释的人。神话将雨、风、季节更替等自然现象都归因于神明的行为，这群思想家没有简单地接受这些神话原因，而是试图用我们今天所谓的科学的方式来解释。这是一种真正激进的思考自然世界的方式，对那些严格遵守当时信仰的人来说，会被认为是渎神行为。

这些人的探索，让他们走向了不同的知识领域。那些专注于解释自然世界的人，对测量、度量衡、数学和几何学尤为感兴趣，因为理解周围世界的第一步是能精准地描述它。那些专注于宇宙的本质与运作方式等抽象问题的人，他们的思维方式渐渐变得更加逻辑、理性，更具批判性。

怀疑主义，意味着在没有证据的情况下不接受任何听闻，它强调用个人观察核实事实，是理性主义方法的重要组成部分。按照逻辑，下一步应该是进行实验，测试假设，我们看到许多理性主义者在不同领域进行这样的实验。这些都是里程碑式的想法，在此之前，大多数人只是人云亦云，习惯将世界看成由神秘力量统治的地方。希腊理性主义者率先挑战并改变了这一切。我们今天生活的世界以科学为基础，技术先进，我们对此已经习以为常，而这一点，理应归功于古典时代的思想家。

这个术语的前半部分"爱奥尼亚"这个词也很重要。体现这些特征的运动起源于小亚细亚海岸的一个名为爱奥尼亚（Ionia）的地方，并在那里蓬勃发展。虽然在今天，这条海岸线和近海岛屿大部分属于土耳其，但在古代，它们是希腊世界的一部分。

爱奥尼亚的地理位置非常有趣，正好位于希腊世界与近东及美索不达米亚古老的内陆文明之间的边界上。它处在连接东西方的主要贸易路线的十字路口的位置。爱奥尼亚位于边界，在那里，不同的哲学、宗教和文化聚集在一起。那是一个埃及人、波斯人、犹太人、米底人、腓尼基人和希腊人混居的地方。爱奥尼亚不仅知识氛围不稳定，政治生活也同样不安定。这里是希腊人和波斯人争夺之地，除了外部入侵的威胁外，内部还受到派系主义、内战和阶级冲突的困扰。

第一位爱奥尼亚理性主义者，一般是指"米利都的泰勒斯"。他是个商人，为了做生意来到埃及，他很可能在那里接触到埃及人和迦勒底人关于数学和天文学的思想与知识。泰勒斯最著名的成就之一是利用他对数学和天文学的理解成功预测了公元前585年的日全食。

泰勒斯最大的贡献就是他质疑了对自然世界如何运作的传统解释。他提出了两个问题："世界由什么构成？""构成万物的基本单位是什么？"

这两个问题将会困扰此后所有爱奥尼亚理性主义者，并一直对后世的科学家提出挑战。泰勒斯称之为"万物的本源"或"第一元素"，他认为，由于所有食物都是由水滋养的，有水才能存活生长，所以水一定是第一元素。在今天，我们可能会管这种基础单位叫"原子"，原子的概念十分基本，我们甚至可以将所处的时代称作"原子时代"，指代1945年第一颗核弹爆炸以后的时期。原子的国际符号是几个电子的轨道围绕着中心的一个原子核，这个符号已经成为现代性的象征。然而，尽管直到20世纪我们才能观察到质子、中子和电子的微小运作，但原子理论的根源却能追溯到泰勒斯提出的这些基本问题。

后来，在公元前5世纪，留基伯及其学生德谟克利特发明并完善了原子理论，即"宇宙中的万物皆由无数没有变化、不可分割、肉眼不可见的永恒颗粒构成"。他们还提出了虚空（虚无）的概念，即物体运动所穿过的空无一物的空间。无数看不见的颗粒在虚空中运动，偶尔相撞，纠缠在一起，形成更大的合成物。德谟克利特首次将这样的颗粒称作"atoma"（不可分割之物），它也是英语"atom"（原子）一词的词源。万事万物以及一切因果的关系，都可以归因于这些原子的运动。

泰勒斯还推测了宇宙的本质。他认为，地球是一个像木筏般漂浮在水面上的扁平物体。泰特斯对神明的看法，显然不同于异教徒对神明的看法。他认为，神明存在于万事万物当中，人拥有与其他所有灵魂相连的灵魂，因而，所有存在体都是相互关联的。他所谓的"灵魂"还有所有生物的一个关键特征是它们能运动。因为他观察到磁铁可以移动，所以他也许是玩笑似的推测：磁铁也一定有灵魂。即使在他成为哲学家之后也没有失去商人本色，据说他利用他的天文学知识预测橄榄的成熟时间，从而垄断市场，大赚了一笔。

泰勒斯的一个学生阿那克西曼德拓展了他的理论。他是第一个绘制世界地图的人，这显示了他对几何学和测量的热情。他还是一个殖民地的领袖，喜欢穿华丽、引人注目的衣服。他声称，第一元素不是水或别的什么物质，而是一种名叫"无定"（the indefinite）的东西。他对宇宙结构的看法是：地球表面最初覆盖着水，水在太阳的照射下干涸，暴露出土地。他因此推测，人类源自一种类似鱼的生物，所以他也可算是进化论的先驱。

另一位重要的爱奥尼亚理性主义者是色诺芬，是个诗人，他的理论的主要方向是挑战希腊诸神的传统观念。他嘲笑了诸神长得像人的观念，说这种观念是以自我为中心、以人类为中心的。为了阐述这一点，他写道："如果羊或者马有手，能够像人一样作画、创作艺术，它们会画出自己的神，而羊画的神肯定像羊，马画的神肯定像马。"他显然是一神论者，他假定有一个全能的神，"身体或思想都不像凡人。他什么都看得到，什么都想得到，什么都听得到，他只待在一个地方不移动。如果他一会儿在这儿，一会儿在那儿，这就不合适了。他仅仅通过意念就能轻松移动万事万物"。

色诺芬认为，世界依次经历了干燥和被水覆盖交替循环的阶段。他能得出这一结论，是因为他发现在山上能找到鱼化石，他正确地推断出这些印记一定是当时该地沉在水底时留下的。

接下来的爱奥尼亚理性主义者中，思想最丰富、地位最重要的人是毕达哥拉斯。他喜欢称自己为"爱智慧者"（philosophos），即英语"philosopher"（哲学家）一词的词源。据说他阅历丰富，去过埃及和近东，他在那儿可能学习到了一些东方思维的元素。毕达哥拉斯的思想分为数学和神秘主义两部分，不过，他自己不认为两者有什么区别。

他提出了许多几何学的关键理论，包括毕达哥拉斯定理。他认为，第一元素是"数字"。他将数字1称作"Mohad"，说它是男性，将2称作"Dyad"，说它是女性。这让人不禁想起今天的计算机中使用的二进制数字系统，因此，我们甚至可以将毕达哥拉斯看成计算机行业的"老祖宗"。

在天文学领域，他还在行星运动方面取得了重要进展。毕达哥拉斯认为，宇宙是按照数学上精确的线条组合在一起的。此外，他认为，数字和音乐是相关的，因而得出著名的观点，即"天体沿着完美、和谐的路径运动，产生了美妙的声音"，即"星球的旋律"。

毕达哥拉斯也非常迷信。他说，永远不要用刀捅火，因为这样会伤到火；要在指甲剪上吐唾沫，以免指甲剪被施以魔法，伤到自己。他相信轮回转世，人甚至会转世为动物。他声称能记起自己的前四世，其中一世经历了特洛伊战争。相传，有一次他见到邻居在打一条狗，他求邻居住手，因为他认出那条狗是他一个朋友转世的。他提倡素食，这样就能避免不小心吃掉死去的朋友和亲戚。毕达哥拉斯衣着浮夸，经常奇装异服，比如戴金色的帽子、穿白色的长袍和裤子。

理性主义者强调说，人脑有能够理解世界的能力，通过理性思维和逻辑分析可以解决人类的一切疑难问题，而这一信仰继续推动着今日的科学探索。

工程师和发明家：实用和不怎么实用的科学

后来的希腊思想家承接了爱奥尼亚理性主义者的工作。其中之一是亚里士多德，他年轻时在学院师从著名哲学家柏拉图。然而，亚里士多德后来发展了与其老师截然不同的兴趣。柏拉图集中探究精神和纯思想的方方面面，并且认为物质世界是一种幻觉，而亚里士多德则花费大量精力仔细研究了周围的世界。

亚里士多德的兴趣几乎涵盖所有领域，他的论文影响深远，涉及令人眼花缭乱的各种话题，包括政治、伦理学、物理学、生物学、文学、音乐、修辞学、动物学、戏剧、逻辑和形而上学。他通过对自然世界的研究，对鱼类和动物进行了开创性的分类。他坚持系统性地收集数据，再从中得出结论。现代的林奈生物分类体系，在很大程度上就归功于早期亚里士多德创建的生物分类体系。

亚里士多德的学生亚历山大大帝死后的希腊化时代，在科学、医学、工程和数学领域出现了种种重要新发明和发现。被称为"几何之父"的数学家欧几里得就工作、生活在希腊亚历山大时代。他最重要的贡献，是一本名为《几何原本》的书，书中阐述了几何学的所有基本原理。他提出了许多至今仍在使用的几何证明和定理，另外还开创了形状和角度的公理。《几何原本》可能是有史以来最成功的学校教科书。直到20世纪，欧几里得的书仍是西方最基本的几何学教材。

阿基米德是当时最杰出的科学家和发明家之一。他是西西里岛锡拉丘兹希腊殖民地的公民，从小就喜欢修修补补，制造了许多精巧的机器，包括水泵、滑轮和各种军事设备。他在数学领域也颇有天赋，确立了圆周率的值，并找出了计算复杂形状的面积和体积的方法。他喜欢建造装置，将水从一个水平面引到另一个水平面，比如阿基米德螺旋，至今仍是许多水泵的主要部件。同样，他还擅长利用杠杆、滑轮、滑车组系统将力放大，用以移动或抬升重物。他最著名的名言就是："给我一个杠杆和一个支点，我就能撬起整个地球。"

关于阿基米德最著名的故事，是当地统治者让他解决金王冠纯度的难题。阿基米德百思不得其解，决定放松一下到附近浴池去泡澡。他刚一进入水池时，就发现自己的身体让池中溢出了同等体积的水，于是突发灵感，想出了解决王冠难题的方法。他喜不自胜，跳出水池，穿过街道狂奔回家，连衣服都没穿，浑身湿漉漉的，边跑边高喊："尤里卡！"意为"我发现了！"真是个令人难忘的故事，不过应该是后世杜撰的，但从中确实体现出这位伟大的科学家对知识的痴迷。

不幸的是，正是这种痴迷导致了阿基米德的死亡。锡拉丘兹后来遭到罗马人袭击，尽管阿基米德通过发明一些巧妙的武器强化了城邦的防御，可是罗马人最终攻了进来并大肆劫掠。罗马将军特别下令让部下别伤害阿基米德，因为罗马人希望他能效命。然而，当士兵们冲进阿基米德的实验室时，他正在全神贯注地研究一个复杂的数学图表，士兵问他的身份，他置之不理，因此被杀害。他被埋在一座刻着圆柱内切球的坟墓中，而这个几何图形正象征着他的一种数学理论。

其他重要的希腊人和他们的发明与见解还有：兰普萨克斯的斯特拉登通过展示物体下落时会加速，预料到一个物理学基本定律；默冬精通精确的天文计算，他所计算的地球绕太阳一周所需的时间只有30分10秒的误差；萨摩斯的阿里斯塔克斯使用几何计算出太阳和月球的距离，并正确地提出太阳系的日心模式；昔兰尼的埃拉托斯泰尼斯擅长地理，他不仅绘制了一些最早的精确地图，还计算出地球周长，仅有细微的偏差；迪克勒斯在光学领域的开创研究，成为后来所有望远镜的基础。

古希腊科学家的发明还包括：齿轮、滑轮、螺丝、玻璃吹制、空心青铜铸造、测量仪器、里程表、水钟，以及一种名为水风琴的乐器。古希腊发明家还发明了几种精确测量时间的方法，比如：水钟，其计时原理是基于一定体积的水从容器中滴落或流出所需的时间，水钟通常在法庭上使用，用来限制发言者陈词的时间；日晷，利用太阳每天的运动来测量时间，甚至还有便携式日晷，几乎就是古代的手表了。然而，这些科学家的独创性没有应用在解决实际问题上，而是被用来行骗。

例如，来自亚历山大的希罗，绰号"机械师"（Mechanic），他建造了一个自动木偶剧院，里面有能自动打开的门，好像活着的、胳膊会动的雕像，还有总能倒出酒的碗。许多希腊发明在今天看来更像是魔术师或幻术师用的道具。一个非常精致的典型就是胜利女神Nike的金像，这件道具精雕细琢，栩栩如生，仿佛她刚从佩加穆城邦的雅典娜神庙翩然而出，将一顶王冠戴在米特里达特·尤帕托国王的头上。"Mechanic"一词源于希腊语词mechane，本义是"骗术"。也许希罗最具革命性的发明是一台蒸汽机的原型。如果这台机器被广泛应用于生产，那么工业革命几千年前就发生了，对历史的影响难以估量，但是，就像他发明的其他大部分机械一样，都只是用来耍一些小把戏。

许多发明家的资金和资助来自希腊时代的统治者。这些独裁者热爱举行奢华的公共活动，我们现在称之为"炫耀性消费"。例如，埃及的托勒密二世在亚历山大城举办了一场游行，规模超过了现在的"玫瑰碗"游行和梅西感恩节游行。托勒密浩浩荡荡的游行队伍包括他配备战车和战象的军队，还有巨型彩车，外部绘有盛大的历史和神话场景，车上载着比真人还大的神像和英雄雕像，这些雕像是机械的，四肢可动。车上有装扮成萨堤尔①的演员和120个手托金盘的男孩，盘中盛满藏红花。还有一辆特殊的彩车，上面装着一只用豹皮制成的巨型酒囊，能装下11.3万升的葡萄酒，随时向两边热切的观众嘴里倒进免费的葡萄酒。游行队伍里还有各种各样的异国动物，包括长颈鹿、羚羊、鹦鹉、大象、骆驼、孔雀、犀牛、白熊、鸵鸟拉车、2000头金牛和2400条狗。最壮观的是，还有一根54米长的镀金男根，上面系着巨大的丝带和蝴蝶结。

亚历山大城是知识的中心，建有著名的亚历山大图书馆。这座图书馆致力于收藏当时世上的所有书籍，据估计达到50万卷。所有停靠在亚历山大港口的船都会经过海关官员的搜查，如果他们发现是图书馆没有的书，就会当场扣留，抄写复制一份才物归原主。

---

① 古希腊神话中半人半羊的森林之神。

与图书馆相连的一个机构名为"Museum"（博物馆），字面意思是"缪斯女神之家"。它既是收藏有趣物品的地方，也是吸引各地学者前来工作学习的高级研究中心。他们在那里做研究、收集数据、做实验，将他们的发现写成论文。这些文章的主题，从对已知毒物及其解毒剂的概述到农业和养蜂技术。研究达到了很复杂的程度，很快招来对学者无休止的批判，认为他们研究的都是些没用的、艰深晦涩的话题。以下是那时候的一些文章标题，请读者自行判断：《德谟克利特所使用的稀有词汇大全》《论早期作家可能未使用过的词汇》，以及还有更吸引眼球的文章《论鱼类名字的演变》。

埃及的托勒密二世国王出资建立了图书馆并引以为傲。其他的希腊国王好胜心非常强，很快也建起他们的图书馆，一场书的战争打响了，拥有最多书的图书馆将会获胜。然而，后来建起的图书馆没有一座收藏量能比得上亚历山大城的大图书馆。这种竞争不仅在于资助者之间，学者们也就各种话题进行激烈的学术争论，这样的场面在今天任何研究型大学都不陌生。

希腊化时代不仅是一个百家争鸣、唇枪舌剑的时代，在亚历山大帝国覆灭之后，它也是一个真正战争不绝的时代。战争期间经常发生的事情是，对强大武器的渴望刺激了技术创新。军事工程师们设计了体积更大、更高效的投石机和起重机用于战场和攻城，还发明了便携式浮桥，让军队能够迅速渡河。伟大的发明家阿基米德就花费了大量时间设计军备，他设计了各种尺寸的投石机，还有一种很像大爪子的机器，能抓住并掀翻罗马战船。甚至，在希腊化时代之前，历史学家修昔底就提到了一种火焰喷射器的雏形，部件主要包括一口大锅，通过一根管子连接到一对风箱上。据说在公元前424年，这种武器烧毁了德利姆和莱西特斯的木制防御工事。

医学：健康的体魄和心灵

当你下一次读到关于健康饮食的文章时；当你听到有人说"凡事适度"时；当你想弄懂昨晚的梦有什么意义时；或者当你情绪低落，想泡一会儿澡放松身心时，别以为只有现代人才会这样做，古人也曾这样追求过健康和长寿。

图5.11 阿斯克雷庇俄斯的雕像。医神的主要特征是他手持蛇缠绕的手杖，这已成为医学的象征。

现代医学和医生的象征符号，是两条蛇缠绕在一根杆子上。在西方，尤其是基督教那里，蛇的名声并不好，那么，为什么这种动物形象会和医学职业联系起来呢？人们对此感到困惑：医生的目标是治病救人，不是害人。那是因为，在古典时代，这一形象会被认作"卡杜修斯杖"，是信使神赫尔墨斯把亡灵带往冥界时手里拿的使节杖。卡杜修斯杖还能让死者起死回生，但这种能力很少被使用。

虽然卡杜修斯杖主要被看作赫尔墨斯的象征，但另一个希腊神也常常被描绘为拿着一根缠着蛇的手杖的形象，他就是医疗之神阿斯克雷庇俄斯。他有时被描述为太阳神阿波罗的儿子（阿波罗同样拥有治愈疾病的能力），有时被描述为死后升格成神的英雄囚犯。他的医术十分精湛，据说能让死者复活。也许，这就是能起死回生的卡杜修斯杖出现在阿斯克雷庇俄斯的形象之中的原因。讽刺的是，由于阿斯克雷庇俄斯战胜了死亡，宙斯害怕他会破坏生与死的平衡，所以用闪电劈死了他。

在希腊宗教中，蛇是神圣的，这也许是使其成为阿斯克雷庇俄斯的重要特征。要为治愈之神建一座新神庙，必须从母庙中运一条神蛇到那里去。同样的，这位希腊神最早出现在罗马，在结束一场可怕的瘟疫时，据说他变成了一条巨大的蟒蛇，游到台伯河上游，躲在台伯岛的芦苇丛中，罗马人为了表达谢意，在那里为他建了一座神庙（这种治病救人的传统仍在台伯岛延续，这里最终成为一所基督教医院的所在地，这所医院至今仍在运作）。

阿斯克雷庇俄斯的孩子有：希腊健康女神许癸厄亚（形象经常是一只手抓着蛇，另一只手拿着杯子，有时蛇从杯里喝水），她的名字也是英语词"hygiene"（卫生）的词源；罗马健康女神帕那刻亚（Panacea），英语词"panacea"（万灵药）的词源；她的两个儿子玛卡翁和珀达利鲁斯是荷马史诗《伊利亚特》中出现的神医。在阿斯克雷庇俄斯的神庙中，祈求神明的病人接受沐浴、锻炼和饮食等治疗方法（这些疗法今天仍很常见）。还有一种疗法名为"孵梦"（incubation）：病人去神庙里睡觉，祈求神托梦告诉他们如何治疗自己，或者直接神奇地治好他们。病人经常雇神庙中的解梦人给他们治疗意见。于我们而言，孵梦乍一听可能挺奇怪的，但我们可以联想到梦境解析在现代的意义。可以说，古代的解梦预示了弗洛伊德的理论和治疗方法，弗洛伊德本人痴迷于古典世界，也深信梦的重要性与可阐释性。梦的解析，也揭示出身心之间、心理健康与生理健康之间的联系。阿斯克雷庇俄斯神庙很像疗养院，里面配有剧场、体育馆、浴场，这样病人的身心都能得到刺激和治疗，由此可见，整体康复的概念在古代世界一样重要。

"希波克拉底誓言"通常被认为是约公元前430年希腊著名医生希波克拉底及其追随者提出的，至今仍是医生的试金石，誓言的部分内容对我们来说很熟悉。虽说很多人都听过"救人而非害人"这一短语，但我们还应该参考原本誓言的翻译，看看里面还能找到什么其他建议：

医神阿波罗、阿斯克雷庇俄斯及天地诸神做证，我发誓：我愿以自身能力与判断力所及，遵守这一誓约。

凡教授我医术的人，我会像尊敬自己的父母一样尊敬他，并与其分享我的生命，报答恩师对我的恩情。我会把恩师的儿女当成我的兄弟姐妹，如果恩师的儿女愿意从医，我一定无条件地传授，不收取任何费用。对于我所拥有的医术，无论是能以口头表达的还是可书写的，都要传授给我的儿女，传授给恩师的儿女和发誓遵守本誓言的学生，除此之外，不再传给别人。

我愿在我的判断力所及的范围内，尽我所能遵守为病人谋利益的道德原则，并杜绝一切堕落及害人的行为。

我不得将有害的药品给予他人，也不指导他人服用有害药品，更不答应他人使用有害药物的请求。尤其不施行给妇女堕胎的手术。

我会在生活和工作中，保持贞洁与虔诚。

我绝不切割病人，即便是治疗结石病的手术，有需要治疗的，我就将他介绍给这方面的专家。

无论何时我去别人家中，我会去医治病人，不做各种害人的劣行。我绝不利用职务之便，与女人或男人发生关系，无论他们是自由人还是奴隶。

在治病过程中，凡我所见所闻，不论与行医业务有否直接关系，凡我认为要保密的，坚决不予泄露。

如果我遵守以上誓言，希望天地诸神赐给我生命与医术上的无上光荣。如果我违背了自己的誓言，请求天地诸神给我最严厉的惩罚。

尽管我们已经不需要对神明发誓，也不需要向恩师的子女报答恩情，但誓言中的许多原则仍然有效：医患信息保密、禁止性骚扰、救人而非害人，还有将自己的职业声誉系在遵守这些原则上。目前争论的一些道德问题，比如堕胎和安乐死，其处理及解决方式正在被重新审视和质疑。在现代人看来，其中最奇怪的一条可能是对做手术（切割病人）的限制。然而，在西医历史上，直到近代内科医生和外科医生都是两种独立的职业，人们认为，外科医生比起医生更像屠夫，因此地位不高，所以才有"理发师兼外科医生"的这种工作，既剪头发，又切割身体。然而，我们能从这一条中看到对专业领域的认可，而且至今仍然如此："让懂得如何做手术的人去做手术"，用现在的话说就是"如果病人的病情超出了你的知识范围，就让他去找专家"。同样，对贞洁与虔诚的要求，今天可能表达成对职业道德和严肃行医的更一般的要求。即使不翻译成现代的话语，最初的希波克拉底誓言也依然在医学界发挥着强大的影响力。

希波克拉底及其追随者留下了一整套医学著作，其中所提建议至今仍具有参考性。他们强调，"适度"是健康的一个重要原则，也是健康的标志，就像这些箴言所说："无论是饮食过量还是禁食都对身体不好，其他任何超过自然标准的东西也一样。""所有的过度都对身体有害。""睡眠和清醒时间超过一般水平，都会造成疾病。"他们提出适当饮食和运动的建议，能够对抗各种疾病和恶劣的生活条件。虽然其中一些建议可能有些不现实或者过于武断，但能够表现他们认识到了饮食和运动的重要性。他们还认识到心理状态对身体健康的影响，"对于任何疾病，健康的心态和食欲都对身体有益，反之则对身体有坏处"。卧床休息，被认为是一种重要的治疗方法，"只要身体出现疼痛，休息都是治疗身体各种紊乱的良方"。

希波克拉底的著作集虽然强调饮食、锻炼和休息是对健康有益的一般方法，但同时也提出，具体病情需要具体疗法，"只有正确使用疗法才能缓解病情，使用错误时会对身体有害"。自始至终，根据疾病的类型，给出了不同的饮食和锻炼方案。事实上，希波克拉底及其追随者编纂了最早的医学案例分析。每一项案例开头都简要介绍了所涉及的患者：例如，"尤里亚纳克斯的未婚女儿""一个住在德莱塞斯公园的男子""生活在赫拉克利斯神庙后山上的克里奈克蒂德斯"。列出最初的症状，然后逐天描述病情的发展。尽管许多案例似乎都以"死亡"结束，但还是有一些成功的案例。那时认为，这些病例分析可以用来帮助诊断以后的患者："他们（内科医生）将患者当下的症状，与他们过去见到的类似病例进行比较，这样他们就能说出过去的疗效。"对于那些因为并非所有患者都能康复，便质疑医学这门科学的人，希波克拉底表达了自己的恼怒。希波克拉底对那些不听从医嘱的病人的恼怒，现代医生们可能会感同身受，"就像是医生会开错处方，而患者永远不会违背医嘱似的！病人无法执行医嘱的可能性，要比医生开错处方的可能性高得多"（《医学的科学》）。不过，希波克拉底也强调医生应该对自己的误诊负责，"尽管医术在所有技艺中最为高尚，但由于行医者及其鲁莽批评者的无知，医术沦为最臭名昭著的技艺。在我看来，造成这种状况的主要原因，似乎是医术是国家里唯一不惩罚差错的科学"（《医典》）。

在古代世界，希腊语是医学语言，古罗马作家老普林尼说过，"医学作家除非用希腊语写作，不然不懂医术或希腊语的人不会相信其权威性。

事实上，对于健康建议，如果是用人们懂得的语言说出来的，他们往往更不信任。"（《自然史》）讽刺的是，罗马医生需要说希腊语（而不是他们的母语拉丁语），才能让人佩服他们的医学知识，而今天的医生以同样的方式使用拉丁语。矛盾的是，虽然罗马人认为希腊医生是最好的医生，可他们却不信任希腊医学，这点可以从诗人马夏尔的这句话中看出："不久之前，迪亚卢斯还是个医生，而现在他是一位送葬者。作为送葬者，他仍然在做他过去作为医生所做的事情。"也许这种怀疑态度之所以出现，部分原因在于，与今天不同，那时没有医疗执照，也没有正式的认证程序。任何人都能行医，就像老普林尼抱怨的："大街上任何一个人，如果自称为医生，就会立即得到我们的信任……医学是唯一这样的职业……对于医生来说，杀人不会受罚，只有医生是这样。"

希腊的医生们试图将其发展成一门科学，罗马人最初却对此持怀疑态度，许多人仍喜欢用传统的魔术和宗教疗法，下一章会再次探讨这一话题。在老普林尼的鸿篇巨著《自然史》中，既有迷信和奇异的民间疗法，也有合乎逻辑的医学建议。他强调了饮食、锻炼、治疗等问题，这些在我们今天看来可能仍很熟悉："在健康需要的情况下，禁止所有饮食，有时只禁止酒或肉，有时只禁止沐浴，这些都是最重要的民间疗法。还有体育锻炼、声音锻炼、涂油，以及熟练的按摩……然而，对身体特别有益的是步行，乘坐各种马车、骑马。骑马对胃和臀部很有好处，海上航行有助于改善肺结核，搬家有助于改善慢性病，通过睡眠、卧床休息、偶尔催吐自我治疗。"他还给出了其他合理建议，比如"母乳对每个人来说都是最有益的"，"晒太阳也是最好的疗法，我们可以自行使用……饭前和吃饭时候喝冷水是有益健康的……"直到现代，医学实践和理论一致认为喝牛奶可以缓解胃溃疡。一个罗马贵族听从普林尼的观点，"迄今为止，对健康帮助最大的办法是节食"，有点类似今天的饮食方案，小心地控制食物分量，他还雇用了一种原始的私教，"L.卢库卢斯让一个奴隶管控自己，卢库卢斯是光荣退伍的老兵，但如今哪怕在朱庇特神庙参加盛宴，他也不能碰那些珍馐美味，真是丢人，更丢人的是，比起自我管理，他更容易服从他的奴隶"。

但是，普林尼还记录了一些更奇怪的偏方，某些直接和动物有关："据说，缓解打喷嚏和打嗝都要去亲骡子的鼻孔"，"我发现当病人亲骡子的口鼻时，重感冒就会好转"，"触摸大象鼻子能缓解头痛，如果大象正好在打喷嚏，效果更好"。有些偏方用的是动物的某部位或动物产品："用蚂蚁卵摩擦，能防止儿童长腋毛。""将21条千足虫浸泡在阿提卡蜂蜜中，用一根芦苇吸进体内能治疗哮喘。"天鹅的脂肪据说能改善气色、消除皱纹。把蛇的头尾切掉只吃中段，能治疗淋巴结核，"如果蛇是正好是被两个车轮碾死的，效果最佳"。各种各样的粪便和动物脂肪或油脂（特别是熊油），经常被推荐用于治疗。一些偏方大概有同理心在发挥作用，比如在婴儿身上挂一个狼牙护身符能缓解牙疼，佩戴装有螃蟹眼睛的护身符能治疗眼炎。

尽管这些偏方千奇百怪，但其中一些确实有效，例如嗜睡症疗法建议"将泡过醋的驴腿老茧涂在鼻孔上"，男人用老鼠粪涂抹身体以消除性欲。尽管普林尼有时说这些千奇百怪的偏方是"谎话"，或对其疗效表示怀疑，但他之所以将这些方法收集起来，可见有人确实用过，或者至少没有不假思索地反对。如果我们想想今天的一些疗法，比如打肉毒杆菌，吃鲨鱼软骨、蜂王浆，喝自己的尿，再去看老普林尼的那些偏方，也不是特别稀罕了。

关于持续数千年的男尊女卑的看法，古代人对女性身体的评价或许有一部分责任。众所周知，亚里士多德把女人称作"发育不全的男人"。女性由于体内水分更多、温度更低，所以发育不完善；而男性体质更热、更强壮、更能捍卫自己，总体而言更完善。亚里士多德认为，缺乏温度是女性所有不足的原因，甚至包括在知识和道德上的不足。他认为，与男性相比，女性"更冲动""更容易伤心落泪""更没有羞耻感""更爱说谎""更有欺骗性""更喜欢责骂或攻击别人""更难采取行动""更怯懦"（《动物史》）。不过，他也认为，女性"更有同情心""更注重孩子的养育""记忆力更好"，显然，这些优点并没有盖过他所说的种种缺点。

希波克拉底著作集虽然也提出了一些合理建议，但也为女性所谓"更强的非理性和疯狂倾向"提供了借口。因为女性皮肤比男性更柔软、毛孔更多，更容易吸收水分甚至血液；如果这些血液不每月通过月经排出，就会积聚起来导致疾病，甚至疯狂。那时人们认为，处女之所以试图上吊、跳井自杀，正是因为这些血液聚集在她们的心脏周围，而月经和性行为能缓解这种情况。

同样的，子宫也会带来麻烦。英语中"歇斯底里"（hysteria）一词源于希腊语中的"子宫"。因为那时的人认为，歇斯底里的典型症状，比如失去声音或意识，或者无法呼吸，是子宫移动造成的。子宫如果变得过干或过轻（通常因为缺乏性生活）就会移动，在体内"游走"，严重破坏女性健康。如果子宫无法回到恰当的位置，医生就会用各种疗法把它引导回去，比如在女性鼻子或阴道下方焚烧有香味或有毒的物质，往适当的方向吸引或者驱赶子宫。就像一个独立的生命体一样，子宫能移动，容易胡乱游走，还对气味很敏感。这就暗示，女性无法控制自己的身体，这无疑强化了女性精神不稳定、情绪多变的观点。

女性具有一种男性所不具备的关键能力，即生育力，从而让人类得以延续。可不幸的是，她们的这种能力有时并不被认可。在埃斯库罗斯的剧作《欧墨尼得斯》中，俄瑞斯忒斯犯下弑母罪行，太阳神阿波罗为他辩护道："你称作孩子母亲的女人，并不是生命之源，她不过是培植种子的土壤，新播的种子在她体内发芽生长。男人才是生命之源，播种的人。她就像是陌生人眼里的陌生人，让嫩芽不断成长，除非神明伤害其根系。"

古代医学混杂着一些大错特错的思想和一些合理拼凑的原则，以及许多我们能勉强称为"顺势疗法"的东西。和科学一样，古代世界对现代世界最重要的一些遗产在于方法。希波克拉底的著作确定了对医学实践至关重要的道德准则，而其他早期医生（诸如盖伦）的病历记录则为现代医学教科书奠定了基础。这些教科书强调了观察症状以便对疾病进行分类的重要性，在推荐治疗方法的同时预测了治疗结果。

第六章

信仰塑造精神世界

迷信，小心为妙

　　尽管我们骄傲地认为，活在"现代"世界的我们正处在一个科学进步和理性的时代，但很多人仍然会躲避黑猫、敲木头、不肯从梯子下走过、看每日星座运程、用幸运数字买彩票、每逢13日或星期五感到一丝不安。有时我们会笑着承认自己相信这些迷信，说宁可信其有，不可信其无。古代世界十分混乱，生活充满着不确定性，遵从迷信是对这样的世界施加秩序的一种方式，因而古人有许多迷信，其中一些我们可能也很熟悉。

　　我们从公元前8世纪的农夫赫西俄德所著的《劳作与时日》中就能找到各种迷信。其中不乏有关农业时令的实用建议，还有一些告诫，比如不要将勺子放在葡萄酒搅拌碗上，因为这样会带来厄运；小便时不要面朝太阳。不过，从健康卫生的角度来看，其中一些告诫还是有意义的，比如不要在泉水中小便，这种注重清洁具有某种道德意味，让人想起我们"清洁近乎神圣"的观念：在向神明倒酒献祭之前，你应该确保自己洗过手，否则神明不会理睬你的祈祷；在过河之前，你应该祈祷并且洗手，否则神明以后会惩罚你。

　　就旨在带来好运的习俗（其中一些我们仍在遵守），普林尼提出了一系列问题，如"为什么我们在一年的头一天，欢欢喜喜地相互祝愿新年快乐、恭喜发财？""为什么我们会对打喷嚏的人说'祝你健康'？""为什么我们在提到亡者时，会说别侵犯他们的记忆？"[①]（《自然史》）他提到，为了减轻坐骨神经痛和痛风等疾病的疼痛，可以念些咒语；恺撒在一次严重的马车事故后，总是在出发前说三遍"一路安全"，老普林尼补充道，"我知道今天多数人也这样做"。他告诉我们，墙上写着防火的祈祷语，如

---

① 罗马人表示"愿他安息"的一种说法。

果晚餐时有人提到火，应该在餐桌下洒点水避免火灾，因为说什么来什么。他提到了一个至今仍盛行的迷信，"人们普遍认为，如果你耳鸣，说明外面有人在议论自己"。耳朵发烫或发痒，也是同样的意思。

希腊人和罗马人相信，数字和日期分为吉利或不吉利的两种。赫西俄德告诉我们：一个月的第一天、第四天和第七天是神圣的，第八天和第九天"宜干农活"，第十二天最适合剪羊毛、收割、女性开始用织布机织布（《劳作与时日》），第十三天不可开始播种，第五天诸事不宜（他将不吉利的日子，生动地称作"后妈日"）。普林尼说，奇数比偶数更强大，只有在餐桌上用餐人数是偶数时，才会突然出现冷场，而冷场会有损用餐者的名誉。

为什么黑猫从眼前窜过，被西方人认为会倒霉？从中世纪开始，猫尤其是黑猫，被认为是女巫手下的妖精，也许这就是直接原因。可为什么黑色常常与邪恶或魔鬼联系在一起？例如，据说女巫聚在一起会举行崇拜恶魔的"黑弥撒"仪式。在古代，黑色动物通常被用来祭献亡灵或冥界神明，而白色动物则被用来祭献"明亮的"天神。黑色作为夜晚和黑暗的颜色，很明显被用来象征深深的冥府。基督教兴起后，异教的冥府（罪人受酷刑的地方）自然等同于地狱，而冥界之神哈迪斯（普鲁托）就等同于魔鬼。

在英国民间传说中，长着恶魔般圆眼睛的大黑狗（柯南·道尔的《巴斯克维尔的猎犬》中就有）如果出现在乡间道路或林间小路上，经常预示着死亡。渡鸦、乌鸦等黑鸟，通常被视为厄运或死亡的凶兆。不过，这大概是因为这些黑鸟经常出现在战场上，啄尸体的眼睛、食腐肉，因此臭名昭著。乌鸦飞过或落在房子上，代表房子里的人会死；乌鸦连叫三声，也代表有人要死，这些我们熟悉的迷信说法在古代就有先例：赫西俄德说，一只嘎嘎叫的乌鸦落在你的房子上，表示厄运临头；普林尼称乌鸦为"凶兆";希腊哲学家菲德拉斯认为渡鸦是预言，而乌鸦是"不祥之兆";伊索在《伊索寓言》里说，看到一只乌鸦会走霉运，不过看到两只乌鸦会走好运。伊索的这种区分在19世纪和20世纪初的英国仍然存在，那时有诸如"一只乌鸦悲，两只乌鸦喜"此类的说法。若你不理会预兆，便会大难临头。据说，罗马政客提比略·格拉库斯一天刚出门，不小心踢到脚趾，三只乌鸦从头上飞过，将一块瓦片碰掉在他脚边（瓦莱里乌斯·马克西姆斯，《作品集》）。他没有及时醒悟转身回家，而是选择忽视，没多久，他就被自己的政敌活活打死了。

英国小说里的巨型猎犬，以及现代流行文化中的"地狱猎犬"，八成与著名的地狱三头犬刻耳柏洛斯有关，在希腊神话中，它守卫着进入冥界的大门。在现代民间传说中，狗往往会像幽灵一样出现在十字路口（这里经常发生人与恶魔的交易），也可以追溯到希腊神话。赫卡忒是掌管十字路口、魔法、巫术、月亮的女神，她的特殊动物是狗，在艺术作品中，她经常与三头犬刻耳柏洛斯在一起；像它一样，她也有三个头，面向三个不同方向，十分贴合一个在路口徘徊的神的形象。古人向他人施术或下咒语时，会提到她的名字。有一句爱情咒语这样念诵："城中犬吠连连……女神在十字路口徘徊"（狄奥克里塔，《田园诗》）。这种意象最著名的现代体现也许是蓝调音乐。十字路口、与魔交易、地狱猎犬，都经常出现在蓝调音乐中。伟大的密西西比蓝调音乐人罗伯特·约翰逊被誉为"有史以来最伟大的蓝调音乐家"，他曾录制过《十字路口布鲁斯》《地狱猎犬在跟着我》等歌曲，这些歌曲在很大程度上促进了这些意象在现代音乐中流行。今天，一些威卡教信徒（Wiccan）拥戴赫卡忒为代表女性的神（她的三张脸分别是少女、妇人、老妪），认为她掌管的领域包括女性的解放和权力。

和我们一样，古人相信好的开端十分重要。如果一个希腊人或罗马人在祭祀之类的宗教仪式上出了岔子，他必须重新开始，不断重复，直到做到完美。同样的，英语中"先迈了右脚（指一开头就顺利）"的表达，很可能与罗马人关于开始新事业的迷信有关。当一个罗马人出门跨门槛，或者进出一个城市或国家时，如果先抬的是左脚，那就是大凶之兆。罗马剧作家泰伦提乌斯通过一个恐婚新郎的事例，总结出了人们能辨别的种种凶兆——鸟叫声、黑狗、不吉利的日子、奇怪的天气，"他可以说，'我今天遇到了许多凶兆……一只奇怪的黑狗进了我家，一条蛇从屋顶天窗掉了下来，一只母鸡打鸣了，一个算命的说不吉利，一个占卜的让我别结婚。真没想到在成婚之前会遇到这些诡异的事情！'"（泰伦提乌斯，《福尔弥昂》）。

然而，和现在一样，那时也有许多不迷信的人，他们认为一切都有合理的解释。例如，伊壁鸠鲁学派哲学家卢克修斯的作品《论食物本质》致力于解释自然规律，驱除迷信，让人们不用畏惧神的责罚。不过，他不仅拒绝迷信，也批评宗教。在他眼中，"人类在宗教的重压下匍匐在地，受尽压迫"，对"关于神的无稽之谈"还有死后降临的惩罚瑟瑟发抖。在卢克修斯看来，在宇宙之中，有无数原子在无限的空间中翻滚、碰撞、相互结合，从而创造出万事万物。因此，仅仅因为宇宙存在，并不代表必然有创造宇宙的神明，如果没有神，那么人便不用一直生活在恐惧和战栗之中。

卢克修斯的科学观导致他质疑宗教，而怀疑派哲学（Skeptic）则更进一步，认为无从获得知识，我们没有能确实知道的东西。然而，也有许多人意识到，适度的宗教信仰与过度的迷信之间有所区别。例如，据说政治家伯里克利染上瘟疫，卧床不起，他让家中的女眷在他的脖子上戴上护身符，但似乎又对自己这种"愚蠢行为"非常难为情；在柏拉图《理想国》中，讽刺了一些占卜者，他们声称自己能指挥星期五的神明。古罗马的

"superstitio"（迷信）一词，最初是褒义，后来却有了贬义，表示"由于过分轻信而丧失尊严"。

魔法和巫术：非自然的力量

"魔法"（Magic）一词源于希腊语"magos"，希腊人最初用这个词指代波斯国的智者，认为他们对天文、占星术和魔法尤为擅长。今天，这个词最常见的用法大概在《圣经》里，来自东方的三位博士（Magi）带着礼物朝拜刚降生的基督；术士西门·马吉斯皈依了天主教，但彼得谴责他，试图购买接受圣灵的能力，考虑到西门的术士背景，他很可能被看成一个强大的魔法师。希腊人将魔术与埃及和东方文化联系起来，认为术士能够解梦、占卜、召唤亡灵。老普林尼称，发明魔法的人是波斯先知琐罗亚斯德，又名查拉图斯特拉，是琐罗亚斯德教的创始人（《自然史》）。他写道，术士声称用"水、球、空气、星星、灯、碗和斧头"占卜，"与阴间的鬼魂和亡灵交谈"，但他不相信他们有这些能力，事实证明，这些都是假的（不过他用了大量篇幅记录他们所谓的法力，可见术士在当时声望之高）。

女巫和男巫在古代是令人敬畏的大人物。希腊神话中的两位著名的女巫瑟西和美狄亚创立了女性奴役男性的模式。美狄亚是一个来自希腊东部高加索地区的野蛮人，杀人无数，包括她的亲弟弟。她用计杀死别人，将篡夺王位的伊阿宋的叔叔珀利阿斯切碎后放进煮沸的锅里，因为她谎称这样他便能返老还童——这是女巫大锅的最早原型之一（她丈夫伊阿宋爱上了一个公主，她送上一件下了毒的衣服，并将她活活烧死）。根据荷马的《奥德赛》，瑟西（有时被描述为美狄亚的姑妈）将登上她岛屿的男人变成动物，用来展现他们野兽的本性。当奥德修斯登岛时，他的手下喝下她的药水，变成了猪；只有奥德修斯一个人因为预先收到警告，用魔法药草保护了自己，但她还是将他困在岛上很长一段时间，并强迫他当她的情人。

图6.1 魔法书的书页。这本魔法书，由希腊语写成，共有11张金属页片，这是其中2页。

魔法与性之间的这种古老联系非常强烈。巫术是一种通过获得对其的权力，包括性权力，控制周遭世界与人的方法。古时候，人们普遍认为，女巫通过"召唤月神附身"施展情欲魔法，她们念与此相关的爱情咒语，从洒在植物上的月光中提取"月亮汁液"，兑入她们制作的爱情魔药中。希腊塞萨利地区因盛产强大的女巫而臭名昭著，她们非常擅长召唤月神附身；一位作家甚至说，每个塞萨利女孩都能召唤月神进入自己的身体。月亮对人的影响还反映在一些观念上，比如满月时，人会发疯。"lunacy"（精神错乱）一词源于拉丁语"luna"（月亮），也指变成狼人。英语中"moonstruck"（发痴的）一词指精神失常或者陷入爱情，无法思考，反映出月亮与魔法之间的古老联系。在阿普列乌斯的小说《金驴记》（原名《变形记》）中，塞萨利女巫是主要人物，一个女巫使用一种魔药将自己变成猫头鹰（象征智慧），施加爱情咒语，吸引男人。当不幸的主人公卢修斯试图效仿她时却变成了一头驴（展现出他的真实本性，他一开始又蠢又

218

色），在小说的后半部分他不得不努力学习自我控制，才能再次变成人。

在古代，爱情魔药、符咒、咒语一般的作用是让你单恋的对象爱上你。你可以用对方的头发、指甲屑或衣服施加爱情魔咒，让对方无法抗拒。在阿普列乌斯的《金驴记》中，有一只装满酒的山羊皮酒囊误打误撞地获得了生命，飘到了女巫门前。因为女巫取用的毛发是酒囊上的毛，而不是她心爱男人的头发（事实上，用剪下的指甲和头发给人施魔法的观念，一直持续到19世纪）。

咒语和魔法，经常和所谓的"巫毒娃娃"一起使用。在魔法仪式中，代表你想伤害的那个人的娃娃会被钉子或针刺穿，如果是蜡质娃娃，就会被熔化。如果是爱情咒语，那么象征这对情侣的男女娃娃会成对使用。有一种魔法，列出了娃娃身上可以用针刺的各种部位，以及要用多少针刺它，"用13根青铜针刺入娃娃的头部，同时念念有词'我刺穿××的大脑'，往它的耳朵里插两根针，然后眼睛两针、嘴一针、肋下两针、手心一针……脚心两钉，每换一个部位，就念一遍：'我刺穿××的×部位，她便除了我（带上你的名字）以外不思念任何人'。"（转引自丹尼尔·奥格登《古希腊与古罗马的魔法、巫术和鬼魂》）

在同一个魔法中，你要画一些魔法符号，并在娃娃周围画一个心形。这听起来像我们在将一对恋人的名字刻在树上，周围画一颗心，不过这种方式略带惊悚。这样做的目的是令娃娃动弹不得，受你控制；这些魔咒能约束或控制被施咒者，所以被称为约束魔法或约束咒。约束咒不仅可以用来控制喜欢的人，还能用来伤害或打败情敌，甚至能用来寻求正义。现存的约束咒大概就有1600种，可见这种魔咒当时有多么流行。这些刻在铅皮上的咒语被放在与冥界相通的地方，比如坟墓、井底和喷泉里。这些咒语经常贯穿身体的各个部位，分别诅咒这个部位。比如，一个极端的咒语是这样的："冥界的鬼魂，我将卡里修斯的提切尼献给你，让她诸事不顺。冥界的鬼魂，我献给你她的四肢、脸、身、头、发、影子、脑、额、眉、口、鼻、下巴、双颊、嘴唇、言语、呼吸、颈、肝、肩、心、肺、肠子、胃、胳膊、手指、手、肚脐、大腿、膝盖、小腿、脚跟、脚底、脚趾。冥界的鬼魂，如果我看着她日渐衰弱，我保证每年欢欢喜喜地向你献祭一回。"

这种约束咒的受害者这样描述其效果："他说，那时他的身体感觉像是被系在钱袋上的细绳拉紧了，四肢被挤成一团。"（波尔菲里，《普罗提诺传》）

为什么我们现在会说不走运的人"junxed"（倒霉）？为什么我们要避免吹嘘自己的好运，不想让自己的好运"jinx"（沾上霉气）？这些表达，也可能源于古希腊与古罗马的魔法。不过，让我们先了解一下鸟类分类学。蚁鴷属（jynx）是曾经啄木鸟的一个属，其中一种名叫歪脖鸟（wryneck），之所以叫这个名字，是因为它几乎可以扭头180°。这种鸟感受到威胁时会发出"咝咝"声，像蛇一样扭过头。亚里士多德在《动物史》中描写了这种场面，他提到，它像一条蛇般，当头在旋转时，身体完全不动，它的舌头很长，能吐能收，这点也很像蛇。

也许正是这种鸟怪异的举动吸引了古代女巫的注意。据说，如果男人佩戴一颗青金石，下面加一只歪脖鸟的右眼，就会勾起异性的欲望，得到同伴认可，甚至能赢得法律诉讼；歪脖鸟的左眼对女人也有相同效果。在爱情咒语中，女巫也会求助于这种鸟："歪脖鸟，把这个男人引到我家来。"一个女巫在一段冗长的咒语里不断重复这句话（狄奥克里塔，《田园诗》）。有一种魔咒用具叫iynx或iunx，它是一个中间穿着线的小轮子，拉动绳子，轮子就会快速旋转，今天你仍能看到有孩子玩这样的玩具。由于是爱情魔咒用的道具，所以你可能会看到古希腊爱神厄洛斯（古罗马人的丘比特）的手里拿着它。人们认为，旋转这种小轮子能促生爱意。两种

iunx可以一起使用。前5世纪的希腊诗人品达说，爱神阿佛洛狄忒"将杂色歪头鸟紧紧地绑在一个四辐轮子上，第一次将这种疯狂的鸟带给人类"（《皮提亚》），她将这个奇怪的装置交给了英雄伊阿宋，帮他引诱女巫美狄亚。在另一个神话中，据说是一个名叫iynx或iunx的仙女发明了这一装置，她用它诱惑宙斯爱上她；愤怒的天后赫拉为了报复她，将她变成了一个iunx。今天，"jinx"指一种轻微的诅咒，相关的词有"jink（急忙闪躲，让人想起歪脖鸟转头的样子）"和"high-jinks"（嬉戏打闹，也许从inux小轮子快速的旋转中获得灵感）。

通灵术，是与亡灵交流、让死尸复活的法术[①]，是希腊人和罗马人描述过的另一种魔法形式。公元1世纪的罗马诗人卢侃在史诗《法萨利亚》中，描述了法力强大的女巫埃里希托用滚烫的血液、"月亮汁液"、狂犬口吐的泡沫、蛇的眼睛、山猫内脏，以及各种其他有毒物质，试图将他复活，她收齐死尸的不同部位，用于施魔咒、制魔药。浪漫主义诗人珀西·雪莱很喜欢卢侃的作品，也许他曾向妻子玛丽·雪莱反复讲述这一场景，后来玛丽·雪莱在其小说《弗兰肯斯坦》中，就有一段描述收集死尸部位并将其缝合的桥段。

希腊咒语和诅咒中经常使用一些毫无意义的古怪字眼，最著名的就是我们今天仍能听到的"abracadabra"这个咒语。它首次出现在一首关于医学的诗歌《医疗书》中，作者是昆图斯·塞雷纳斯·萨莫尼科斯，逝世于212年，是后来的卡拉卡拉皇帝及其兄弟盖塔的家庭教师。在这首诗里，他为各种疾病提供了治疗方法，其中包括间歇热的疗法，他所给的建议如下：必须反复默写"abracadabra"一词，写成纵栏，每次去掉最后一个字母，最终形成一个倒三角形。病人将这个符咒叠起来，放在护身符中随身

---

① 源自希腊语词"nekros（死尸）"和"manteia（占卜）"。

带着，据说就能消除间歇热的影响。这个词的起源不明，有人认为它来自亚拉姆语，意思大概是"按我说的创造"。在中世纪，这个词的魔力不断被放大，几乎能促成各种魔法，而不仅仅是治疗某种发热。这个魔法词之所以能流行起来，一定是因为它念出来很好听。

在流行文化里，关于魔法出错最著名的例子是迪士尼动画电影《幻想曲》，米老鼠在这部电影里跟着一个巫师学魔法，他让一把扫帚活了过来，帮他打水，扫帚不肯停下来，结果酿成水灾。虽然《幻想曲》的直接灵感来自歌德在1797年创作的诗歌《巫师的学徒》，但这首德语诗却源自古典时代——古希腊作家卢西恩在2世纪创作的《爱的谎言》。在卢西恩版的故事中，一名男子跟另一名男子讲述他在路上结交的一个埃及魔法师的故事。每次他们一到客栈，魔法师就拿起一把扫帚、一把杵或一根门闩，罩上斗篷，念些咒语，它便能四处走动，做起家务，比如打水、做饭，在其他人眼中就像一个活人。他称之为"完美的仆人"。他也想施魔法，就偷听了魔法师念的咒语，但是当他用这些咒语让一把杵活过来，让它去打几罐水时，灾难却接踵而来，因为那把杵无视他的命令不停打水，导致房子被淹。他没有办法，只好用斧头将它砍成两段，可结果两段都站起来继续打水。直到魔术师回来才控制了这种疯狂的局面。

邪恶之眼，离我远点

对"邪恶之眼"的信仰还有避免"邪恶之眼"窥视的方法，在古代世界颇为盛行，今天在地中海国家仍很普遍，眼睛形状的护身符，是当地一种颇受欢迎的旅游纪念品。古时候，人们认为，你只要被某些人盯着，你就会生病、虚弱直至死亡。"眼睛是灵魂之窗"这一观念也源自古典时代。

眼睛不仅能传达积极情绪，如"一见钟情"，也能传达消极情绪。普鲁塔克说："当满心嫉妒的人用眼睛盯着人看……这些眼睛与灵魂相邻，从灵魂中吸取邪恶，像抹了毒药的子弹般袭击那些人……人们认为，防止邪恶之眼的护身符对抵抗嫉妒有所帮助，因为它们样子怪异，能吸引目光，这样佩戴它们的人就能少承受一些目光。"（《道德论集》）这种目光通常是"侧目而视"（obliquo oculo），能破坏农作物和人的繁衍能力。女巫和男巫最擅长邪恶之眼的诅咒，他们被认为总是满腔妒火。

图6.2 罗马幸运符。这个符是一个挂着铃铛的男根，类似的护身符通常放在房中或戴在脖子上。

在整个古希腊，船头上（为了防止沉船）、盾牌上（为了在战斗中护佑安全）、酒杯上都画有辟邪（apotopaic）[1]的眼睛。蛇发女妖戈耳工[2]经常出现在古希腊神庙的山脚下，她们的头像经常出现在战士的盾牌上，用来驱邪——也许我们伸出舌头表示拒绝也与此相关。中世纪大教堂墙壁上雕

---

① 这个词源自希腊语词 apotrope，意为"避开"。

② 传说中一种长着疯眼、尖牙和长舌的女妖，其中最著名的是美杜莎。

刻的滴水兽等等怪物，作用与此也类似。

另一种吸引眼球的流行辟邪物是男根，经常被用作护身符，尤其是给古罗马儿童佩戴，因为人们认为，孩子尤其容易受到邪恶之眼的侵害。古人认为，吐口水或者做某种手势也能驱散邪恶之眼的力量，这些习俗沿袭至今。在英国农村，有许多迷信是用吐口水（通常是三次）预防霉运或辟邪。奥维德描述了一个这种用来驱鬼的罗马手势，"然后，用其他四根手指捏住拇指，以免鬼魂靠近他"（《岁时记》）。普林尼问道："为什么人们害怕邪恶之眼，祈祷不受其害呢？"如果一个婴儿被人盯着，他建议保姆吐三次口水，保护婴儿不受伤害。

占星术：秘密藏在星空里

另一个源于古典时代的魔法是占星术。今天，可能有几百万人每天会查看星座运程，以便洞察将来，还要确定当天的幸运数字，也可能只是为了娱乐。在古典时代，人们认为占星术来自东方（美索不达米亚和迦勒底文明），那里盛产技艺高超的占星师，但后来占星术也传到了希腊和罗马，在当地变得非常流行。最初，天文学和占星术其实是同义词，同样受人尊敬。巴比伦的天文学家最早将天空划分为十二个区，用一个星座标记一个月，这种知识在前4世纪时已经传到希腊世界，在埃及深深扎根，并且前2世纪从埃及扩散到意大利。

最早的占星术主要关注国王和国家的命运，最后发展成普通人寻求自我认知、预言自己命运的方式。在希腊托勒密王朝时期，占星术被用在埃及普通百姓上。那时和现在一样，人们认为出生时，行星在黄道带上的位置影响一个人的性格、决定一个人的未来。甚至连伟大的科学家亚里士多德都认为天上的恒星能影响地上的人。著名的地理学家托勒密在其著作《占星四书》中试图科学地证明恒星确实有这种功能。占星术相信恒星和行星控制着我们的生活，能预测命运。这些基本信仰逐渐成为常识，为古代世界中的大多数人和文化所接受。直到基督教兴起，这种信仰才被强烈动摇。4世纪，神学家圣奥古斯丁抨击占星家是骗子，否认能从星星洞察我们的命运。

"zodiac"（黄道）一词源于希腊词 zodiakos kuklos，意为"动物形成的圈"，因为大部分星座被看成动物的形象。我们今天所熟悉的十二星座，最早出现在位于埃及丹德拉的一座奥西里斯神庙的天花板上，可以追溯到公元前50年，其中白羊座、金牛座、摩羯座和天蝎座都很容易识别，不过有些星座具有埃及特色，例如，水瓶座被描绘为尼罗河洪水之神哈比从两个罐子里倒水。今天，人们会佩戴自己星座的项链，而罗马人可能也会戴有星座符号的护身符、幸运符。

统治者身边往往一直养着占星师，向他们咨询重大决定以及最有利的行动时间。罗马皇帝是占星术的大主顾，比如罗马第二任皇帝提比略的占星师塞拉西鲁斯为他提供了40年的预言，合作了很长一段时间。据说，塞拉西鲁斯极其迷信，一个占卜师却对世界统治者带来如此强大的影响，让许多人感到不安。但在我们鄙视提比略之前，先想想里根总统，据说他有时根据妻子南希的预测来决定自己的日程安排。有人发现南希会咨询占星师，用占星术为丈夫提供建议，这导致一些美国人产生恐慌，然而，她只是做了历史上很多领袖都做过的事：通过观星把持权力和行使权力。

提比略还养了一条宠物蛇，他去哪儿都带着它。一天，提比略打开养蛇的箱子，惊恐地发现心爱的蛇早就死了，还有蚂蚁正在啃它的尸体。他觉得这是不祥之兆，立即取消了刚开始的旅行。其他罗马皇帝也非常迷信，甚至包括贤帝的典范奥古斯都。比如，如果他早上起床时，不小心将鞋穿错一只脚，他会觉得这是凶兆。他总是随身携带一小块海豹皮，觉得这样能避免雷击。

古人也用其他方法预测未来。其中一种方法很有创意，听起来像今天玩具店里卖的占卜板，现在还有一种夜光的，但失去了原来的超自然意味。古代的占卜板是月桂枝做成的三脚架，架子的顶端有一根绳子，挂着一只环。这个装置被放在一个刻有字母表字母的金属片上，在提出问题后轻敲那只环，让它来回摆动，据说会像占卜板一样拼出所问问题的答案。然而，发明这种古老占卜工具的几个人却死于非命，因为有人向皇帝告密，说他们问板子下任皇帝是谁，现任皇帝认为这是造反，将他们全部处死。

超自然生物：幽灵、狼人和吸血鬼

深夜时分围着篝火讲鬼故事，很久以来都是人们寻求刺激的一种游戏。今天，鬼故事仍然流行，不过往往被拍成恐怖电影或关于捉鬼的电视剧。游客几乎无论走到哪个国家，都能参观当地著名的闹鬼景点，比如"闹鬼伦敦一日游"。最近美国也有几部当红剧集正在播出，讲的是一些人找到传说闹鬼的地方，试图记录鬼魂或者接触它们。那么，我们对鬼魂的"迷恋"以及人被鬼魂缠身的观念，是从什么时候开始的呢？

去过大型动物园的人可能见过一种真正的罗马"鬼魂"。这里说的鬼魂，不是超自然现象，而是一种名叫狐猴（lemur）的哺乳动物。狐猴昼伏夜出，叫声怪异，巨大的眼睛能反光，它们栖息在森林里，神出鬼没，难以见到，因此而得名。"lemur"一词源自拉丁语lemures，是指在5月9日、11日、13日的利莫里亚节（Lemuria）期间回到生前家里的鬼魂。与我们第二章提到的祭奠祖先和亲人的祖灵节相比，这种回魂夜更加凶险。

罗马鬼魂的另一种叫法是"larva"，这个词今天是指"刚孵化的、肉乎乎的昆虫幼虫"。这种变化是怎么发生的呢？中世纪时，larva 最初指一种吓人的面具，这是一种有趣的词义变化，罗马人制作自己死去家人的面具并公开展示，这种面具就叫 imagines，单数形式是 imago。在 18 世纪，larva 的意思从迷信转变为科学。当时的瑞典植物学家林奈（现代生物分类之父）用它指代"遮掩"自己成虫形态的幼虫。林奈也用罗马人用来指代亡者面具的词 imago 表示昆虫发育的最后阶段。而且，林奈还是 1758 年为狐猴取名 lemur 的人，因为他觉得狐猴很像鬼魂。因此可以说，林奈对罗马鬼魂的痴迷扩展了生物学知识，增加了我们对动物王国的认识。

据说人死后必须妥善安葬，不然灵魂无法到达冥界，会滞留人间，成为鬼魂，纠缠活着的人——这种观念源于古代。那时人们认为，如果一具尸体在埋葬时没有放一枚钱币，献给冥河摆渡人卡戎，它的灵魂便会滞留在河岸，无法渡河去往冥界。今天西方人普遍认为，鬼魂是那些人冤死或被谋杀，或有某种未了之事让它们流连，无法安息。在古希腊，"psychagogoi"（招魂者）指一种能召唤亡灵的职业。关于召唤亡灵的最早已知记录出现在荷马的《奥德赛》中，奥德修斯献祭一只动物，将其血液倒入一个与冥界相通的湖中，以此召唤先知泰利西亚斯的亡灵。鬼魂成群结队匆忙赶来，趴在湖边舔食鲜血，这些血液中承载着生命的记忆。招魂者可以像在《奥德赛》里那样，通过献祭一只动物去吸引灵魂，也可以牵一只黑羊，羊在哪儿坐下，哪里便是尸体所在之地，接着在此处宰羊，献祭亡灵，同时要念复杂的咒语。然后"他们标记出这个地方，四处走动，与鬼魂交谈，问它们生气的原因，倾听它们"。这种驱鬼方式很像现在的谈话疗法，帮助鬼魂克服情绪问题，以便得到安息。

为什么我们经常会认为鬼魂拖着沉重的铁链呢？读过狄更斯的《圣诞颂歌》的读者，可能会认为这一形象源自马利的鬼魂，斯克鲁奇看到他周身套着沉重的锁链，拖着他与生前职业相关的物件。然而，这一形象的根源要比这远得多。1世纪，小普林尼在《书信集》里记录了一个流传甚广的鬼故事，讲述了一座闹鬼的大宅子里的一只鬼。这个故事开创并影响了几百年的超自然叙事类型。其中最重要的原型是一只鬼魂拖着咔嗒作响的锁链，还有一座阴森森闹鬼的老房子。在这个故事中，响起锁链的咔嗒声，说明这只恶灵要出现，它手腕和脚踝上都绑着锁链，在房子里吓唬那里的住户，他们要么弃房而逃，要么胆战心惊无法入眠，在惶恐中死去。

一个名叫阿瑟诺多鲁斯的哲学家来到雅典，发现市场上出售的一座大宅子，便宜得让人纳闷。他在了解原因后也没迟疑，反而决定买下这座房子，把鬼抓住。夜幕降临时，他拿着写字板和一支笔，坐下来写字定神，以免胡思乱想。最后，他听到锁链发出的咔嗒声越来越近，但他一直专注于书写，直到他意识到那鬼魂就站在他身旁，勾着手指召唤他。哲学家镇定自若，用手势示意鬼魂等会儿，等他完成手头的工作，可那鬼魂却不耐烦地将铁链举到头顶，摇晃着，直到他跟过来。那鬼魂慢慢地移动，仿佛身上的铁链沉重无比，直到它把哲学家带到院子里，就消失了。阿瑟诺多鲁斯将鬼魂消失的地点标记出来，第二天让人向下挖，结果发现了一堆骨头和几条铁链。之后，他将骨头和铁链妥善安葬，那鬼魂明显很满意，因为它再也没出现。

我们可以发现尝试驱鬼之人的一个有趣变化。在古代，试图驱鬼的是冷静、理智的哲学家。从中世纪开始，是神父负责让鬼魂安息。今天，捉鬼成为一种科学追求，超自然现象专家们就像《捉鬼敢死队》电影里戏谑地发明各种专业词语的英雄，四处背着科学仪器，随时检测骤降的温度，捕捉模糊的人影。

严格来讲，吸血鬼并没有在古典文学中出现，不过确实出现过有类似吸血鬼特征的生物。一份来自3世纪的文献，讲述了一个英俊的年轻哲学家梅尼普斯的故事，梅尼普斯有一个弱点，贪恋女色。他爱上了一个貌似温柔、美丽、富有的女子，两人开始幽会。当他准备娶她时，他的一个朋友逼这个女人说出了真相。她卸下了所有伪装，露出了真实面目，原来她是"empousa"，一种勾引男子、食人肉的女鬼。她让梅尼普斯享受身体愉悦，以便将他"养肥"，吃他的肉。她尤其喜欢英俊的年轻男子，因为他们的血肉比较纯净（斐罗斯屈拉特，《亚波罗琉斯传》）。死去的年轻女子骗男子和她们发生性关系，这样的民间故事如今比较常见。她们很年轻就死了，活的时候没能体验生活的乐趣，死后也要想方设法去体验。在希腊民间故事里，也不乏女鬼吃掉情人的故事。另外，还有一种女鬼名为"lamia"。

狼人也在古希腊和罗马的文本中出现过。历史学家希罗多德提到，他听说过一种内乌利人（Neuri）每年有几天会变成狼，然后恢复人身，不过他不信。希腊作家保萨尼亚斯的《希腊志》记载了一个故事，讲述一个强奸犯的鬼魂回来，将对他执行石刑的村民全部害死。剩下来的村民根据当地女祭司皮提亚的指示，每年敬献那鬼魂一个新娘，才将其安抚。然而有一年，有个男人爱上了献给鬼魂的新娘，他与鬼魂搏斗，把它赶走。在一幅相关主题的插画中，这只鬼穿着狼皮，下面注明"lycas/Alibas"（狼/尸体）。

在小说《萨蒂利孔》中，佩特洛尼乌斯描述了一个男人变成狼人的过程：他脱下衣服，在衣服周围撒了一圈尿，变成狼，开始嚎叫，冲进树林中。他的同伴惊恐不已，后来发现那天晚上一只凶残的狼祸害了羊群，吸干了羊血，然后那只狼的脖子上挨了一刀。他回到家时，发现他的朋友脖子受了伤，医生正在那儿为他包扎伤口，他终于明白这男子不是狼人，就是变形者。老普林尼也讲述了一个讽刺故事，说某个阿卡迪亚的家族抽签决定家里哪个成员要当九年狼人。运气不好的那个人会脱去衣服，进森林里和其他狼人一起生活，如果他在那九年里不吃人肉，就能变回人形回家，但人的形态也会衰老九年。

不过，2世纪的一篇医学论文也认真讨论了一种病，"变狼狂"（lycanthropy），也叫狼人病（希腊语lykos指狼，anthropos指人）。论文作者说这是一种抑郁症，列出了种种症状（舌头干燥，眼睛凹陷，体重减轻，2月时变成狼、在墓地游荡到黎明），并提供了治疗方法：给他放血，帮他洗澡，给他吃健康的食物和某种药，当"疾病"发作时，让他服用帮助睡眠的酒和鸦片。有一点很有趣，狼人病一般出现在2月，是罗马庆祝牧神节（狼节）的月份，这一庆祝从母狼哺育罗慕路斯和雷姆斯的神洞开始，请参看第二章。

古希腊人与古罗马人的信仰

虽然我们倾向于将宗教和迷信分为不同的类别，但在古代，它们同属试图解释世界的精神信仰，帮助我们理解世界，以便想出应对世界的办法。不同的是，迷信导致过度或极端行为，因而是坏事，而信仰宗教，恰当得体地遵守宗教仪式，则是好事。

尽管古典世界的异教（大部分）今天已经没人信仰了，但甚至在最反异端的基督教仪式和信仰中，仍然能找出它们的影响。但在我们考虑古希腊与古罗马信仰与基督教的联系前，先看看希腊和罗马信仰留给我们的一些普遍概念。

信奉异教的希腊人和罗马人和现代人一样，祷告、进行宗教仪式、庆祝宗教节日、敬拜更高的力量。但不同的是，今天许多主要宗教是一神论，而他们是多神论。今天最为人熟知的古希腊神明大概是奥林匹斯十二主神，这样命名，是因为他们住在希腊背部的奥林匹斯山上，他们同属于一个不总是和谐的大家庭（有时也会算上冥王哈迪斯和酒神狄俄尼索斯，一共十四位）。尽管奥林匹斯诸神源于希腊，但罗马人给他们取的名字对英语影响更大。"cereal"（谷物）源自农业和谷物女神色瑞斯（希腊的得墨忒尔），"martial"（军事）源自战神玛尔斯（希腊的阿瑞斯），"volcano"（火山）源自火与锻造之神伏尔甘（希腊的赫菲斯托斯）。十二主神里有几位是大地女神盖亚的孙辈，为了夺权上位，他们必须打败自己的叔伯辈泰坦神（Titans），英语的"titan"（巨人）一词便源于此，一般用来比喻体形或力量巨大的人或显赫之人，"titanic"（巨大的）也源于此。

然而，在古典时代的信仰体系中，不只有奥林匹斯诸神，还有不少对自然界施加力量的神和半神。除了住在奥林匹斯山上的主神，古希腊人还想象了一个充满自然精灵（nature spirits）的世界，她们住在每一座山上、每一条河中、每一棵树上。这种认为不光人有灵魂，所有东西都有灵魂的信仰，被称为"万物有灵论"（animism），源自拉丁语词anima，意为灵魂。这在早期信仰中很常见。居于山泽的仙女被分为许多类：尼瑞德是海仙女，奥莱德是山仙女，那伊阿得是统管湖泊、山泉、溪水的仙女，德莱德和哈马德莱德是树仙女。河流由男河神统管；名叫萨堤尔的男性半羊人森林精灵（罗马人的农牧神）会参加酒神的狂欢，成天追逐仙女（因而，英语中satyr指好色男人，satyriasis指男人过度的性欲）。牧神潘（Pan）也是一个好色的半羊人，他在一次追求失败后发明了潘笛（排箫）。仙女绪任克斯为了逃脱潘神的追逐化为芦苇，潘神只好折下芦苇，制作了一种乐器，学会优美地演奏它。"panic"（恐慌）一词也源于潘神，据说潘神的叫喊能让敌军落荒而逃。这些半神体现出人的性欲与自然繁殖力之间的联系。

有人认为，早期罗马的信仰接近万物有灵论，那时人们认为灵魂存在于万物之中。当时的自然中到处是神圣的森林、山泉和洞穴，里面住着名为"努米纳"（numina）^①的精灵。一开始，这些精灵甚至不具备人类的形态，人们在他们居住的地方露天设祭坛祭拜。通常认为，在罗马人掌权之前，统治意大利的伊特鲁里亚人（他们受到了殖民意大利的希腊人的影响），留给了罗马人能够用雕像象征的人形神明，以及建造神庙，这样就不用露天祭拜的想法。努米纳逐渐存在于食物（如庄稼）、行动（如旅行）、抽象概念（如美德和忠诚），以及地点之中。一些形成了具体的身份、外表和个性，变成了神。然而，无形的精灵在罗马宗教中仍占有重要地位。吉尼乌斯（genius，意为"创造者"）是人或地方的守护精灵，它源自拉丁语"gignere"（生产）一词，由此，英语中的"genius"指创造食物的能力和有这种能力的人。人人都有自己的吉尼乌斯，类似我们今天说的守护天使。男人的吉尼乌斯能让他具有生殖能力。每个罗马家族都有自己独特的吉尼乌斯，整个家族都祭拜它，祈求血脉延续，家族继续存在。Genius loci（拉丁语"此地的精灵"）是当你不确定所祭拜神明的名字时，使用的一种称呼——一种不冒犯神明、礼貌地说"嘿，你"的方式。

虽然大多数人不再相信，每一株植物、每一片水域都住着一个精灵，但也许我们可以从艾默生、梭罗等美国超验主义作家的作品和现代人对待自然的态度中看到这种观念。艾默生看到的不是很多精灵，而是一种贯穿自然的超灵，它反映出在上帝的安排下万物的统一性。他在自然中看到的上帝，类似古人认为自然中充满精灵的世界观，这两种观点都认为自然世界拥有强大的力量，无比壮丽，并且解释了它为何对我们有深刻的影响。今天某些环保运动敦促我们爱护"地球母亲"，将地球拟人化，这会让人联想到大地的母亲——希腊女神盖亚，她最初孕育了生命（既会单性生殖，也会和丈夫天神乌拉诺斯两性生殖）。地理和地质学学科也是如此，

---

① 英语词"numimous（神圣的）"的词源，本义为"充满神圣感"。

英国科学家詹姆斯·洛夫洛克在20世纪60年代提出的"盖亚假说"，即将地球看成单一的生命体，假说名称直接来自这位女神。

英雄崇拜源于古希腊，今天这个表达依然很常见，不过意思有所不同。今天的英雄崇拜，一般是指对受尊敬的人的敬仰之情，通常是孩子对年长的人的崇拜，而最初的英雄崇拜就是对英雄的敬拜，属于一种信仰。这些英雄往往是半神——神与人结合生下的孩子，比如赫拉克勒斯是宙斯的儿子，忒修斯是波塞冬的儿子（虽然女神也追求凡间男人，但男神对凡间女子的追求尤为频繁，就产生了很多半神）。人们在英雄之墓祭拜他们，把礼物放在墓前，表示对死去英雄的敬仰，并祈求他的帮助或护佑。

和上面提到的自然精灵一样，英雄属于某个特定的地区，即其坟墓所在的地区，因而经常在附近城邦建立群体身份方面起到重要作用。如果有多个城邦都声称某个英雄（及其坟墓或神庙）属于该城市，就必须解决这一争端。不过，如果得到神谕批准，英雄的骸骨有时能被迁往一个新的地方，以便保护那里。例如，客蒙将军在斯基罗斯岛上发现了传说的英雄忒修斯的坟墓，便将他庞大的骸骨带到了雅典，安葬在一座神庙中，即提塞翁神庙。或许是为了匹配强大的能力和事迹，英雄的遗骸往往也很巨大，据说英雄俄瑞斯忒斯的棺材长达2.13米。

死去的英灵为一个城邦或部落的守护神，可能会出现在战场上帮助作战，他们要么现身，身材巨大、神力过人；要么隐身，同样发挥力量。如果崇拜者敬拜有方，英灵还能治好病人、带来丰收和吉兆。但是，一旦忽视了敬拜，英灵也会带来伤害，而非提供帮助。由于蛇很可怕，所以也被视作英雄的化身。提奥弗拉斯托说，迷信的人会在蛇出没的地方建一座英雄神庙。今天参观雅典的广场，依然能看到著名的"同名英雄纪念碑"的基座，上面原本竖立着英雄的青铜雕像。克利斯泰尼斯在公元前508年左右建立了10个雅典部落，分别以这些英雄的名字命名。雅典人向德尔斐神谕献上了一张名单，这些英雄是德尔斐神谕从100人中挑出的前10名。几个世纪后，随着政治形势的变化，纪念碑上的英雄也有所更换。这座纪念碑逐渐发挥了公民告示牌的作用，官方公告、法律提案、庭审时间表、部族新闻，都张贴在它的基座上。

所以，希腊人和罗马人崇拜各种各样的神、半神、自然精灵、超人英雄，甚至会崇拜概念的化身，比如，希腊的胜利女神Nike长着一对翅膀，被某运动品牌借用；罗马的幸运女神福尔图娜身边经常有一只轮子，表示财富是不断变化的，这让人联想起今天的某些幸运轮抽奖的节目。

基督教的兴起

基督教最初受到的镇压和迫害，对其身份的形成起到了至关重要的作用。殉道者宁愿惨死不愿放弃信仰的故事广为流传，最终被收集在庞大的殉教圣人录中。基督徒毫无畏惧、欣然接受死亡的故事，很可能激起了异教徒的兴趣，鼓舞他们转变信仰，因为他们原本的信仰缺少类似于天堂的概念。古希腊人和罗马人对来世没有明确一致的看法：一些人认为死亡就是终点，而另一些人认为有哈迪斯统治的冥界，有人在那里因为生前的恶行而承受惩罚，而大多数人都成为幽灵，四处游荡。荷马描绘的极乐世界，是有着完美天气、诗情画意的天堂，这个极乐世界最初只接纳英雄以及与神明有关系的人，所以大多数人几乎毫无进入那里的希望。而基督教承诺所有信徒都有希望进入天堂，这个想法新鲜而诱人。

基督教宣称，所有信徒在上帝面前一律平等，这一点受到了许多弱势群体的欢迎。罗马社会等级森严，阶级和地位有着严格区分。如果你是穷人或女性，你就没有什么价值；如果你是奴隶，你就不过是一份财产。但在基督教信仰中，只要你在上帝的眼中有价值就能因为虔诚而受人尊敬。在基督教早期，甚至允许女性担任执事，贫穷被称颂为美德，不会被人看不起。

图6.3 基督教墓碑。这块在梵蒂冈附近发现的非常早期的基督教墓碑，上面刻着鱼的图像，铭文上写着"生者的鱼"，指的是那些通过洗礼仪式而重生的人。

基督教坚持一神论，引起了与罗马当局的冲突，他们完全愿意接受基督教的上帝，将其视为又一个新神，但是不理解为什么他必须是唯一的神。此外，赋予长期受到歧视的群体权力，对阶层现状以及社会稳定构成了威胁，宗教迫害迫使许多基督徒秘密崇拜上帝。走进位于罗马城下的公元1世纪的基督教墓穴，你会看到四处刻着两条曲线构成的鱼的形状。为什么鱼会成为重要的基督教符号？鱼所对应的希腊语是"ichthys"，是"iesous christos, theou yios, soter"即"耶稣基督，上帝的儿子，救世主"的缩写。据说，早期的基督徒用这个符号标记他们的坟墓与集会地点，而且当时的环境对基督徒来说异常凶险，此符号能帮他们将基督徒与暗处潜藏的告密者区分开来。对于知情的人来说，鱼代表基督教，对于不知情的人来说，那不过是一幅简单的鱼画。有趣的是，另一个重要而普遍的早期基督教象征是和平之鸟鸽子，鸽子恰好也是爱神阿佛洛狄忒（维纳斯）的神鸟。

那么，基督教是如何从一个几乎没有任何影响力、受到压迫的少数宗教，变成塑造了中世纪生活方方面面的宗教的？人们倾向于认为罗马皇帝是基督徒的迫害者，其实他们也变成了基督徒，并且使基督教成为罗马帝国的官方宗教。君士坦丁梦到基督让他看凯乐符号（Chi Rho，希腊语写出的基督前两个字母），并且对他说"用这个符号，征服"（他的军队将凯乐符号绘制在他们的盾牌上，确实击溃了敌人）后，便开始信奉基督教，这是重大转变的第一步。公元313年，君士坦丁颁布了"米兰法令"，宣布所有人（包括基督徒）都能自由信仰他们喜欢的任何神明，并下令将以前迫害基督教时从基督徒那里没收的财产归还给他们。

图6.4　君士坦丁皇帝。他是第一位皈依基督教的罗马皇帝。这个君士坦丁的头部曾经是一座巨大雕像的一部分，现在这座雕像只有头和脚完好无损地留存下来。

后来，罗马将基督教作为其国教，这有助于将其更为广泛地传播到整个罗马帝国。也许鲜为人知的是，除了推进基督教的传播，后来的罗马皇帝还开始大力迫害异教徒，对其进行长达数世纪的迫害，最后异教徒被完全清除。罗马皇帝下令禁止用动物献祭、预言和占卜，关掉神谕宣示所，禁止在异教神殿举行宗教仪式。

最后，在380年，提奥多西一世颁布法令，将天主教定为罗马帝国官方宗教，389—392年，他颁布了严格的防异教徒法令，旨在清除任何异教的残余：他禁止血祭；关闭了罗马的神庙；解散了维斯塔贞女；宣布异教节日为工作日；393年，他甚至因为与异教神明崇拜，终止了奥林匹克运动会。435年，提奥多西二世宣布，所有异教神庙要么摧毁，要么改成基督教堂。527—565年在位的查士丁尼皇帝以各种方式迫害异教徒。他禁止异教徒从事公务员工作，拒绝发放政府津贴给异教徒教师（如果他们拒绝洗礼，就将他们放逐，并没收他们的财产），关闭异教学习场所，比如亚里士多德的吕刻昂学园、怀疑主义学派的阿卡得米学园、斯多葛学派的柱廊、伊壁鸠鲁学派的花园。他还下令处死秘密向诸神献祭的人，以及受过洗礼又恢复异教习惯的基督徒。最后，局面终于被扭转，异教成为被迫秘密信仰的少数教派。所以，罗马皇帝可能确实擅长迫害，但他们不光是针对基督徒，还针对异教徒。据此可以推测，如果罗马皇帝坚持异教信仰，结果会有什么不同。

甚至可以说，基督教分裂为天主教和新教这一重大转变，与对待古典时代的态度有关。宗教改革的出现，部分源于对异教的潜在恐惧吗？在宗教改革的时期，全世界的基督教堂，都崇拜宗教偶像和艺术，然而有人从中看出了异教徒偶像崇拜（崇拜某形象或物体）的迹象。例如，基督教圣徒有点像异教的神明，他们有具体的图像化符号（往往与他们的殉难方式有关），是不同职业、城市以及问题的特殊保护者。中世纪后期，圣徒变得非常流行，人们在圣徒的雕像前祈祷，献上供品，请求神佑，帮他们排忧解难，似乎旧的多神教传统要卷土重来——多神教信奉的每一个神都与一个特定的地区、职业或问题相关联。宗教改革重新掀起对偶像崇拜的怀疑，导致圣像破坏运动爆发——捣毁任何有偶像崇拜嫌疑的宗教形象。圣徒的雕像、绘画、彩色玻璃窗，被认为是干扰真正的宗教虔诚，因而均被捣毁。

马丁·路德开始将教皇比作反基督者时，坐在教皇宝座上的是利奥十世，他接受了人文主义教育，热爱艺术、希腊、罗马经典，以及复兴古典文化的文艺复兴人文主义者的作品。马丁·路德对这种对古代文化的复兴感到不安，因教皇是艺术赞助者而大为恼火。他对古人深深的厌恶从一件逸事中可见一斑。一次，同为宗教改革倡导者的胡尔德莱斯·慈运理，与他激烈地争论神学教义，说期待他们在天堂不再有意见分歧的那一天，那时他们所有的问题都会得到解答，还能结交苏格拉底、柏拉图和亚里士多德。路德听到，惊愕不已，抗议说，他们是没有受洗过的异教徒，应该在地狱中被火焰灼烧。当慈运理为他们辩护，说他们是有良心、有德行的人时，路德怒不可遏，指责他不是真正的基督徒。

艺术家老卢卡斯·克兰奇是路德的朋友，他创作了一系列木刻作品，用基督的谦逊凸显教皇的骄傲，以及他对世俗愉悦的痴迷。在作品中，教皇像是一位腐败的罗马皇帝，享受权力（戴着皇冠、让贵族亲吻他的双脚、坐在王座上让人用轿子抬着）以及权力带来的奢华的生活方式（住在华丽建筑中大吃大喝）。路德在《教会的异教奴役》一文的标题中使用了"异教"一词，将其作为一个肮脏词语，由此可见，他认为必须将异教的传统和习俗从教会中铲除，以恢复其原本的纯洁性。如果马丁·路德是在意大利接受的教育，学会热爱古代艺术和文学，他可能就不会高声讨伐教会和教皇，对改革如此热情高涨。宗教改革在意大利的影响没有那么大，意大利仍是天主教国家，其原因可能是令路德担忧的长久以来的"异教"传统在意大利根深蒂固。

第七章

文字、思想与故事

字母表：语言大厦的砖瓦

希腊人和罗马人是如何影响我们用以交流的现代语言的？我们可以从构成词的字母入手。"字母表"（alphabet）一词来自希腊字母表的前两个字母alpha和beta，把它们合起来就代表整个字母表，就像我们说学英语是学"ABC"。然而，字母表这一关键发明是如何开始的呢？在这方面，希腊人要感谢一个更早的文明。在古美索不达米亚，贸易蓬勃发展，商人们在装商品的罐子上做上标记，标出里面是什么。根据推论，这些模式化的标记发展出了象形文字，即用图画表达文字的系统。对于能画出来的东西，这个系统很有效。例如，你可以画一头小牛代表"牛"，随后你可以将其简化，只画一个牛头来代表"牛"。然而，还有许多字词无法简单地用图画来表示，因此下一步是用书面符号先代表音节，再代表声音，这些音节和声音能组合成词。美索不达米亚人发明了辅音字母，但没有发明元音。在今天的中东，阿拉伯语、希伯来语等现代语言延续了这一模式，要么省略元音，要么只用变音符号表示元音的存在。

大约在公元前9世纪，希腊人从和他们有贸易往来的中东民族腓尼基人那里"借来"了美索不达米亚人的字母，书写自己的希腊语。尽管他们对这些字母做了些改动，但还是很相似。不过，希腊人认为元音也会有用，就添加了一些元音。他们还发现，字母除了记录语言，还有其他用途，比如可以代表数字（罗马人也是这样建立了罗马数字系统），还能记录音乐。事实上，希腊人发明的声乐符号为如今的声乐符号体系奠定了基础。

如今，如果你去希腊和俄罗斯，你可能会发现两个国家街道标志上的文字惊人地类似。然而，在英语和其他欧洲语言中，大写字母直接取自罗马人的石刻拉丁铭文，参观博物馆或罗马废墟时，你可以观察到。那么，为什么有差别呢？尽管希腊字母和拉丁字母差别很大，但后者确实来自前者。早期希腊字母表有两种不同的形式，一种是西希腊字母表，另一种是东希腊字母表。学者认为，西希腊字母表，亦称尤伯安（Euboean）字母表或库迈亚（Cumaean）字母表，是被希腊殖民者带到意大利的。当时统治意大利的伊特鲁里亚人根据自己的需要进行改动，再传给罗马人，罗马人后来又做了一些变动，直到最终形成拉丁字母表。西希腊字母表在希腊失传，逐渐被东希腊字母表（也称为"阿提卡-爱奥尼克字母表"）取代了位置。这种东希腊字母表正是俄国西里尔字母表的基础，尽管两者差别还是很大，但你仍能察觉到东希腊字母表留下的影响。

当你仔细观察那些罗马纪念碑和拉丁铭文时，可能也会注意到，里面没有J、U和W三个字母。拉丁字母表最初只有23个字母。后来，V分裂成V（辅音形式）和U（元音形式），I分裂成J（辅音形式）和I（元音形式），而W是一个新字母，所以在新的日耳曼语言中很常见，而在古老的罗曼语中比较少见。因此，如果你在古迹上看到恺撒的名字Julius Caesar被写成了Iulius Caesar，那不是错别字，而是更早的拉丁语。

我们的大写字母得到了解释，可我们的小写字母很明显没有出现在拉丁铭文中，那它们是从何而来的呢？这些小写字母是后来加洛林王朝（法兰克第二王朝）增添的，体现出用羽毛笔书写的笔画。所以，并非我们的一切都源自古人。

许多西方人对希腊字母很熟悉，或许是因为他们在大学联谊会的门口看到过这些字母，这些地方被称为"希腊字母组织"，或者被视为希腊文化的一部分。"希腊"是特意挑选的修饰语，因为成员以其住宅上标记的希腊字母（通常是两个或三个字母）来彼此区分。这些组织的成员里几乎没有懂希腊语的，那么他们为何还要用希腊字母来命名呢？这一传统最早始于威廉和玛丽学院①，具体是在1776年ΦBK会（Phi Beta Kappa）成立之时。ΦBK会如今是著名的荣誉学会，最早是一个联谊会，是美国第一个校内希腊字母联谊会，也是最古老的文理荣誉协会。ΦBK是指该组织的座右铭，即"philosophia biou kybernetes"，现在译为"用对学习的热爱指引人生"，最初直译为"对学习的热爱是人生的舵手"，因为"kybernetes"的意思是领航员、舵手。因此，ΦBK联谊会开先河，用秘密的座右铭（现在已经不是秘密了）的希腊首字母命名，其他组织纷纷效仿。其他这样命名的组织还包括ΔY会（Delta Upsilon），座右铭是"dikaia upotheke"（正义乃我们的基石），AKΛ会（Alpha Kappa Lambda），座右铭是"alethia kai logos"（真理与圣言）。

许多希腊字母不仅构成了字母表，每一个也有自身的含义。α（阿尔法）、β（贝塔）、γ（伽马）常用来表示一个系列中的第一、第二和第三项，例如α测试用例和β测试用例。α作为第一个字母，自然具有伟大的含义。阿尔法雄兽是指一个动物群体中地位最高的领袖，这个表达经常用于狼群，不过有时也用来讽刺强势的、自夸的男人。当阿尔法雄兽死去，占据第二位的贝塔雄兽会接替它的地位。在天文学上，阿尔法象征着一个星座里最亮的星星。

希腊字母表的第一个字母Α（阿尔法）和最后一个字母Ω（欧米伽）通常会一起使用。"从Α到Ω"相当于英语中的"从A到Z"，用来指某事物十分完整、详尽。一些美国人不明白英国人为什么将字母Z读作zed，因为这种发音源于希腊字母Ζ（zeta）。在《新约·启示录》中，"我是阿尔法和欧米伽"表达了上帝的永恒，基督说"我是阿尔法和欧米伽，第一

---

① 威廉与玛丽学院（College of William & Mary），简称WM，创立于1693年，是美国历史第二悠久的高等院校，仅次于1636年建立的哈佛大学。校名来源于英国国王威廉三世和玛丽二世。

个和最后一个，开头和结尾"。因而，在早期基督教艺术中，有时会看到基督头部左边画有一个 A，后边画有一个 Ω，这两个字母有时在其光环内侧，有时在十字架的左右臂下，提示那句基督的名言。

另外，如果你好奇过查尔顿·赫斯顿的电影《欧米伽人》（1971）片名的出处，那是因为男主角可能是一场毁灭世界的瘟疫的唯一幸存者。欧米伽还会让人想起《启示录》中的末世，这个片名非常贴切，因为这部电影描绘的就是人类末日。再回到动物行为的话题，欧米伽雄兽位于动物社会等级的最底层，只能在最后进食。你也许注意到，"omega"一词中包含了"mega-"，这是一个希腊语前缀，指"大、伟大、强大"，比如出现在源于希腊语的英语词 megaphone（扩音器）和 megalomania（自大狂）中。这是因为 omega 的字面意思是"大的、长的"。

A 和 Ω 因为在字母表的首尾获得了丰富的意义，而一些希腊字母因为其形状而被赋予独特的意义。河口堆积的淤泥区域名为 delta（三角洲），是因为它们酷似字母"Δ"；我们肩膀上的三角肌（deltoid muscles）也是因三角形而得名。如果做过园艺，你可能见过伽马蛾，这是一种会啃食蔬菜的昆虫，翅膀上的银色斑点很像字母 γ。Ι（iota）是最小的希腊字母，所以很自然表示微量，其拉丁语形式"jota"或"jote"进入了中古英语。16 世纪早期，"jote"变成了"jot"，因此在 1611 年詹姆斯一世钦定本《圣经》中，耶稣说"天地终有穷尽，但律法上的一点（jot）一画都不会废掉，而且必定要一一实现"，而不是像希腊版本那样，说"律法上的一丁点（iota）都不会废掉"。希伯来语字母表中最小的字母是 yodh，同样指微小的事物，等同于希腊字母 iota，所以也许耶稣说的是"yodh"。现在英语里说"记下"（jot down）一些东西，指的是做一个简短笔记，这个词组最早的记录出现在 1721 年，也许同样源自 iota 的微小之意。

有两个希腊字母在基督教中的地位非常重要。希腊语的基督名字开头是字母X（chi）和P（Rho），这两个字母放在一起就成为基督的象征，在基督教初期就出现了，后来一直被广泛使用。在《基督教》一书中，XP（凯乐符号）时常出现，指代基督，有时和字母A和Ω括在一起，作为对基督所说的"我是阿尔法和欧米伽"那句话的简写。字母X后来也成为基督的简写，比如在圣诞节的简写Xmas中。X也代表耶稣受难的十字架，也许因为其形状酷似"十"字，所以加强了这种联系。今天在美国，用X代表"十"字，甚至出现在最常见的交通标志上，"PED XING"是警示司机前方有人行道（pedestrian crossing）的通行标志。

字母Λ（lambda）在电影《斯巴达300勇士》中频频出现，是斯巴达勇士盾牌上的标志。这个细节比较符合史实，不过真实情况是，Λ当时是画在木质盾牌上的，而不是电影中那样的铁盾牌。为什么它们用相当于英语字母L的希腊字母Λ作为象征呢？因为在古代，斯巴达所在的希腊地区称为Lacedaemonia（莱塞代蒙尼亚）或Laconia（拉科尼亚），斯巴达人也可称作莱塞代蒙尼亚人，所以他们选择首字母L代表自己的身份。

死语复活：希腊语和拉丁语的影响

尽管今天没有国家说拉丁语或希腊语，这些"死"语言却是许多现代语言的始祖。所有的罗曼语，如法语、西班牙语和意大利语，都是从古罗马人说的拉丁语中衍生出来的，可以说是掺杂了其他成分的拉丁语。尽管英语严格来讲属于日耳曼语，但英语使用者还是能从中听到古代的余音。英语词中，有超过六成带有希腊语或拉丁语词根，这一比例在某些学科名词中甚至更高，例如，在科学技术领域，大约九成专业词汇来自希腊语和拉丁语，而且这两种语言的词根派生了多数新科技语。事实上，

"technology（技术）"一词本身就是希腊词汇techne（艺术、技巧）和logos（词、话语）的合成词，而"science"（科学）一词则源自拉丁语scientia（知识）。为了创造科学用语，一些希腊语词以新的方式组合在一起，有时甚至用希腊语和拉丁语词合成新词，古希腊人热爱他们的语言，如若见到这些杂交词大概会很痛苦，他们觉得所有不讲希腊语的人都是蛮族，包括后来征服他们的罗马人。

希腊人成功地将他们自带的优越感转移到了征服者身上，罗马的上层阶级开始用希腊语说话、书写，以此显示他们的文化教养，还将他们的孩子送到雅典，接受更好的教育。今天，这种语言的分裂重新复苏，不过英语取代了古希腊语的地位。事实上，用单一语言对世界多数地方进行语言统治，并不是什么新现象，实际上，希腊人和罗马人在几十个世纪之前就做到了这点。阿提卡希腊语（Attic Greek）是在雅典通行的希腊语，它传播到整个地中海地区，西至西班牙，东至阿富汗，是贸易和行政的语言。阿提卡希腊语当时被称为"通行语"（he koine dialektos），英语"dialect"（方言）一词就源于此，它战胜了希腊原本的20多种方言，并成功渗透进许多异邦王国。

虽然希腊语通过殖民以及亚历山大大帝的军事征服广为流传，但是什么让它影响巨大，即便是后来崛起的其他帝国也欣然采纳呢？希腊人认为，他们比其他人都文明，可是为什么那么多被他们贬为"野蛮人"的民族似乎接受了这点，并且努力学习希腊语？那时存在着有文化的社群，事实上，希腊人的字母表就是源于中东的一些文明。为什么流行起来的不是这些文明呢？

这个问题的答案或许在于希腊人选择使用其语言的方式。希腊人没有将其语言局限于记录等实际用途，他们还书写自己的思想和情感，用希腊语形成理论、探讨哲学、发表演讲、为后世记载诗歌和戏剧，他们发明了各种新文体，比如历史书和旅游指南。他们的语言是希腊文化的载体，而那些"野蛮人"像迷上希腊葡萄酒一样痴迷于希腊语。罗马人和高卢人都让自己的孩子接受希腊语教育，帕提亚国王喜欢看希腊戏剧。在布匿战争期间，获胜的罗马将军西皮奥在看着迦太基被烧成平地时，引用了荷马《伊利亚特》中关于洗劫特洛伊的诗句。很明显，希腊人有使用语言的特殊技巧，许多异邦人被他们所写的东西打动或逗乐。正如罗马诗人贺拉斯用拉丁语所说，"被俘虏的希腊人俘虏了他野蛮的战胜者，将艺术带入粗野的拉蒂姆（罗马周边地区）"。随着基督教的兴起，希腊语还随着基督徒阅读《新约》的需求而更加流行。

　　拉丁语最终达到了希腊语昔日的成就，随着罗马帝国的扩张，其士兵、商人和殖民者将拉丁语带到了所有的省份，直到大多数已知世界都能学会拉丁语。这一情形为欧洲罗曼语的发展埋下了种子。然而，罗马士兵说的并不是现在课堂上的古典拉丁语（Classical Latin）。他们说的是"通俗"拉丁语（Vulgar Latin）[①]，是罗马人用的日常口语。vulgus 可以指普通人、大众，甚至是一群动物，这不是什么好词。所以"vulgar"意思是"日常的""大众的"，通俗拉丁语只有口语，从不用来书写，因为它没有统一的拼写和标准形式。由于通俗拉丁语只用于交谈，我们对它的认识主要来自古代语言学家对其大量错误的批评，以及特伦斯和普劳图斯戏剧中奴隶和下层人物的对话。相比之下，上层阶级说和写的是更纯粹的拉丁语，这种拉丁语被镌刻在纪念碑上，用来创作文学作品，但是那还不叫作古典拉丁语。

　　如果你曾听说《圣经》被称为《拉丁通行本》（*Vulgate*），原因是 383 年圣徒杰罗姆对当时所存的《圣经》文本进行了一系列修订和重译，产生一个标准版供拉丁教会使用。此后几百年，杰罗姆的《圣经》是唯一通用

---

① vulgar 一词还有粗俗之意。

的版本。后来它被命名为"通用译本"（versio vulgata），后被天主教采纳，作为拉丁语《圣经》的权威版本长达1000多年。从某种意义上来说，西欧出产的所有《圣经》都源自该拉丁通行本。

西罗马帝国在公元5世纪左右解体，拉丁语失去了作为帝国通用语言的优势。随着本地化的语言区彼此越来越孤立，通俗拉丁语也以越来越快的速度分化。在整个欧洲，这些语言发展成为各种罗曼语，如今，在全世界，超过8亿人把它们作为母语。所以，常以优美著称的罗曼语，其实来自一种没受过教育的文盲用的语言，曾深受文学和语言爱好者的鄙视。当口语拉丁语开始消亡之时，就是书面拉丁语被上升为"典雅"拉丁语（classicus）的时候，这种语言与下层老百姓所说的通俗拉丁语形成了鲜明对比。

罗曼语出身低微，与我们今天更为熟悉的定义有关，如今，"罗曼史"（romance）这个词要么是指一段恋情，要么是指有关一段恋情的小说。形容词"Romance"最初用来形容任何用罗马白话——平民语言，而不是古典拉丁语书写的内容。在中世纪早期的欧洲，有关爱情的故事题材最为流行。这些故事之所以使用罗马白话写成，原因有两点：一是为了让学者和普罗大众都可以享受阅读的乐趣，二是因为这种轻佻的题材对拉丁语来说有失体面。因此，这些故事被称为罗曼史——提醒我们它们"粗俗"的罗马起源。

关于词汇：一些古典词和短语

任何上过SAT[1]指导课或者扩大词汇量[2]课程的人，都需要记下大

---

[1] 美国学业能力倾向测验，全称为 Scholastic Aptitude Test，相当于中国的高考。

[2] 英语的 vocabulary（词汇）一词源自拉丁语 vocabulum（一个词），最早来自 vocare（称呼）。

量希腊语和拉丁语词根，以帮助提高英语水平。以下是一些源自希腊语和拉丁语，常用来构成新词的常见前缀、后缀和词干：tele-（远）、poly-（多）、meta-（中间、上方、后面）、pseudo-（假）、dis-（表示分离、否定或颠倒的前缀）、ex-（外面、来自、之前）、post-（后）、-scope（派生自动词"看"）、-logy（派生自动词"说"，表示特定或特殊的话语）、-tion（派生自拉丁语、用于用动词构成名词的后缀）。但是，这种词似乎无穷无尽，如果你翻阅英语字典，查看词源①，你就会发现这一点。etymology的后缀 -logy（希腊语 -logia 源自 legein，指说），我们将其加在词根后面，表示它是一种科学、学说或理论，比如，psychology（心理学）是对 psyche（希腊语，表示灵魂）的研究。你能看出它与希腊语表示"词"的词 logos 的联系，logos 在《圣经》中是上帝创造世界所说的词，它使基督成为其化身。

古人给了我们用来描述话语的词。希腊语词 glossa（在阿提卡方言中写作 glotta），意为 tongue，指舌头和用舌头形成的语言。拉丁语中指舌头的词 lingua 也有这两种含义。英语中"language"（语言）和"linguistics"（语言学）两个词源自 lingua。glossa 有时通过拉丁语的形式，仍然深深地植根于英语之中。如果你正在读的一本书后面有词汇表（glossary），提供专业词汇或术语，方便阅读，那你也得感谢古人，因为是他们想出了这个办法。希腊语词 glossa 也指一个需要解释的古老词汇或外来词。亚里士多德用 glotta 指"古怪的、罕见的"，比如方言里的词或古代文献里的词。

古希腊人对自己的语言和文学经典十分痴迷，因此他们无疑会编纂各种模糊词或生僻词列表。他们列出古老、生僻的词汇，在旁边标上当时的同义词，这是为了帮助读者理解古书。例如，现存的几十部残缺的荷马史

---

① etymology 源自希腊语 etymos，指词的字面意思；以及 logos，指描述；希腊人甚至有一个动词 etymologeo 专门指"分析一个词，找到它的起源"。

诗都带有词汇表，没有留下来的肯定更多。罗马人有样学样，为他们的作家如维吉尔和西塞罗制作词汇表，甚至还有双语词汇表，把拉丁语词及对应的希腊语词并列起来，方便人们学习基本日常拉丁语，或者让用拉丁语的人学习希腊语。

希腊人似乎也喜欢收集古怪的词语。在希腊化时代，这种收集爱好在亚历山大城特别流行，当时，来自世界各地的学者聚集在著名的大图书馆学习，很多学者似乎在比拼谁的研究更加冷门。后来，罗马人用 glossa 一词表示生僻词集，而拉丁语中的 glossarium 则表示需要解释的古怪、晦涩或外来词。在中世纪，glossarium 成为一种流行的文体，学者们很爱在书中加入"glosses"，即在页边或行间添加评论，帮助读者理解一个复杂或混乱的知识点。

古人还为我们提供了描述写作的词，让我们感受到写作与绘画最早密切相关。毕竟，书写很可能一开始就是画小图案，图案不断被简化，直至成为我们称为字母的符号。希腊语动词 graphein（书写、绘画，用线条表示）是 -graph 的词源，比如"autograph"（签名，写自己的东西），"telegraph"（电报，在远处写下的东西）。graphe 指、画或用线条表示的东西，由此衍生英语词"graph"，指由线条构成的图标；"graphite"（石墨）是指铅笔中用的碳。graphikos 的字面意思是"属于绘画"，由此派生出"graphic"一词，指"绘画艺术"或"以生动的细节描述"，就像一幅栩栩如生的画。拉丁语也将书写和绘画联系起来。拉丁语动词 scribo 的意思是画、描、用线条表示、临摹，以及刻或写、写下、做记录或创作。由此派生出一系列英语词，包括："scribe"（抄写员，等于拉丁语的 scriptor）、"inscribe"（刻）、"inscription"（碑文，等于拉丁语的 scriptum）、"script"（稿本）和"manuscript"（手稿，因为 manus 指手，字面意思是"手写"）。罗马人有一个独特的词"scriptura"，指用于书写而非口头表达思想。也许《圣经》被称为"手抄本"（Scipture、the Scriptures），就是为了强调它是手写的，因为古典异教信仰没有书面典籍。

其实，《圣经》的名字 Bible 来自一种植物。古希腊人将埃及的纸莎草植物称为 papurus——英语中 paper（纸）的词源，也称为 bublos（或 biblos）。人们将这种植物的内茎捣碎，压成薄片，便得到一种完美的书写材料。早在公元前11世纪，一卷卷莎草纸被从埃及运到腓尼基的沿海城市古布拉（Gubla，希伯来语的 Gebal），这座古城如今位于黎巴嫩境内，当时是莎草纸的制造和贸易中心。古布拉的希腊语名是 Byblos，因为它是出产莎草纸的主要地方。由于那时几乎所有书都是由莎草纸做的，因而希腊语中的书也是 biblos，小书是 biblion。biblos 有时也指"神圣或神奇的文本"。基于这一背景，2世纪的早期基督徒开始将他们的经典称作 ta Biblia，意为"圣书"（the Books），更确切地说是一系列"小书"。因为它由许多章节组成，biblos 也指一本很长的书的卷别（如卷一、卷二等）。当 biblos 演变成古法语时，Bible 的含义从复数变成了单数——the Book。

如果你曾好奇，"图书馆"这个词在意大利语、西班牙语中是 bblioteca，在法语中是 bibliothèque，在德语中是 bibliothek，那么你只需看看希腊语词 bibliotheke[1]，直译是"放书之处"，最常用的意思是"书架"，其次才是图书馆或藏书。也许这是因为在古典时代，图书馆作为一种公共机构还很新鲜，只有个别人如学者、统治者，还有足够有钱、有文化的人才能收集书籍，这样的人才会有私人图书馆，但即便是这种图书馆也很少见。顺便说一下，英语中的"library"（图书馆）源自拉丁语中的"librarium"（书架），而书的拉丁语是 liber（有趣的是，法语中的 bibliothèque 既指书架，又指图书馆，因而也许是拉丁语的遗留）。当你去

---

[1] 来自 biblion（书）和 -theke（表示放置）的合成词。

意大利和西班牙，看到书店门口挂着"libreria"，去法国看到"libraire"，也许会猜这里可能是图书馆，但看书要花钱。事实上这是因为，拉丁语中的书店是libraria，所以这些说法只是在效仿罗马人。

拉丁语在今天英语话语和写作中仍然会用到，只是并不明显，通常连使用的人自己都意识不到，其中一种用法是拉丁语缩写。比较常见的有，i.e.=id est（即）；e.g.=exempli gratia（例如）；et al.=et alii/et aliae（及其他人）；etc.=et cetera（及其他物，等等）；ibid.=ibidem（同前）；idem=同上；op. cit.=opere citato（同上）；Q.E.D.=quod erat demonstrandum（证明完毕）；N.B.=nota bene（注意）；AD=Anno Domini（公元后）；ad hoc（为了这个特殊目的）。

给孩子所取的一些常用英文名，以及成年人为了彰显个性而使用的英文名，很多都源于希腊语、拉丁语或它们的复合词。然而，就像上文中提到的缩略语一样，这些名字的本意已经被人遗忘，就连使用这些名字的人可能都不知道。

这些最常见的名字包括：Amanda（拉丁语，"值得爱"）；Andrew（源自希腊语andreios，有男子气概的）；Angelo和Angela（源自希腊语aggelos，信使，是"天使"的词源）；Barbara（源自希腊语barbaros，异域的）；Basil（源自希腊语basileos，国王）；Bella（拉丁语，美丽的）；Cassandra（《伊利亚特》中预言灾难但没人相信的女先知）；Daphne（希腊语，月桂树）；Diana（狩猎女神Artemis的罗马版）；Eugene（源自希腊语eugenes，出生好的）；Felix（拉丁语，快乐的）；George（源自希腊语georgos，农夫）；Irene（希腊语，和平）；Lawrence和Laura（源自拉丁语laurus，月桂树）；Martin（源自拉丁语Martinus，"玛尔斯的"）；Melissa（古希腊名，来自希腊语"蜜蜂"；meli，希腊语"蜂蜜"）；Paul（源自拉丁语paulus，"小的"）；Peter（源自希腊语的petros，"石头"）；Philip（源自古希腊名Philippos，意为"喜欢马"）；Sylvia（拉丁语，"森林的"）；Sophia（希腊语，"智慧"）；Stella（拉丁语，"星星"）；Stephen（源自希腊语stephanos，头上戴的冠，比如王冠或花环）；Theodore、Dorothea（源自希腊语，"神的礼物"）；Timothy（源自希腊语，"尊敬上帝"）；Victor、Victoria、Vincent（都源自拉丁语的"征服者"）。

我们以文字为媒介思考周围的世界、相互表达思想，我们用以交流的字母、文字和语言深深扎根于古典世界。我们使用文字和语言，有三种最基本的用途：第一，制定基本法律并执行，构成文明的基础；第二，探索宇宙和人性的构成及其最深的奥秘；第三，相互讲述故事。这三种用途，是我们之所以为人类的基本品质，而古典时代在这三大领域都为我们留下了不朽的遗产。接下来的章节我们将分别讨论这些领域。

法律：为民伸张正义

一天，一个罗马人发现自己的奴隶看着有点儿邋遢，就让他去理发店刮胡子、理发。理发店隔壁碰巧是一家体育馆，一些运动员在那儿来回扔球。一个运动员把球扔了出去，另一个人没接到，球飞进理发店击中理发师的胳膊，而他当时正在给那个奴隶刮胡子，一不小心用剃刀割了奴隶的喉。奴隶主人平白无故失去奴隶，气愤不已，决定打官司，挽回损失。问题是，他该起诉谁呢？是第一个扔球的运动员，还是另一个没接住球的？或者是直接导致奴隶死亡的理发师？还是起诉城邦？因为他们竟然允许理发店开在有潜在危险的运动场旁边。从古典时代流传至今的罗马法律文本体量巨大，这就是其中一个法律案例（也许是假设案例）。从这个案例可以看出，罗马人曾发展出一套极其复杂的法律体系，能够处理各种各样的

253

疑难案件。罗马的法律法规、案例和相关的法律评论，为当今世界绝大多数的法律体系提供了基础，因而是古典时代留给现代世界最重要的遗产之一。

为了维护文明和城市，法律法规不可或缺。在小社群或村庄中，个人间的争端可能是由家族长者处理，其实这种现象很普遍。这样的体制之所以常常奏效，是因为大家都相互认识，或者至少受到血缘关系的约束；然而，一旦城市中心的人口开始增加，大量陌生人会生活在一起，彼此打交道。在这种情况下冲突在所难免，就需要以相对公正的方式调解这些冲突，否则就会陷入混乱，导致人们互相残杀。而法典提供了一套清晰的规则，客观裁决和解决此类争端，这就是法典的巨大贡献。

现存最早的法典，是约公元前2000年在美索不达米亚形成的《汉谟拉比法典》。以现代标准看，《汉谟拉比法典》的量刑似乎有些严苛和不公平。其中对许多罪行规定的惩罚都是死刑，因此很肯定，不是所有人都得到公正对待，比如妇女、穷人和奴隶等群体，规则和惩罚各不相同。但无论《汉谟拉比法典》有什么缺陷，它都代表着文明向前迈出了一大步，因为它使很多人可以在城市中共同生活。其他文明也陆续形成了自己的法典，到希腊化时代时，法典的雏形已经正式确立。

每个希腊城邦都形成了一套自己的法律，制定法律的"元勋"往往被认为带有半神话色彩。斯巴达将其政府和法律体系归功于一个名叫莱库格斯的人，而雅典则将其政府和法律体系归功于多位名人，其中就包括梭伦，他被誉为"天下最聪明的人"。雅典最早的立法者之一名叫"德拉科"（Draco），字面意思是"蛇"，也是英语中"dragon"（龙）一词的词源。他是一个很神秘的人，为雅典制定了第一部法典，建立了最早的法庭。然而，据说他的法律非常严苛，哪怕犯了微不足道的罪行都会被判死刑。有一个同时代的人指出：德拉科的法典不是用墨水而是用鲜血写成的。不过德拉科的法律现存只剩一条，其他均已失传，因此无法判断这个人说得对不对。今天，在draconian（残忍的，严酷的）一词中，人们仍能联想起德拉科法典之严苛。

后来发展成熟的希腊法律体系，往往严重依赖陪审团制度，这些陪审团由随机挑选的公民组成，负责对重要案件做出裁决，这一惯例对后来的法律思想与实践产生了重要影响。例如，对哲学家苏格拉底的著名审判是由501名雅典公民组成的陪审团进行的，其成员占整体公民的比例足够大，无论他们做出什么样的裁决，都足以被认作反映了大多数公民的意见。在现存的雅典法律案例中，有100多篇辩词或诉讼词，使我们更加了解这些审判的程序和策略。

最早的罗马法典名为《十二铜表法》，如此命名是因为它最初由12块竖立在广场的铜牌组成，每块铜牌上刻着涉及某一领域的法规，比如犯罪、继承、财产等。当时的罗马是相当朴素的农业社会，因此《十二铜表法》还非常基本。但经过几个世纪，罗马律法发展成更为复杂精深的法律体系。我们对罗马律法的了解，主要来自6世纪的皇帝查士丁尼的举措。此时，西罗马帝国和罗马都城已经落在了蛮族手中，但罗马的遗产主要被保存在东罗马帝国，首都是君士坦丁堡。东罗马帝国一般也称为拜占庭帝国，查士丁尼就是其最伟大的皇帝之一。他命令大臣们收集罗马律法学者的作品，将其编纂成一部巨著，名为《罗马法大全》，出版于533年，篇幅长达80多万字。此外，查士丁尼还下令出版了一系列其他律法文集，如《罗马律法法典》和《法学阶梯》，内容从个人间的犯罪到继承法均有涉及，涵盖十分广泛，这些文笔对罗马法思想进行了较为全面的总结和解释。

查士丁尼的这项举措对全球的真正影响，直到大约11世纪才开始显现。当时，博洛尼亚建立了早期的大型法学院，它们在中世纪蓬勃发展，而查士丁尼保存下来的罗马法典在这些学院里颇具影响力。那时，罗马法典被用作奠定欧洲法律体系的基础。后来，在殖民主义时代，这种影响扩展到世界上其他大部分地区。因此，虽然德国、阿根廷、日本的法律看似风马牛不相及，但其法律制度都直接或间接源自罗马律法。尽管英国也形成《英国普通法》，偏离了罗马律法的影响，但其中的许多术语和结构还是源自罗马律法并受其影响。从长远的角度看，罗马世界对现代社会最广泛、最重要的影响，很可能依然是在法律领域，因为查士丁尼法典奠定了几乎所有现代法律制度的基础。只有少数国家例外，它们主要位于中东和非洲，采用的是源自伊斯兰律法的法律制度。

图7.1 西塞罗半身像。西塞罗是古典时代最伟大的演说家之一，
他使用复杂的演说技巧和策略，赢得观众和陪审团的支持。

罗马律法还有一个值得注意的地方。和雅典一样，罗马也有很多涉及名人的高调审判。这些审判通常在公共场所举行，由陪审团裁决，大量观众可以到场围观。罗马没有真正的职业律师，但善于演讲的野心勃勃的贵族们，往往会自愿或被要求在这些审判中为控方或辩方发表演讲。借此机会，他们能得到公众注意，博得声誉。在公元前1世纪，即罗马共和国晚期尤为如此。这一时期的许多耸人听闻的案件，吸引了大量的观众，由于其公共性质，演讲者的演讲不仅面向陪审团，而且面向大量的观众。从许多方面看，这酷似如今电视报道中的名人审判，比如围绕"辛普森杀妻案"的著名媒体闹剧。

我们之所以如此了解古代演说家用来说服审判团和观众支持的策略，主要归功于当时一位著名演说家的著作，他也是有史以来最伟大的演说家之一，他就是马库斯·图利乌斯·西塞罗。西塞罗的出身很不起眼，但他却在从政的道路上取得了成功，凭借一技之长升至政府最高的民选职位。他生来就有演说的天赋，仿佛一种超能力，能站在人群面前说服他们，让他们相信任何事情。他的著作众多，其中几本详细介绍了他如何成为一位有说服力的演说家。他还留下了许多讲稿和哲学论著，以及收集了他写给别人的信件的七本书信集。西塞罗留下的资料数量冠绝整个古典时代，多亏了他，罗马共和国晚期成为人们最了解的古典时期之一。西塞罗的第一个案子是为一个被指控弑父的男子辩护，尽管这位男子是有罪推定，但西塞罗还是设法让他被无罪释放了。

让我们详细看看西塞罗关于演讲以及如何成为优秀演讲家的思想。西塞罗演讲策略的核心观念，是相信人是由感情支配的，因此，如果你能牵动他们的感情，便能使其相信你想让他们相信的一切事情。他声称，这种演讲术的目的，不是唤醒观众的逻辑思维或求知精神，而是激发他们的情感——如果你能晓之以情，就能让他们按你所想的投票。用他本人的话来说就是，"若能左右观众的情绪，便能制胜，因为在诸多因素中，这个因素对赢得判决最为关键"（《论演讲家》），"没什么比左右听众的情绪更重要的"（《论演讲术》）。

第二种演讲策略，是借用道具和实物。他声称，这些东西能十分有效地激发听众的强烈情绪。西塞罗将演说家比作演员。和演员一样，他必须提前设置舞台，准备必要的道具。比如，他列出了在一场谋杀案辩护时能用来激发听众情绪的道具，包括"血迹斑斑的剑、从伤口中取出的骨头碎片、受害者身上带血迹的衣服"。如果没有好的道具，那就请人画一幅带有戏剧性的画，还原犯罪场景。对看过很多法庭剧的我们来说，这些技巧并不陌生，但要记住，这是2000多年前，西塞罗早在那时候就用过了。西塞罗使用的最后一样道具是人。有一次，西塞罗一边抱着被告的婴儿，一边发表演讲为他辩护，结果"广场上，人们抽泣声阵阵，泪如雨下"。还有一次，他在为被告辩护时，让他年迈的父母站在他身后，由此向陪审团和观众暗示："你怎么能让这些善良的老人老无所依呢？"

　　一个最著名的使用特制道具的例子，来自西塞罗的对手马克·安东尼，他在恺撒遇刺后的演讲[①]中，使用了一个比恺撒真人还要大的裸体蜡像，刺客造成的所有伤痕都被精确而血淋淋地标记出来。他将这座可怕的蜡像直立在一个旋转的台子上，他边发表演讲、描述恺撒之死，边指出蜡像上的每一个伤痕。这样，他非常有效地激起了群众的愤怒，他们自发暴动，烧毁了元老院。

　　西塞罗还有一个听起来很现代的建议，是用押韵短语，因为人们喜欢朗朗上口的口号，押韵便于记忆。今天，大多数广告歌词也会利用这种喜好。例如，西塞罗在一篇演讲中所用的"audaciter territas, humiliter placas"（你气势汹汹只会威胁，你卑躬屈膝只配提鞋）。这种押韵不光出现在古罗马的法庭上。我们不妨回忆一下辛普森杀妻案，当时辩方律师约翰尼·科克伦的一句话令人印象深刻："如果手套不匹配，你就要判他无罪。"

　　西塞罗的演讲之所以如此有效，这在很大程度上归功于他演讲的方式，即演讲技巧。他意识到，演讲的技巧和演讲的内容同等重要，内容拙

---

① 就是莎士比亚的《恺撒大帝》中"朋友，罗马人，同胞……"那段演讲。

劣但技巧高超，要好过内容精彩但技巧拙劣。曾经有人问希腊最伟大的演讲家德摩斯梯尼："演讲最重要的三个方面是什么？"他立刻答道："技巧、技巧和技巧。"部分有效技巧是使用有说服力的肢体语言，西塞罗和其他罗马演讲家都在这方面下足了功夫。

他们甚至形成了一种类似手语的符号语言，用来增强演讲的效果。然而，和今天的手语不同的是，他们的手势和说的话意思不同，用手势只是为了给语言增加情绪色彩，操控观众的情感。西塞罗说，就像某些音乐曲调和和弦会让你感到悲伤、快乐、紧张，某些身体姿势或手势也会让你感受到某些情绪。他声称，身体就像一架里拉琴，演讲者必须学会用自己的身体去"演奏"。

西塞罗会批评那些不使用手势的演说家，骂道："你，马库斯·卡利杜斯，无论是你的思维还是身体，都看不出一丝激动。你挠眉毛了吗？你拍大腿了吗？你跺脚了吗？没有！事实上，你不但没有触动我的感情，还让我在演讲的时候昏昏欲睡。"另外，西塞罗称赞了另一位演说家的手势"你挥动的手指令我激动不已"（《论演讲术》）。手势和演讲技巧是演讲术的重要组成部分，借用另一个著名罗马演说家昆体良的话来概括就是："我们几乎可以说，手是会说话的。难道我们没有用手去发号施令、许下承诺、唤人过来、让人退下、威胁人、恳求人、表达厌恶或恐惧、质疑或否认吗？难道我们没有用手表示快乐、悲伤、犹豫、忏悔、愧疚，还有衡量数量和时间吗？"（《演讲学院》）

然而，使用手势存在一种风险——手势使用过多或以不礼貌的方式使用，可能会让演讲者看起来很傻。一个演说家习惯疯狂挥舞手臂，引起了不少负面评论，有人觉得好像在赶苍蝇。还有人说他像在一条颠簸的船上尝试保持平衡。也许最尴尬的是，一个名叫塞克斯特斯·提图斯的演说家喜欢在演说时慵懒地左右摇摆，结果人们争相模仿，变成一种流行舞蹈，还取名为"提图斯舞"（《布鲁图》）。

今天，政客们会花巨资请顾问教他们如何有效使用手势和肢体语言，其实，他们只需参考一下西塞罗的建议，虽然古老却不过时，也许还能省下不少钱。我们刚才只讨论了西塞罗提倡的一部分有现代感的演讲策略和技巧，其他的技巧还包括：重复、唤起内疚、夸大其词、人身攻击、故意抹黑、贴标签、散布恐惧、煽动敌对情绪、诉诸神明或宗教。虽然现在我们公开谴责这些技巧，但它们确实是有效果的，只要看看最近的政治竞选广告，就会发现这些手段他们几乎都用了。

哲学：心有大智

古希腊还留下了一样最伟大的遗产：我们如何理性思考周围世界及其运作方式，还有我们如何探索人类思想和人性。换言之，哲学，就是他们留给我们最大的贡献。第一拨较早的希腊哲学家是爱奥尼亚理性主义者，我们在第五章提过。他们就自然和物质世界提出疑问，而公元前5世纪，出现了第二拨重要的哲学家——智者（Sophists），他们的着重点有所不同。他们继续提出疑问，不过将关注点从自然界回到了人类思想本身。因而，许多智者对人类行为、伦理、政治、历史和心理学产生了兴趣。参与这一运动的哲学家包括一些史上最伟大的哲学家，如柏拉图和苏格拉底，他们的哲学思想和方法至今仍深深吸引着我们。

智者除了从事哲学，还开班收费讲授辩论技巧，并以此为生。他们向雅典和其他希腊城邦的年轻人传授辩论技巧，尤其在雅典，政府鼓励市民在公共场合集会发言，这些辩论技巧能帮助年轻人顺利从政。然而，智者的学说引起了很多人不满，尤其是那些思想较为传统保守的人。批评者因为他们有时主张道德相对主义而把他们看成寄生虫和骗子，觉得他们是一种威胁。他们的辩论技巧有时被视为巧舌如簧，而复杂理论被认为是强词夺理。

此外，他们的许多哲学思考还异常深奥，这点对他们的名声也毫无帮助。著名的智者高尔吉亚的一部作品就是个很好的例子。他写了一本书，通过冗长而复杂的逻辑论证，表明无法证明任何东西是真正存在的。这本身就够反叛的了，可他在接下来的一部分中继续加深论证，最后在第三部分中说，任何事物都不存在，即便真正存在，我们也无法真正理解它，即便我们能够奇迹般地理解它，也无法顺利传达给别人。对于担心收成和吃饭的老百姓来说，这些抽象的理论思考既无法理解，又不实用，因此智者哲学思想最能吸引的是那些年纪轻轻、无所事事、喜欢挑战长辈的富家子弟。

公元前5世纪，雅典城还生活着一位历史上最伟大的思想家、哲学家——苏格拉底。尽管苏格拉底经常被归为智者一类，但他从未收过学费，可能也不认为自己是老师。他没有任何作品，我们对他的了解，主要来自他的弟子柏拉图的作品。苏格拉底认为应该遵照神的旨意探求真知，他形成一种完全由提问构成的教学方法并以此闻名。这一方法后来被称作"苏格拉底诘问法"，他会向一个号称聪明的人，提出一个看似随意的问题，然后不断追问。通常，这些后续的问题会挑战回答者的假设，或指出其陈述的漏洞，最终，被苏格拉底追问的可怜对象会深陷矛盾的泥潭，不得不承认自己的无知。这种教学方法不是直接给出答案，而是让人们形成自己的结论，反思自己的成见。苏格拉底诘问法，至今仍然被认为是最好、最有效的教学手段之一，不仅是哲学，各个领域的教师都继续效仿苏格拉底建立的教学模式。

苏格拉底热爱的另一个修辞手法是"类比"，他不仅使用类比进行论证，还用类比帮助别人理解艰涩的概念，这也成为一种重要的教学技巧。但很不幸，他的方法在雅典引起了许多人的不满，那些被他公开揭露无知的人尤甚。最终，他因为一些追随者的行为而背负罪名，遭到审判。经过可耻的审判，一个雅典陪审团判处他死刑，尽管人们都认为他会逃离雅典，可他却留了下来，心甘情愿地喝下那杯致命的毒芹汁。

我们对苏格拉底一生的了解，主要来自他的学生柏拉图的作品，柏拉图自己也成为史上最著名的哲学家之一，他形成了一种独特而影响深远的世界观。简言之，他认为，我们能用感官感知的世界，实际上并非现实。此外还有一个通过纯粹思想才能到达的世界，在那里一切事物都以完美、理想、真实的形式存在着。我们在这个世界感知的一切事物，不过是那些理念苍白残缺的影子。

柏拉图试图用一个"洞穴比喻"来解释。他让我们想象，有些人一出生就被囚禁在一个黑暗的地下洞穴里，他们被锁住不能动弹，只能目视前方。他们身后燃起了一堆火，有人拿着真实物体的摹本在他们之间来回走动，囚犯只能从洞壁上看到这些摹本的影子，就像皮影戏一样。所以，他们只看到洞穴外存在的真实物体的残缺复制品的影子，却误以为这些就是真实。这一情景反映出了人类所处的困境——我们被物质世界的感知束缚，无法透过表象看到真实世界的理念。我们常常听人说"柏拉图的理型论""柏拉图的理念论"，用以表示事物完美无瑕的状态，指的就是这个比喻。

"柏拉图式的爱情"如今用来表示一种无性之爱，这一概念源于柏拉图的理论，他认为，爱一个人，应该是将其灵魂引向理念世界、走上神圣爱情道路的第一步；爱一个人的身体之美，应该转化成热爱他的抽象之美，再升华到对神性的爱，神性是一切美的本源。

如果你曾经好奇人们说的"找到另一半"，这种说法很可能来自柏拉图在对话录《会饮》中提到的"球形人"的故事。为了解释人们为何会相互吸引形成伴侣，会饮中的一个客人描述了，人类最初是一个完美的球体，由两个人构成。他们可以朝任一方向行走，但如果要跑，就必须侧手翻，好似滚动的球。人类力量强大，企图造反，宙斯大怒，为了削弱他们的力量，将其劈成两半以示惩罚。因此，每一半人都渴望找到曾经相连的另一半，如果两半最终相遇，就会热切地拥抱，试图回到原本完整的状态。我们每一个人都是努力回归完整的半个人。此外，柏拉图的故事解释了异性恋和同性恋，因为这些球形人可能是由两个男人、两个女人，或一男一女构成的。

总的来说，柏拉图的哲学思想强调秩序和统一，比如，他在《理想国》中所描述的具有集权主义色彩的理想国家。他代表了哲学形式从爱奥尼亚理性主义者的实验和自然科学，转向纯粹关注抽象思想。柏拉图的许多对话为所有西方哲学思想奠定了基础，对后世所有的哲学家都产生了影响。

亚历山大大帝的帝国解体后，历史走进了名为"希腊化时代"的混乱时期。这一时期战争连绵，人们过着牛马不如的生活，因而催生出了几个新的哲学流派，纷纷关注如何在动荡时代保持道德，努力生活下去。

其中一种流派是伊壁鸠鲁学派，因创始人伊壁鸠鲁而得名。伊壁鸠鲁学派认为，生活的目的是达到一种脱离痛苦和恐惧的平静状态。具体实现方式是逃避引起痛苦和不愉快的事情，寻求愉快的经历。今天，"伊壁鸠鲁"一词带有放纵的意味，尤其是过度饮食，而在古代，伊壁鸠鲁学说的一个核心观念是节制。该学派认为，人们应该享受身体愉悦，但也应该小心谨慎，避免过度沉溺。

伊壁鸠鲁学派信仰出世的生活态度，提倡不参与政治，过清净、理智的生活。这种态度和早前希腊对公民积极参与的强调恰恰相反，但是反映出希腊化时代的新政治现实。这种避世的哲学，在乡间别墅隐居的富人中尤为受欢迎，他们在那儿只与密友往来，不问世事，努力让自己的生活尽可能美好。

另一种哲学流派斯多葛学派，由一位名叫"埃里亚的芝诺"的哲学家创立，他对希腊化时代的诸多问题有着截然不同的反应。斯多葛学派比较悲观，他们相信世界总体而言是一个糟糕的地方，但是不管怎样，人们必须忍受所遭受的一切，即使面对逆境也要坚持下去。他们拥有强烈的助人精神，因此与伊壁鸠鲁学派不同，他们信奉入世的哲学，认为即便是徒劳或者注定会失败，参与社会、尽自己所能也是个人应尽的义务。

斯多葛学派的核心理念是美德。美德是至高无上的善，美德是通过积极的行动获得的，拥有美德便能获得满足。如果拥有美德，健康、财富、地位等其他东西就完全不重要了。这种哲学认为：拥抱不幸，等于努力改善境况。

斯多葛学派的名称来自他们最初的集会地点，雅典城的一座多用柱廊（stoa）。后来，由于他们的哲学信仰，"stoic"一词衍生出额外的含义。

第三种希腊哲学流派——犬儒学派（Cynicism）的信仰，也可看作是对当时文化的一种消极回应，他们的思想在当时是最极端的。他们主张毫无保留、绝对忠于自己生活，反对一切形式的权威、政府，以及日常的社会结构与习俗，认为这些是与自然无关的人为建构。他们坚称，人究其本质是一种动物，刻意假装、不承认这一点，是彻底的虚伪。因而，他们也拒绝物质文明的一切产物，包括个人财产，因此他们往往无家可归、赤身裸体。

这种极端的生活方式使其批评者尖刻地管他们叫"犬"。这一绰号后来延续下来，尽人皆知，因为cynic源于希腊语词"cuon"（犬），也是英语词"canine"（犬科动物的）的词源。犬儒主义者与社会格格不入，由于坚持绝对诚实的生活，他们想什么就说什么，以嘲笑社会的虚伪为乐，所以他们经常在别人看来粗鲁无礼、惹人讨厌。

就像他们反权威的立场，在自己的学派里，他们也不承认任何创始人或领导者，不过最著名的犬儒主义者是第欧根尼。有很多关于他的逸事说明了犬儒主义者的心态。据说他光着身子到处跑，住在别人不要的大木桶里，唯一的财产就是一个破木碗。一天，他见到一个贫穷的农家男孩在溪边捧水喝，想到自己竟还有一个木碗，顿时痛恨自己，立即把那个碗砸得粉碎。

第欧根尼最后来到雅典，在那儿与著名哲学家柏拉图发生了矛盾。在一次授课时，柏拉图给人下了一个定义，说人是"一种用双腿行走的无羽毛动物"。第欧根尼无意中听到了，便抓了一只鸡，拔光鸡毛，然后拿给柏拉图，嘲讽地说："这就是你所谓的人。"

图7.2 第欧根尼雕像。这座现代的雕像矗立在他的家乡锡诺普。雕像中，这位犬儒主义哲学家站在据说他用过的木桶上，他身旁站着一只狗（犬儒一词的词源），手提一只灯。相传，他用这盏灯寻找一位诚实的人。

另一个关于第欧根尼的故事涉及一个著名历史人物。一天，第欧根尼正躺在路边晒太阳，亚历山大大帝和他的随从骑马经过。亚历山大认出了第欧根尼，对他的诚实一直心怀敬意，便停了下来，说他想奖励这位哲学家，他要什么就给什么。据说，第欧根尼只是没好气地瞥了一眼这位世界统治者，不耐烦地说他就想要一样东西，就是亚历山大走开，因为挡住他的阳光了。

由这三种希腊哲学流派衍生出了三个现代英语词：epicurean、stoic、cynical，它们在某种程度上仍然反映出这些流派的哲学信仰，不过其意义被过度简化，难免有些误导人。"epicuream"一词今天主要指对奢侈和感官享受的喜爱，尤其是吃喝，忽略了这个学派主张节制和适度的关键信仰。"Stoic"一词今天主要指对苦与乐都无动于衷的态度，还有彻底压抑情绪的能力，忽略了斯多葛学派对美德、帮助他人、公民责任的强调。"cynical"一词今天主要指怀疑他人动机及行为的真诚与善良性，认为每个人自私自利，却忽略了对诚实和自我批评的坚守——虽然犬儒主义者的诚实令人讨厌，但他们至少从一而终，不仅对他人严苛，对自己同样严苛。

古典神话：家长里短

人类是讲故事的物种。无论在什么社会、什么时代，人类始终具有这一特征。我们似乎天生就爱编故事，然后讲给彼此。这些故事形式各异，表达的媒介也丰富多样，可以通过诗歌、戏剧、电影或漫画，但无论形式和媒介有多么不同，它们都反映了讲故事的基本行为。在这些故事中，同样的主题、人物和原型经常反复出现，如追寻目标和成长，高尚的英雄和残忍的坏人。古希腊与古罗马的神话充斥着这些内容，它们的具体形式对后来西方文化如何讲述自己的故事产生了尤其深远的影响。

我们所追求的娱乐，无论是在电影、电视节目还是书里，往往被贴上"逃避现实"的标签。然而，我们爱读、爱看的东西，恰恰反映了内心最深切的担忧与恐惧，不过我们是将这些情绪投射在虚构人物或别人身上。人与人之间的基本矛盾，无论是在恋人之间还是家人之间，都是供作家和导演挖掘的丰富矿藏。比如，小说呈现充满冲突和阴谋的漫长家庭故事，回忆录揭露痛苦不堪的家庭关系，情景喜剧讽刺越来越难的婚姻关系，脱口秀和自助书试图提供修复关系的办法。许多同质化的角色和主题反复出现——出轨的丈夫、善妒的妻子、手足之争、一心报复的前任、代际冲突。同样的材料旧瓶装新酒却常用常新，观众和读者也不厌其烦。回望过去，我们会发现，如今吸引我们的许多问题和矛盾，希腊和罗马人也曾在艺术作品中表现过，其形式影响了整个西方传统，并且还将继续影响我们讨论它们的方式。下面让我们看看这些古老的模式化角色和主题。

最早的问题家庭来自大地母亲盖亚的后代，她的儿孙两辈大战了一场。盖亚的孩子泰坦神是第一代统治神。其中之一的克罗诺斯篡夺了他父亲乌拉诺斯（天神）的权力，而且将他阉割。克罗诺斯自然非常害怕自己的孩子也这样对待自己，因而他将自己的所有孩子都吞入腹中，最后他的妻子瑞亚用石头偷梁换柱，把刚出生的儿子宙斯偷偷送走。后来克罗诺斯的预言成真，宙斯果然成长为一个满腔怒火的复仇之神。他逼迫父亲把他的兄弟姐妹吐出来，和他们一起对抗泰坦神。泰坦神惨败后被扔进一个深坑，永世囚禁。这个故事以一种非常形象和直白的方式刻画了代际冲突。第二代奥林匹亚诸神就这样开始了他们的统治，并且在奥林匹斯山上建立了他们自己的问题家庭。手足之争很快爆发，宙斯、波塞冬和哈迪斯兄弟三人就谁应该掌管众神争执不休。最终，他们决定将权力一分为三，宙斯统治天庭，波塞冬统治海洋，哈迪斯统治冥府——不过很明显，宙斯是最高领导者。

婚姻一直是悲喜剧挖掘的丰富话题，在引我们发笑的同时，也让我们焦虑地思考自身的处境。妻管严丈夫和爱唠叨的妻子、拈花惹草的丈夫和善妒的妻子，这些模式化的形象可以追溯到奥林匹亚山上的天王宙斯和天后赫拉。他们争吵、叫嚷、互相埋怨，然后床头吵架床尾和。赫拉监视宙斯，派手下跟踪他，想要抓他个现行。宙斯因为是神，所以能享受凡间所有女子，他使用了诸多伎俩，这是凡间男子望尘莫及的。例如，他在大部分风流韵事当中，最后都将自己或情人变成动物或其他东西。然而，尽管他处心积虑想要瞒天过海，赫拉最后总能发现，把他一顿痛骂，通常还会惩罚"小三"（往往将其变成一种动物或东西）。

比如，宙斯在与女仙伊娥嬉戏时被赫拉发现，于是宙斯把她变成一头可爱的白色小母牛。却没能骗过赫拉，她抓住这头牛，交给一个百眼巨人（Argus Panoptes，意为"尽收眼底"）看管，因为他身上长着一百只眼睛，所以他可能是第一个被雇来调查外遇的私人侦探）。宙斯派赫尔墨斯去给这个百眼巨人讲了个又长又无聊的故事，他听着听着就睡着了，等他的眼睛全部闭上，赫尔墨斯杀了他，放走了伊娥。赫拉不肯罢休，又派了一只牛虻追赶伊娥（很适合对付牛），牛虻一路叮咬她，一直到她逃到埃及。赫拉把百眼巨人身上的眼睛都取了下来，放在她最喜欢的孔雀尾巴上。除去这个故事当中的魔幻元素和变形，就成了一个经典的故事：妻子抓到丈夫出轨，千方百计找"小三"算账。

惨遭抛弃、因爱生恨的妻子或情人，是一种常见的模式化形象，格伦·克洛斯在电影《致命诱惑》中对这种形象进行了鲜明的刻画，复仇从杀死并煮熟一只宠物兔子，逐渐升级为更严重的暴力行为。妻子因丈夫出轨惨遭抛弃，愤怒不已，而采取极端暴力行为，最早的形象源自强大的蛮族女巫——美狄亚公主。她为了爱不顾一切，为了帮她的爱人伊阿宋拿到她父亲心爱的金羊毛而背井离乡，背叛家人，放弃自己高贵的地位。谁料她的丈夫忘恩负义，虽然她为了他多次犯下杀人罪行（甚至杀了亲弟弟），但他还是移情别恋，娶了一个更年轻的漂亮公主。美狄亚勃然大怒，送给新娘一件下了毒的衣服，并将她活活烧死，而且为了伤害丈夫，还亲手杀了自己的儿子。

不过，幸福美满的夫妻也有一个经典的原型。诗人奥维德讲过一个故事：宙斯和赫尔墨斯变成人时，因为没人愿意收留他们而对人类的自私感到灰心。只有一对年迈的夫妇，鲍西斯和菲利蒙，提出让他们一起吃家里的粗茶淡饭。为了报答他们的善心，宙斯应允了他们的愿望——他们会在同一时间死去，变成树，永世交缠在一起。

说到恶婆婆，没有哪个比女神阿佛洛狄忒（维纳斯）更坏了，她不赞成自己的儿子厄洛斯娶一位名叫普赛克（Psyche，意为"灵魂、精神"）的凡间女子，因此强迫她完成一系列不可能完成的任务挑战，比如让她一晚上将一屋子掺杂在一起的谷物按类分成堆（幸运的是，有一群蚂蚁前来相助，帮她及时完成了任务）。在此之前，普赛克还要对付她凶巴巴的继母及两个继姐妹，这些也是跟她作对的传统反派。这个故事里还包含了很多婆媳矛盾。爱神厄洛斯最初爱上普赛克是因为她是个万人迷，觉得她比自己的爱神母亲更美，阿佛洛狄忒暴跳如雷，让厄洛斯用他的箭去射普赛克，让她去爱一个丑陋无比的怪物。谁知，厄洛斯不小心用箭头刺伤了手指，反而深深爱上了普赛克，"爱"娶了"灵魂"。这自然令其母更加生气——自己的儿子却站在了对手那一边！因为厄洛斯一直听妈妈的话，所以他的叛逆让她更加震惊。普赛克和厄洛斯的故事，最早出现在阿普列乌斯写于2世纪的小说《金驴记》中，是一篇讨论爱的本质及变化的寓言。

亲子关系也有悠久的古典时代传统。农业女神得墨忒耳和她女儿珀尔塞福涅的故事，反映了母女关系之亲密，还有当女儿出嫁时，对母亲的伤害有多么大。珀尔塞福涅的舅舅哈迪斯将她绑架到冥府做冥后，得墨忒耳心急如焚，患上了史上最严重的"空巢"综合征，她使世界进入了永久的冬天。只有当珀尔塞福涅得到允许回娘家时，夏天才能回归大地，等珀尔塞福涅回到冥府时，夏天就会离去，就像植物的休眠。

如今，强调在孩子的成长以及事业发展中导师（mentor）的作用，已成为一种潮流，长辈或地位更高的人，经常要指导或鼓励年轻人，提供建议和支持。这一模式首先在荷马的《奥德赛》中被具体描述。奥德修斯长期不在家，使得他年幼的儿子忒勒玛科斯急需父亲般的人物，给予建议和帮助。在离家之前，奥德修斯拜托他一个忠诚的良师益友照顾家人，并托付他做他儿子的监护人及老师。在《奥德赛》中，这位值得信赖的长者经常给年轻的忒勒玛科斯提供建议，并敦促他继续打探父亲的消息。这位老师的名字就叫曼托尔（Mentor）。

相互依赖关系，最经典的案例是那喀索斯（Narcissus）与艾可（Echo）的关系。那喀索斯非常帅，但也非常自恋，他爱上了自己在水中的倒影。山林女神艾可却爱上了他，但她却只能重复别人所说的最后几个字（因为她缠住赫拉与她说个不停，让宙斯的情人有了逃跑的时间，赫拉在她身上施加了这个讽刺性的魔咒）。她忍受着单恋的煎熬，只能对着自恋的那喀索斯，最后憔悴得只剩下声音，真的变成回声（echo）。那喀索斯凝视着水中自己无法触摸的英俊容貌，无法自拔，最后饿死，变成了一朵水仙花。这就是英语中"narcissism"（自恋）一词的由来，意为"过度自大、以自我为中心"。心理学上用这个词表示一种不健康的严重自恋人格。

事实上，现代心理学的许多术语及词汇都来自古典时代，尤其是希腊神话。这一领域的伟大先驱弗洛伊德成长于19世纪的德国，当时的德国社会浸润着古典文化。德国学者致力于开拓研究古典时代、语言及其文化遗迹的方法。考古学在当时是"热门"话题，海因里希·施利曼发现了特洛伊古城。考古学也成为一种有用的隐喻，弗洛伊德认为，他的作品试图解释患者的成长经历，就像通过一层层深入挖掘，触及一个深埋久远的核心。弗洛伊德用俄狄浦斯的神话来阐释他的性心理发展理论。在神话中，俄狄浦斯从小遭到抛弃，被养父母抚养长大；成年后，在不知情的情况下杀死了自己的生父，娶了生母。实际上，弗洛伊德为了给学生准备一次考试，还亲自翻译了索福克勒斯的悲剧《俄狄浦斯王》的选段，而且他在维也纳的办公室里放有一尊索福克勒斯的半身像和一尊狮身人面像——俄狄浦斯必须解开这个名叫斯芬克斯的怪物所出的谜题。这间办公室里还装饰着大量古代艺术品和手工艺品。弗洛伊德用俄狄浦斯的故事阐述男童对母亲的强烈依恋，以及由此对父亲产生的嫉妒（他根据自己的童年经历推断这是一种普遍现象）。今天，即便是对心理学知之甚少的人，也听说过"俄狄浦斯情结"。

弗洛伊德的办公室里还有一只装满厄洛斯雕像的箱子，厄洛斯是一个长翅膀的爱欲之神，前面提到过，他是普赛克（Psyche）的丈夫。"心理学"（psychology）一词就来自希腊语词psyche，意为"灵魂、精神"或"蝴蝶"，而且是厄洛斯妻子的名字，她经常被描绘为长着一对蝴蝶翅膀。弗洛伊德的同事卡尔·荣格在他著名的"群体无意识"理论中借用了拉丁语中表示"精神或灵魂"的词anima。荣格将这个词分为阴性和阳性形式，即anima和animus，用来指隐藏在人的潜意识中的属于异性的心理特征。男人拥有anima，即女性化的内在人格；女人拥有animus，即男性化的内在人格。因为在意识中，这些隐藏的特征通常受到压抑，所以经常出现在梦里，就像希腊医生希波克拉底一样，荣格研究梦境，寻求关于一个人的精神状态的线索。无论弗洛伊德和荣格的理论正确与否，他们都将古典世界的文化碎片嵌入了心理学这一新生领域。

　　人们总是将过去的日子理想化，美其名曰"遗失的美好"，觉得过去比现在好得多。古代人同样想出了一个重要的神话概括这一想法。我们今天仍会说某某的"黄金时代"，表示它的全盛或鼎盛时期，但在希腊神话中有一个真正的黄金时代。在大地神克罗诺斯（罗马人的萨图恩）的统治时代，人们不用劳作，因为大地自动会产出他们想要的粮食和水果，他们非常长寿，一年到头只有春天，邪恶、战争、法律没有存在的必要，苦难和衰老也都不存在。在某些方面，这个纯真时代听上去很像伊甸园。诗人赫西俄德在《劳作与时日》中描述了人类衰落的故事。在人类的"黄金时代"之后，奥林匹亚诸神创造了一个差很多的"白银时代"，后来在这个时代的人们愤怒后，又创造了一个更差的"青铜时代"，接着是稍微好一些的半神和英雄（比如特洛伊战争中的英雄）时代，时间不长，可最后却迎来了最差的"黑铁时代"。赫西俄德叹惋地说，自己一定是生活在这个时代。他预言世事会每况愈下，直到正义和羞耻感被驱逐，邪恶当道，婴儿生来白头。随着这些金属价值的逐渐降低，明显地说明了人类命运的衰落。人的寿命越来越短（最初他们能活好几百年），个头和力量都有所下降，据说有古代英雄高达2.7米，因为人们发掘出的骸骨有这么高。

　　另一个与人类衰落神话相关的原型是从天而降的大洪水，清除无可救药的堕落人类。希腊人和美索不达米亚人所讲述的神明降下洪水的故事，比《圣经》中描述的诺亚洪水的故事要早几百年。当宙斯决定用洪水摧毁所有人时，泰坦神普罗米修斯偷偷告诉了他的儿子丢卡利翁，并嘱咐他造一艘船。丢卡利翁他和妻子皮拉在一片汪洋中漂流了九天，最后船搁浅在帕耳那索斯山山顶上；在《圣经》里，诺亚活到了950岁，也反映出人类最初的长寿，他的方舟搁浅在了阿拉拉特山顶上。在神话的结尾，神让丢卡利翁和皮拉将他们母亲的骸骨扔到身后，他们意识到，母亲指的是地母盖亚，便捡起石头扔到身后，结果发现丢卡利翁扔出的石头变成了男人，皮拉扔出的变成了女人，这样世界就可以重启了。

最后，希腊神话还提供了大量故事，证明了一句古老的格言"骄兵必败"。那些妄自尊大、喜欢自夸的人终将得到报应，他们一般通过挑战一个神来证明自己，却因此受到惩罚。例如，妇人阿拉克宁（Arachne）精通纺织，她吹嘘说她的纺织技术媲美雅典娜女神，雅典娜立刻发起挑战。在比赛中，雅典娜织了一幅挂毯，上面描绘着傲慢的凡人因狂妄而受到诸神惩罚的故事，而阿拉克尼则织出诸神荒诞行径和丑闻的场景作为回应。雅典娜大怒，把她变成了一只蜘蛛，而她的名字正是"蛛形纲动物"（arachnid）的词源，讽刺的是，她的确擅长纺织。另一个例子是萨提尔·马西亚斯，他挑战阿波罗，跟他比赛音乐，阿波罗获胜后，他活剥了他的皮作为惩罚。

今天，我们将人类这种自我膨胀的倾向称作"傲慢"（hubris），意为由于过分骄傲而产生的自大，这是希腊悲剧中英雄的致命缺陷。事实上，在古希腊，"傲慢"一词还有其他含义。在雅典法庭上，它指的是趾高气扬，或者行事霸道、对人恶语相向，是一种具体的罪名。即使神明不惩罚你，律师也可以惩罚你。

诗歌与戏剧：从史诗到闹剧

如果你喜欢读诗或写诗，那你也要好好感谢古人，他们不仅创作了许多众人模仿的重要诗歌，还提供了谈论诗歌的词汇，界定了很多具体的诗歌体裁，提出了影响我们评判标准的诗学理论。

如若穿越到古代，我们大概会觉得希腊人对诗歌十分狂热。甚至在诗歌被写下之前，游吟诗人就在乡间游荡，根据记忆背诵仿佛没有结尾的史诗，供大众娱乐。传说中的盲诗人荷马是最著名的一个，古典时代的教育就包括背诵他的伟大史诗作品《伊利亚特》和《奥德赛》。学习如何引用和阐释它们，是希腊文化中至关重要的任务。如今，"荷马"已经成为一个形容词，我们会谈论荷马时代（荷马作品中的时代是指公元前1200年左右，但其实他生活在四五百年后），还有荷马笔下的英雄，我们很多人都在学校读过《伊利亚特》和《奥德赛》。即使你没有读过荷马史诗，也很可能听说过"阿喀琉斯之踵""特洛伊木马""要小心带着礼物的希腊人""使千艘战舰齐发的容貌①""暗酒海②"，还有"咬尘土"（本指战士战死时面朝下倒地，引申为"吃败仗"），这些谚语都直接来自与荷马相关的神话和作品。也许你曾将一次艰辛的旅行称为"奥德赛"，尽管它可能没有奥德修斯从特洛伊返家的十年旅程那么漫长艰辛。"史诗诗人"（epopoios）一词有时被直译为"创作六音步诗（epe）的人"，考虑到这一点，英语中的"epic"一词代表宏大就很有意思了。epic的意思是史诗般宏大的、气势磅礴的、令人印象深刻的，也指一种长篇史诗，这个形容词精确反映了荷马史诗令人敬畏的感觉。

古希腊人甚至将诗歌作为一种竞技运动。公元前4—前5世纪，职业诗歌朗诵者③会去希腊各地的比赛和节日争夺奖品。当然，荷马史诗是最受欢迎的比赛主题。朗诵史诗被称为rhapsodia，是英语词"rhapsody"（狂想曲）的词源。尽管，我们现在多数时候用"rhapsodic"一词形容格外热情的赞美。"rhapsody"也指一种自由、不规则、即兴创作的器乐作品，想想格什温的《蓝色狂想曲》或拉赫玛尼诺夫的《帕格尼尼狂想曲》，也指那些热情

---

① 指特洛伊城海伦的花容月貌，她的美引发了特洛伊战争。

② 指爱琴海。

③ 即吟游诗人（rhapsodists），rhapsodos意为"歌曲缝合者"，因为诗歌经常是唱出来的。

澎湃的演讲或著作。当然，这层意思也可以追溯到古希腊的诗歌思想。

就像人们认为宗教热情和神谕来自神明附身，人们也认为诗歌的灵感来自神的点化。诗人贺拉斯写道 "aut insanity homo aut versus facit"（这家伙要么疯了，要么是在作诗）。要写出有天才灵气（genius）的诗歌，你必须被神明附体，进入一种癫狂状态。从 "inspiration"（灵感）一词可看出，人们认为灵感来自神向你吹气，《圣经》中上帝赋予亚当生命，也是通过一口气。西塞罗曾经用 "神感（divine afflatus）" 一词，描述上帝赋予的诗歌创作灵感，"没有神感相助，没人能写出伟大的诗歌"，他在《论众神的本质》一书中这样写道。"Afflatus" 的字面意思是 "吹出一口气或一阵风"，因此，被赋予灵感，便是被一阵神风吹在身上或吹进身体，然而，"flatulence"（胀气）也源自同一词根，好像在某种程度上拉低了创作诗歌这件事的品位。

尽管如此，浪漫主义诗人还是沉迷于神气和神感，在他们的诗歌和诗歌创作理论中融入大量来自古代的思想。风奏琴，或者说风神爱奥拉斯的竖琴（Aeolian harp）在浪漫主义时期非常流行，人们把它当成新奇物件收藏在家中。这是译者通过风吹使琴弦振动而被动发声的乐器。浪漫主义诗人深爱风奏琴，将其视作赋予艺术灵感的神风的象征。竖琴的形象特别适合象征诗歌创作，因为最早的抒情诗（lyric poetry，词源是里拉琴 lyric）是由古希腊人伴随着类似竖琴的里拉琴演奏的音乐而唱的。伟大的浪漫主义诗人雪莱和柯勒律治的作品都谈到了风奏琴，柯勒律治甚至写了一首名为《风奏琴》的诗。约翰·济慈著名的 "消极感受力理论" 认为，诗人必须不断接收周围世界及其自然现象，这一理论表达出同样的开放性，以及 "占有" 外部力量的易感性。

这些浪漫主义诗人对古希腊情有独钟，不仅他们诗歌的形式和内容深受古希腊的影响，甚至还卷入了当时希腊的政局中。19 世纪时，希腊处于奥斯曼土耳其人的统治之下，诗人们在希腊民主及自由的古典遗产的熏陶下，成为希腊民族革命的声援者。伟大的英国诗人拜伦勋爵还去希腊参加了革命，不过不幸因受寒发烧死在了那里。

古希腊人尤其善于开创各种不同的诗歌体裁，许多至今仍在使用，尽管具体形式有所不同。其中最著名的是史诗和抒情诗，还有许多其他体裁。如今人们一起唱歌，即便是没有音乐天赋，谁都能哼几句。一个最常见的场合是在教堂里唱赞美诗，英语中"hymn"（赞美诗）一词源于希腊语hymnos，意为"赞美神明或英雄的歌曲"。当然，最初被赞美的神是异教神，尽管如此，现代基督教的赞美诗依然源于这些歌曲。

图7.3　矗立在雅典的拜伦雕像，这位浪漫主义诗人在被人格化的"希腊"形象怀中死去。拜伦被希腊人视为19世纪希腊独立运动时的大英雄。

你有多少次曾听到有人因感受到现代都市生活的忙碌，表达对在"过去的美好时代"，住在乡下或农场上过着那种所谓的简单生活的羡慕或向往？这种情绪并不新鲜，它促成了另一种可以追溯到古希腊人的另一个文学流派。他们将其称作boukolika，即"田园诗"（bucolic or pastoral

276

poetry），最著名的田园诗人是公元前3世纪的狄奥克里塔。他的《田园诗》（idyll源于希腊语中表示"小幅图画"的词）描述了乡村生活所谓的简单的快乐，显示受到罗马人（比如维吉尔），后来受到英国文艺复兴诗人的大量模仿。和关注伟大英雄的史诗不同，田园诗（bucolic poetry）刻画的是乡下的普通人，比如牧民（boukoloi）以及他们追求的女人。尽管boukolika的字面意思是"放牛"诗，但狄奥克里塔描绘的乡村生活平静而满足，中间穿插着爱情故事（这是"idyll"的另外一个意思，无疑是受到狄奥克里塔的诗歌启发）。田园诗的另一种叫法是pastroal poetry，因为pastor在拉丁语中是牧羊人的意思（这个词也在英语中指像牧羊人引领羊群一样，领导一个教堂或教会的神职人员）。这类诗歌在希腊和罗马世界的高度国际化的城市中心尤为流行，在那里人们很容易忽视农村生活的所有辛勤劳作和各种粪便，想象在郁郁葱葱的景色中闲逛，远离步履匆匆的大都市。

　　警句的诗歌形式（epigram）也是希腊人创造的。"epigram"一词源自epigramma，意为"碑文"，最初通常是墓志铭——刻在石碑上纪念死者的文字，经常是第一人称，仿佛死者通过他或她的墓碑说话。美国诗人埃德加·李·马斯特斯在其著名的《匙河集》（1915年）中借用了这种构思，其中的每首诗都由一位亡者朗诵自己的墓志铭，他们共同的声音描绘出了整个小镇社群的形象。从公元前4世纪开始，"epigram"也指短诗，主题通常是爱情和酒。1世纪罗马人的统治时期，一首警句诗往往以转折或诙谐妙语结束，这一基本特征开始逐渐流行，我们今天所指的警句就是这个意思。著名诗集《帕拉丁选集》收集了3700首警句诗，可见当时所作的警句诗数量之巨，也足以说明警句诗有多么受欢迎。即便是许多不喜欢诗歌的人也喜欢警句。今天，警句往往是一些陈词滥调、"民间智慧""谚语"。这里举几个例子："小风不断吹，也足以让大橡树倾倒"（富兰克林）；"狗的大小在战斗中不重要，重要的是它战斗欲望的大小"（艾森豪威尔）；"简洁是智慧的灵魂"（莎士比亚）；"我们都在阴沟里，但总有一些人能仰望星空"（奥王尔德）；"重要的不是你被击倒，而是你是否能站起来"（文斯·伦巴迪）。

希腊人开创的一些诗歌类型，我们可能不太熟悉，包括paean，最初是阿波罗的赞美诗，后指对任何神的赞歌；enkomion（拉丁语encomium）是一种赞美人的诗歌，通常在宴会结束时由一组人合唱；threnos是一种悼念亡者的enkomion；epithalamion（意为"在卧室里"），是新婚之夜新房外的一组人所唱的婚礼歌（斯宾塞写了一首这个题材的著名诗歌的名字就是epithalamion）。公元前8世纪末，希腊人还开创了"挽歌"，挽歌以对句写成，涉及各种主题（今天的挽歌往往是悼念亡者的诗），它深受罗马人欢迎，甚至在整个文艺复兴时期都非常流行。罗马诗人卡图卢斯便因为用挽歌描述他失败的恋情而闻名于世。

如果你喜欢戏剧、常去剧院，如果你曾参加过合唱团，或者至少曾使用过"悲剧"这个名词，你就要感谢古希腊人，是他们发明了许多与戏剧表演相关的服饰和术语。希腊戏剧真正始于公元前5世纪的雅典，其多数的形式和惯例都是在那时形成的。那时也是希腊悲剧的黄金时代，是三位最著名的悲剧作家工作和生活的时代。

如果你去观赏戏剧演出，大概会被领进环绕舞台的半圆形座位区。在第五章我们聊到希腊人创造了第一批剧院，而他们的设计能让观众最大限度地享受演出。我们今天的剧院设计也常常模仿希腊的原型。"Theatron（剧院）"的意思是"观看的地方"，反映出对观众体验的注重。舞台前面，可能还有供管弦乐队（orchestra）使用的空间，最初是希腊合唱队（chorus）表演的区域。chorus（希腊语choros）现在一般是指一群歌者，而合唱队在古希腊其实是一群歌者加舞者，而orchestra在希腊语里的字面意思是"跳舞的地方"。有人认为，希腊悲剧可能是从一种名为dithyramb的表演中演变而来，在这种表演中，一大群人围成一个大圈唱歌、跳舞。我们现在以为的戏剧完全是演戏，而更古老的戏剧还主要包括舞蹈。

最早的戏剧很简单，只有一个演员和合唱队轮流说台词。根据口传，一个名叫塞斯皮斯（Thespis）的希腊人，被认为是第一个在合唱队的歌舞中加入台词、使其成为不同角色的人；你也许认出他的名字是英语中表示演员的词"thespian"的词源。古希腊语中表示演员的词其实是"hypokrites"，意为"解释者"或"回答者"，我们现在用这个词指代"擅长表达自己不擅长的态度和标准的人"，也就是像演员一样善于伪装的人。

希腊人开创了两种戏剧类型，悲剧和喜剧，他们以比赛形式表演这些戏剧，纪念酒神狄俄尼索斯。"Tragoidia"（悲剧）的本义是"山羊之歌"，因为它开始是在山羊祭祀时唱的歌，也因为山羊是最早的悲剧比赛的奖品。因此，当你说某件事是场悲剧时，实际上你是在说，这件事是"一首写给山羊的歌"，虽然悲剧如今指的是痛苦或可怕的事件，其含义源于希腊悲剧里多灾多难的不幸结局。

希腊三位最著名的悲剧作家分别是埃斯库罗斯、索福克勒斯和欧里庇得斯，他们都参加过纪念狄俄尼索斯的戏剧比赛，而且都曾获奖。据说，埃斯库罗斯最早将台上演员的人数从一个增加到两个，而索福克勒斯将演员增加到三个。合唱队代表一种更广泛的社群和传统，对戏剧的情节进行评论。尽管这些悲剧的情节十分可怕，经常包含多起血腥的谋杀，但舞台上从未真正展示过血淋淋的场面，观众只能凭借自己的想象。剧作家们参赛的戏剧作品，必须包括三部悲剧和一部萨提尔剧。萨提尔剧就像其字面意思，讲述的是某个半羊人的下流行为。可能人们需要一些娱乐放松的内容，来冲抵前面悲剧的阴暗。

希腊戏剧最初只包含说台词的合唱队和演员，后来又增加了舞台布景。据说索福克勒斯首次在舞台上使用绘画布景板，即今天复杂的舞台布景的原型。"skene"（场景建筑）最初是一种演员更换服装、存放布景板的帐篷或棚屋，后演变成一种复杂的两层木质结构，装饰有柱子，还有多个出入口。这个词也是英语"scene"（场景）一词的词源。随着时间的推移，古代舞台艺术逐步发展，后来设计出装有轮子的舞台，用来滚动布景，还用升降机（mechane）将演员从上方降至舞台。这些角色往往是神明，因此仿佛从天而降，通常是来解决剧中几乎无法解决的状况。罗马诗人贺拉斯创造了拉丁语词组"deus ex machina"（天降之神）指代这种做法。他劝诫其他诗人不可使用此方法。事实上，剧作家们因过度使用升降机而受到批评，欧里庇得斯现存剧作中有一半多使用了神明解围的情节。喜剧剧作家阿里斯托芬在一部剧作中还创造了一个名叫"欧里庇得斯"的角色，把他用升降机降到舞台上。

虽然喜剧的起源并不完全清晰，但显然喜剧演员经常穿着滑稽的鼓鼓的服装，肚子、臀部都很夸张，他们还戴着奇形怪状的面具。不过，悲剧中的演员也戴着面具。无论何时，如果你看到两张面具，一张大笑，一张悲苦不堪，用来象征戏剧和剧院，这些都反映出演员总是用面具遮住面孔的古希腊传统——即便许多世纪前舞台演员就不再戴面具了。

在希腊化时代，剧院是一种颇为流行的娱乐方式。城市民众经常涌入剧院，寻求的不是富有挑战性的知识内容，而是轻松的消遣。这些戏剧处理的不是亚历山大大帝的帝国解体后困扰希腊世界的政治动荡、混乱和战争的气氛，而是稀松平常的日常问题，为观众提供了逃避现实的机会。观众们尤为喜爱一种名为"新喜剧"的剧种，如果我们今天看到这样的戏剧，很可能会觉得自己打开了电视，在看情景喜剧。

就像现代电视情景喜剧一样，这些戏剧在各种各样的戏剧场景中，不断呈现大量固定的角色和模式化的情节，舞台背景通常被粗略设置成两套城市公寓的模样，两套公寓之间有几个门和一个分隔（很像现场情景喜剧的摄影棚）。古雅典时期的喜剧主要围绕希腊城邦和政治，而希腊化时代的戏剧事件理应发生在一天的时间内（有点儿像情景喜剧的特点），主要呈现一个典型家庭环境中家庭成员的不幸遭遇。

希腊最著名的新喜剧作家米南德，擅长写人际关系和家庭关系。从他的剧作标题中便能看出来：《双重骗子》《来自萨摩斯的女孩》《不忠》《恨女者》《她恨的那个男人》《脾气暴躁的男人》——听起来就像1993年杰克·莱蒙、沃尔特·马修主演的喜剧《见色忘友》。片中角色彼此争吵、互相算计、试图欺骗别人、自己受到欺骗。像许多现代肥皂剧那样，新喜剧中也有恋途多舛的情侣、引诱、风流韵事、误解、弄错身份、私生以及久别重逢的孩子、婚礼、幸福结局。固定的角色包括善良的妓女、皮条客、出卖色相骗钱的女人、专横的老父亲、厨子、追求年轻姑娘的好色老头、吝啬的老人、爱吹牛的士兵（对应也许头脑简单却四肢发达的运动员角色）、比主人更聪明的奴隶。一个典型的情节也许是，一对年轻男女相爱了，可男孩的父亲蛮横无理，由于女孩家境贫寒、出身卑微，可能是妓女或奴隶，这位父亲便认为她配不上自己的儿子。男方家里一个聪明的奴隶喜欢捉弄脾气暴躁的老主人，他选择帮助这个小伙子。这反映出人类有一种亘古不变的倾向：帮助弱者占据上风。也许后来他们会发现，这个女孩刚出生就遭到遗弃，出身其实还可以，配得上这个小伙子。

罗马人从希腊世界引进了这种喜剧，采用了许多相同的模式化角色和情节，但对其稍作调整以适应罗马观众。模仿新喜剧的罗马剧作家里，最有名的是普劳图斯和特伦斯，他们从米南德的剧作中借鉴许多，有时将多个剧本糅合在一起。普劳图斯使用大量双关语、笑话、夸张的动作和滑稽行为以及直接对观众讲的旁白，以此取悦观众。这些戏剧中甚至还有歌舞表演，类似今天的音乐剧和轻歌剧。普劳图斯似乎特别喜欢颠覆社会习俗，嘲笑罗马高度保守、等级森严和父权制的社会。那个年轻人和他足智多谋的奴隶盟友设法反抗父亲的权威，最终如愿以偿，没有造成任何恶劣影响，也没有被惩罚，这种大团圆的结尾既令人意外又大胆。希腊新喜剧及其拉丁模仿者在文艺复兴时期乃至其后影响深远，由此可见，人们在很长一段时间里认同这种喜剧表演。莎士比亚的早期喜剧作品同样受到了普劳图斯的影响。比如，他的《错误的喜剧》是在普劳图斯的《米奈克穆斯兄弟》的基础上加上性喜剧《安菲特律昂》里的元素。

如果你想体验以古典时代为背景的现代版新喜剧，可以去现场观看百老汇热门剧《春光满古城》，或者可以租看电影版。这些剧目和模仿它们的现代情景喜剧如此流行，足以证明人类的某些基本冲动——我们喜欢用宽泛的幽默闹剧来增添生活乐趣，调侃那些过于一本正经的人。

阅读之乐：小说、传记和各种指南

如果古人有畅销书排行榜，上面会有哪些书呢？当然，这个问题不够严谨，因为在古代识字的人并不多，能买得起书的人也不多，做书耗费人力，因此价格高昂。但是，最受欢迎的是什么体裁呢？许多体裁如果放在今天的畅销排行榜上也很合适，比如小说、爱情故事、冒险故事、名人传记、历史书和入门书。然而，虽然我们知道当时有这么多类型的书，但是我们对它们的了解却很有限，因为鲜少能被完整地保存下来。

荷马史诗《奥德赛》可能是最早的冒险故事之一，充满了惊险和刺激。主人公奥德修斯在特洛伊战争结束返家的十年艰辛的路途中，乔装打扮、隐姓埋名，与怪兽搏杀，一次次巧用计谋死里逃生。不过，这个故事最终变成赞美夫妻感情和忠贞等价值的动人罗曼史。《奥德赛》中出现了各种元素：独眼怪兽、性感女巫、召唤灵魂、丰功伟绩、战斗、杀戮、欲望、爱情、复仇。荷马的另一部史诗《伊利亚特》第一次深入讲述了战争故事，将读者带到战场上，与勇士们并肩作战。在古代，荷马的作品人尽皆知，是古典教育的基础，并且被后来几百年的作家竞相模仿。荷马生动的故事，甚至成为人类普遍经历的代名词。今天，我们在大费周章完成一件事时，仍会说自己经历了一次"奥德赛"。

希腊小说兴起于希腊化时期，长篇小说往往讲的是爱情故事。小说在罗马人之间也非常流行，但是今天只有五部希腊小说、两部拉丁小说以及一些断简残篇得以幸存。这些小说情节差不多，都讲述了两个分开的恋人在经历各种不可思议的冒险后最终团聚，最终幸福地生活在一起。"本命星位置交错的（不幸的）恋人"，是指一种占星学理论，即我们的命运是由星星主宰，星象是情侣们恋情多舛的根源。因而，"罗密欧与朱丽叶"的故事源于古代，不过比家族仇恨更重要的因素是阶级差异，比如社会对穷人与富人结婚、城市贵族与农村人结婚、自由人与奴隶结婚的限制。如今，流行音乐和青春电影中充斥着类似的情节：一个女孩或男孩爱上了某个不该爱的人，这种故事到现在依然能引起人们的共鸣。此外，种族偏见的因素也被加进来，作为年轻情侣的另一种潜在障碍。

今天的冒险小说或浪漫小说，往往包含一系列不可思议的情节转折，但其实古代小说已经有这样的标配了。现存最古老的浪漫小说，是伽拉顿的《察雷亚斯和卡利若的爱》。察雷亚斯和卡利若结婚了，可察雷亚斯被蒙蔽，以为美丽的妻子对他不忠，对她拳脚相加，卡利若瘫倒在地，一命呜呼。葬礼后，卡利若被安葬在一座坟墓中，但当一伙海盗前来劫掠时，她从昏迷中苏醒过来，死而复生。海盗们将她卖作奴隶，她的主人爱上她，并娶她为妻，可她却没告诉自己的新丈夫她嫁给过察雷亚斯，而且怀着他的孩子。与此同时，察雷亚斯得知她还活着便去找她，而他自己也被卖作了奴隶。巧的是，波斯大帝阿尔塔薛西斯听说了他们的情况，必须裁决到底哪个丈夫才是她真正的丈夫，可皇帝自己却迷上她的美貌，想占有她。后来战争爆发，察雷亚斯被迫参战，打败了波斯人，重新赢得了卡利若，他们团聚后便启程回家。卡利若骗自己的第二个丈夫将她儿子当成亲儿子抚养成人，然后再送回她身边。有趣的是，这个故事虽然听上去不可思议，却是伽拉顿根据几百年前的真实事件改编而成的，不过他对细节做了很多修改（比如，现实中的女主角被士兵杀死，并没有复活），还加入了不属于那个时代的角色。然而，通过将小说放在更古代的背景下并添加真实的人物（无论是否符合史实），伽拉顿开创了一种历史浪漫小说的雏形。

在这个情节更改中，你大致了解到古代小说的一些基本要素：爱情、冒险、必须消除的误解、命运的曲折、巧合、看似不可思议的事件，尤其是"假死"。阿基里斯·塔提斯的小说《露奇佩和克莱托芬》讲了一对私奔的情侣遭遇海难，在埃及尼罗河三角洲地区被匪徒抓走的故事，在这个小说中也有两次假死。克莱托芬以为他亲眼看到露奇佩死了足足两次，第一次被献祭，用的是戏剧道具和假血，后来又被砍头，不过是另一个女人替代了她的位置。经过背叛、爱情魔药、疯狂、绑架、其他男人爱上露奇佩、其他女人爱上（并且嫁给）克莱托芬、企图陷害他谋杀等种种磨难，最终这对受尽千辛万苦的恋人得以团聚，并结成眷侣。

朗格斯的小说《达弗尼斯和克洛伊》使用了另一种至今在书籍和电影中仍然很常见的流行古代情节模式：婴儿出生时遭到遗弃，后来成年后，凭借亲生父母留下的信物，得知自己的真实身份。达弗尼斯和克洛伊都是在乡村被寄养父母抚养大，他们周围环绕着成群的山羊、绵羊和奶牛（在之前提到的希腊化时代田园诗歌中流行起来的情节背景）。经过许多惊险的冒险（被海盗绑架、掉进狼窝、遭到殴打），这对恋人最终得以与亲生父母团聚，他们的父母认出了他们的信物。在小说的结尾，他们结婚，回到理想化的乡村。今天的肥皂剧和烂小说依然使用认错（或刻意隐瞒）身份，解决看似棘手的问题。

古代最著名的两部小说，大概是佩特洛尼乌斯的《萨蒂利孔》和阿普列乌斯的《变形记》。《萨蒂利孔》可能作于1世纪，讽刺了富人和名人的生活方式，描绘了暴发户特里马乔的粗俗行为，他举办极度奢华的宴会，生活骄奢淫逸。阿普列乌斯作于2世纪的小说取名《变形记》，因为主人公卢修斯变成了一头驴子，在故事的后半部分，他想方设法变回了人。故事里有女巫、魔法、性、暴力、强盗绑架新娘和宗教皈依的情节。卢修斯偶尔去冒险，有一种流浪汉小说[①]的感觉，阿普列乌斯笔下的角色在主线中讲了许多神话故事。例如，丘比特和普赛克的故事就占了全篇近五分之一。不过，尽管里面发生的事情非同凡响，但人物说话的口吻依然稀松平常，仿佛故事发生在日常生活中。

另一种源于古代的体裁是寓言，寓言中的角色都是些会说话的动物，但阐释的寓意却适用于人类。伊索是一个生活在约前6世纪的奴隶，尽管他不是这一体裁的开创者，却是最著名的实践者，他在古典时代之后的千百年里大名鼎鼎。历史学家希罗多德甚至将他称为"最精湛的说书人"。动物寓言在整个中世纪都非常流行，比如狐狸雷纳德的故事，用会说话的动物反映出人类关切的问题，这一文学手法至今依然鲜活，尤其是在童书、电影和讽刺小说中（比如奥威尔的《动物农场》）。

另一种能上当代畅销书排行榜的书是名人传记或自传。我们热衷于政治家、运动员、名人等公众人物的生活，这似乎是人的一种共性。这类

---

① 流浪汉小说，是一种产生于16世纪中叶的新小说流派，以描写城市下层的生活为中心，从城市下层人物的角度去观察、分析社会上的种种丑恶现象，用人物流浪史的形式、幽默俏皮的风格、简洁流畅的语言，广泛反映当时的社会生活。

书往往带有窥视性的特点，侧重于描绘名人生活中见不得人的一面。生动有趣的传记，也是一种成熟的古代文学体裁，尤其是统治者和战争英雄的传记。最著名的例子大概是希腊作家普鲁塔克的作品，他一生写了几十本名人传记，统称为《对传集》。还有罗马作家斯维都尼亚斯的作品，他的《十二恺撒传》包括恺撒和其他11个早期罗马皇帝。普鲁塔克的创作手法更加严肃，他故意成对地探讨自己的写作对象，一个希腊人配一个罗马人，《对传集》的名字正由此而来。这样写作的背后目的是对两个人进行比较。普鲁塔克这样做是想通过考察名人的生活，列举出他们的美德和邪恶之处。他的写作对象包括政治家（格拉奇兄弟和西塞罗）、将军（佩里克利、庞培、安东尼），甚至还有神话传奇人物（希腊英雄忒修斯和罗马城创始人罗慕路斯）。不过，他写的最著名的一对，大概是亚历山大和恺撒这两位魅力不凡的领袖，他们的生平激励了许多后世的统治者、皇帝和野心家。

值得一提的是，对于伊丽莎白时期戏剧的爱好者来说，无论他们是否读过普鲁塔克的作品，这些作品都至关重要，因为它们是莎士比亚戏剧创作的主要素材来源。普鲁塔克的《十二恺撒传》首个英译本在1579年由托马斯·诺斯翻译，莎士比亚至少在五部剧作中间接或直接引用了诺斯的英译本，其中《恺撒大帝》《安东尼与克利奥帕特拉》对普鲁塔克的引用尤为明显。学者指出，普鲁塔克笔下的恺撒、布鲁图斯、安东尼、科里奥拉纳斯、阿基比阿德和忒修斯，以及斯维都尼亚斯《十二恺撒传》都为莎士比亚提供了创作素材。

斯维都尼亚斯的写作手法与普鲁塔克不同。他关于早期罗马皇帝的传记往往耸人听闻，专注于性、暴力和绝对权力引发的堕落。他加入了一些有趣的坊间逸事和丑闻，采用了一种扯闲话的口吻来描述皇帝们的怪癖，甚至大肆渲染他们的外表缺陷。他没有涉及太多这些大人物的公共形象，反而大量关注他们的私人生活，提供小细节展示皇帝的性格特征。他的传记很适合我们在沙滩上阅读，古代人大概也这么做过。他有两部残存的传记，一本是《名妓传》，另一本收录了下流的希腊脏话，他的写作风格可见一斑。

其他的书或探讨自然世界和动物（普林尼的多卷本《自然史》，以及伊良的《论动物》），或描述外来或异国文化（希罗多德在《波斯战争史》的中几乎开创了民族学，塔西佗描绘了日耳曼"蛮族"以及大不列颠的各个部落），收集了著名演说家的演讲稿。希罗多德和《伯罗奔尼撒战争史》作者修昔底德共同开创了历史写作，罗马人开创了讽刺写作；尤维纳利的讽刺作品含有一种黑色幽默，非常契合我们现代对讽刺作品的理解。

在现代非虚构畅销书排行榜上，最常见的是各种指南，为我们生活的方方面面提供建议。古代也有这种书，而且通常是以诗歌的形式，涉及不同主题，比如：农业（加图、瓦罗、科路美拉）、掷骰子（克劳迪斯皇帝）、吸引女性（奥维德）、发表演讲（昆体良）、狩猎（格拉惕厄斯和尼美西阿努斯）、捕鱼（奥本）。公元前3世纪，作家"科罗芬的尼康德"留下了两首医疗诗：一首描述了蛇和有毒生物，并提供了被咬伤后的有效治疗方法；另一首列举了解毒用的大量植物、动物及矿物。古代的经济不像现在这么发达，所以如今非常流行的一种书，即如何投资、玩股票的经管书，古人一概不知。不过，他们可以教你如何守住家里的钱，语气比华尔街人员更冷酷无情。老加图在一本管理农庄的指南书中建议说："当你的奴隶年老力衰，无法高效工作时，立刻赶走他。"

旧瓶新酒：古代故事的现代版本

在今天，我们不仅继续阅读古代开创的各种类型的书，还会读关于古代的书。尤其是悬疑类，其中不乏以古代为背景的侦探小说，比如林赛·戴维斯的《马科斯·迪迪乌斯·法尔克密探》系列（迄今出版了20本）、斯蒂文·赛勒的《玫瑰下的罗马》系列（迄今有16本）、约翰·马多克斯·罗伯茨的"SPQR"系列，斯蒂文·普雷斯菲尔德（关于波斯战争、伯罗奔尼撒战争、忒修斯和亚马逊人）、科琳·麦卡洛（以罗马共和国晚期为背景的《罗马英烈传》系列，已有7部）和西蒙·斯卡罗（罗马军事小说《鹰》系列）所写的历史小说，这类小说一直都很受欢迎。而那些以现代为背景、借用古典主题的小说也是如此。唐娜·塔特的《秘密历史》在1992年出版之际轰动一时，在这部心理惊悚小说中，学习古典文学的学生们互相引用希腊经典，并且参与酒神狂欢仪式。《秘密历史》碰巧也是5世纪作家普罗科皮乌斯用过的书名，那本书对查士丁尼皇帝及其皇后西奥多拉进行攻击，书中充斥着宫廷丑闻和关于西奥多拉过往的流言蜚语。

我们不仅喜欢阅读关于古典时代的小说，更喜欢读关于那个时代的非虚构作品。古代人物传记甚至会跻身图书畅销榜。然而，与古代传记通常以皇帝英雄为中心不同，今天的畅销传记往往描述的是显赫的古代女性，她们在当时被妖魔化或遭到批判，如今却化身为女性主义女英雄的雏形。尤其是埃及艳后克利奥帕特拉，她有着不凡的象征意义，是个传奇人物。自2000年至今已经有关于她的畅销书，包括普利策奖得主、传记作家斯泰西·希夫的《克利奥帕特拉的一生》（2010），这本广受好评的获奖作品，登上了《纽约时报》畅销书排行榜第三名。同年又出版了第二本同类传记，作者是杜安·罗尔。从其他近期出版的书的主副书名，能反映出克里奥帕特拉身份的不同侧面：莎莉–安·阿什顿的《克利奥帕特拉与埃及》（2008）；苏珊·沃克、彼得·希格斯编著的《埃及的克利奥帕特拉：从历史到神话》（2001）；戴安娜·普雷斯顿所著的《克利奥帕特拉和安东尼》（2010）；露西·休斯-哈利特的《克利奥帕特拉：历史、梦与扭曲》（1991）和《克利奥帕特拉：女王、情人与传奇》（2006）。无论是她身为女性统治者的特殊地位，还是她赢得了当时最有权势的两个男人——恺撒和安东尼——的爱情这一事实，都深深吸引着现在的作家和电影从业者。

图7.4　来自拉文纳的西奥多拉皇后的镶嵌画肖像。
西奥多拉是查士丁尼皇帝的妻子，她一生备受争议，
受其敌人诸多辱骂，她似乎是一个异常精力充沛、
充满力量的女性，她在政治中扮演着积极的角色。

　　特洛伊的海伦最近也引起了人们的兴趣，关于她的书有劳丽·马奎尔的《特洛伊的海伦：从荷马到好莱坞》（2009）和贝坦妮·休斯的《特洛伊的海伦：世界上最美丽女人背后的故事》（2007）等。休斯的前一本描写海伦的小说《特洛伊的海伦：女神，公主，娼妓》（2005）曾引起轰动，有人认为，这本书发现了"真实的"海伦，并颠覆了神话中对海伦一贯的刻板印象。海伦不再是王公贵族们交换的筹码、被动的财产，休斯将她刻画为一个青铜时代斯巴达的公主、训练有素的女战士。一个书评者描述她"头发很短、袒胸露乳、嗜杀成性"。这些女性，自然也是历史小说的主

角。畅销小说家玛格丽特·乔治在《特洛伊的海伦》（2007）和《埃及艳后回忆录》（1998）中对两人分别有所描绘。

罗马皇帝查士丁尼的妻子西奥多拉也被重新评价。她在当上皇后前做过演员、舞者、马戏团的杂技师，可能还做过妓女，这导致人们对她有诸多严厉的辱骂和诽谤，例如，普罗柯比在《神秘历史》中将她写成"妓院出身的西奥多拉"。然而，最近出版的书比如保罗·塞萨雷特的《西奥多拉：拜占庭皇后》（2004）和J.A.S.埃文斯的《蒂奥多拉：查士丁尼的搭档》（2003），却强调了她的政治影响，她扮演了查士丁尼的顾问和"政治搭档"的角色，通过推动反强奸立法帮助女性同胞，整顿皮条客和老鸨，提升女性的婚姻和嫁妆权利，为帮助妓女和女奴隶而努力。斯特拉·达菲近期的小说《西奥多拉：女演员、皇后、娼妓》（2010），一方面利用了所有刺激的材料，另一方面饱含同情地刻画了一个复杂、强大的女性形象。（这也再次说明，关于古代女性的书，一定要取一个包含三个词的副书名，而且这三个词之间要相互矛盾。）

最后，针对年轻读者的流行小说往往包含古典和神话元素。尽管C.S.刘易斯的《纳尼亚传奇》系列具有基督教主题，但同时也充斥着希腊和罗马神话的生物和人物，比如牧神、翼马、半人马、狮鹫、牛头怪、女妖精、树仙女、水泽仙女、酒神巴克斯和他的女祭司玛纳德、巴克斯的半羊人朋友西勒诺斯、罗马果树女神安波莫纳。在近期里克·里奥丹的《珀西·杰克逊与奥林匹亚人》的五部系列奇幻小说中，希腊的神怪仍活在现代世界，男主角发现自己竟然是海神波塞冬的儿子，这种桥段在希腊神话中其实很常见。

在J.K.罗琳的《哈利·波特》系列小说描绘的魔法世界中，巫师学生们会念拉丁文咒语，他们还遇到一群半人马、一头狮头羊身蛇尾兽、一头狮身人面兽、一头马头鱼尾兽、一头狮鹫和一条蛇怪（老普林尼、卢侃、伊良都提到过），还有一头人头狮身蝎尾兽和一头独角兽（克特西亚斯在前5世纪所著的《印度》一书中第一次提到这两种生物）。邓布利多有一只宠物凤凰（赫西俄德首次提到这种生物，希罗多德描述过，普林尼和塔西佗也描写过）。海格有一条巨型三头犬用来看守魔法石，其原型是哈迪斯的地狱三头犬刻耳柏洛斯，海格给它的狗取名"毛毛（Fluffy）"，就像神话里的乐师奥菲斯唱歌弹琴能让刻耳柏洛斯入睡一样，毛毛也能被音乐哄睡着。罗琳笔下的一头半人马凯拉尔和其他森林里的同类不一样，他在霍格沃茨教书。他的原型似乎是温文尔雅、睿智的半人马喀戎，他曾教育过年轻的希腊英雄，比如阿喀琉斯和伊阿宋。

图7.5 狮鹫浮雕。此类神话怪兽已经通过小说、电影和游戏，成为流行文化的主要元素。

一直以来，人类都爱听精彩的故事。尽管这些文学体裁似乎只是在重新利用、模仿古代故事的形式、人物和情节，但人类的创造力还是会不断找到新办法，让古老的故事和形式焕然一新。因此，对一代又一代的年轻读者来说，这些故事永远充满意义、引人入胜。

第八章

流行文化与古代社会

掉进洞里的男人：古典艺术的复兴

在大约15世纪末的罗马，一个男人不小心掉进了山上的一个洞里，实则掉进了另一时空。他发现自己身处一个庞大的地下走廊网络之中，这些走廊由精美的大理石砌成，墙壁和天顶上布满了精美绝伦的绘画和雕塑，描绘着一幅由人类、动物、神和怪兽组成的奇妙群像。这些是罗马皇帝尼禄令人建造的"金殿"遗迹，数百年后，这座奢华壮丽的宫殿被尘土所覆盖，上面建起了新的建筑。这座宫殿的遗迹被发现不久，就有好奇的探险者用绳索降入废墟中，凭借手电筒的光观赏墙壁和天花板上的精美绘画。尼禄虽然疯狂，却深谙装饰之道，文艺复兴时期的意大利人被这一发现惊呆了。吉兰达约、平图里基奥、佩鲁吉诺和菲利皮诺·里皮等当时的艺术家，应教皇西克斯图斯四世的要求来到罗马为西斯廷教堂绘制壁画，他们也参观了这些古代壁画（还留下一些涂鸦和他们的签名），拉斐尔也时常到这里参观。在壁画的边缘，奇妙的杂交人、动物和植物，与花环、花朵和华丽的几何图案相互交织。这种装饰风格被称为grottesche，英语中"grotesque"（怪诞的）一词便源于此。它是在地下类似洞穴或洞窟（grotto）的地方被发现的，因此而得名（但所谓洞窟，其实是尼禄宫殿的房间）。

这一发现促使了一种新的仿古罗马的装饰风格风靡一时。怪诞的装饰风格在富人家中颇为流行，在其室内墙壁、室外凉廊、镶边挂毯、装饰性金属制品、家具、玛瑙和珠宝上，都能见到这种风格。那种怪异感、异域风情，深得人们喜爱。艺术家认为，从这种风格中能看出想象力的自由驰骋。

在接下来一百年里，这种风格依然流行，怪诞风格的图案，通常会呈现神话中的怪兽和生物，比如萨堤尔和斯芬克斯，展现出异教神话世界，这种风格的图案，不仅被用来装饰宫殿，还用在教堂。就连梵蒂冈、圣天使堡的教皇寓所里都装饰着典型的"怪诞图案"。拉斐尔为使徒宫的著名凉廊及其工作室所画的设计草图，其中《圣经》的场景被奇妙的"洞窟"图案环绕，这些图案与他在奥里亚宫遗迹所见的类似。庞贝走廊、图书馆大厅、阿波罗大厅和教皇克莱门特七世家中的浴室，都模仿了尼禄宫殿的装饰。拉斐尔的"怪诞"风格（来自尼禄宫殿的室内装饰），至今仍在新古典主义的政府建筑中被借用，包括美国国会大厦。随着时间的推移，"grotesque"一词也从洞窟壁画的本义衍生出了新含义，用以形容夸张或扭曲到令人觉得恐怖或好笑的东西。

图 8.1 尼禄金殿走廊的天顶。当文艺复兴时期的探险家们进入这片失落的地下遗迹时，他们在此发现的绘画和装饰掀起了仿古罗马设计的热潮。

这个有关罗马宫殿和文艺复兴时期画家的故事，为我们利用过去的方式提供了一个恰如其分的隐喻——去到地下，从中取出一些与我们产生共鸣、能够用来达成我们自己目的的东西。这自然意味着原本的意义有时会被无意或故意地转变、曲解或更改。然而，它却仍以某种形式存在，我们能追本溯源。我们也经常注意到，考古发现大大激发了那个时代的想象力，促成模仿或重新想象过去的文化发展。

图8.2 本书作者在美国最高法院大楼前。世界各地都有政府大楼采用这种仿效古希腊与古罗马建筑模式的新古典主义风格。

　　另一个值得注意的古典复苏时期是18世纪，至今仍影响着我们如今的公共建筑，还有我们对古代历史的看法。1755年，德国艺术史作家温克尔曼发表了一篇文章，其中对希腊艺术作出了极具影响力的阐释，很快推动了一种重要的艺术和建筑潮流，即"新古典主义"，新古典主义试图模仿古典世界的风格和主题。一百多年后，温克尔曼的许多观点仍然不可动摇，继续影响着有关古代艺术的流行观念。虽然纯白色的希腊雕像原本经过粉刷和镀金，非常绚丽，但长期以来人们一直认为这些雕像是"高贵而朴素的"。人们一直觉得古希腊人庄重严肃，往往忽视了其文化中的更活泼生动的一面，这种由来已久的偏见，大概在某种程度上归因于温克尔曼的曲解。

16世纪时，威尼斯建筑师帕拉第奥引领了古典风格建筑的复兴，他以罗马建筑师维特鲁维乌斯的作品和古希腊与古罗马建筑为基础，设计出了帕拉第奥式别墅。新古典主义风格的建筑如今遍布欧洲其他地区，而且传到美国，导致美国几乎所有州议会大楼和政府大楼都是新古典主义风格。

18世纪，一个名叫罗伯特·亚当的苏格兰建筑师在游历欧洲时读了温克尔曼的著作，参观了帕拉第奥的别墅，还去斯帕拉托（今克罗地亚斯普利特）绘制罗马皇帝戴克里先的宫殿遗迹画作。罗马历史对亚当的熏陶，在他与其兄弟们回到伦敦后兴建的建筑中得到了深刻体现。甚至连那个时代的室内装饰，都用到了希腊、罗马、埃及的家具和壁画设计。在他所学习的建筑大师之中，就有意大利建筑师乔瓦尼·巴蒂斯塔·皮拉内西。皮拉内西根据古罗马遗迹和建筑环境所作的蚀刻画，富有梦幻般的想象力，对其同时代和后代艺术家（比如近代荷兰版画大师埃舍尔）产生了巨大影响，并继续影响我们如今的家居装修风格，如仿古元素和古风浮雕。

在温克尔曼著作的启发下，并且在赫库兰尼姆和庞贝城发掘（开始于1748年）的鼓舞下，18世纪末直至19世纪初，一场新古典主义艺术运动在欧洲各地掀起波澜。新古典主义对法国大革命的先驱尤其有吸引力，他们将古罗马早期的共和国体制视为法兰西共和国的范本。尤其是法国画家雅克-路易·大卫，他的许多油画刻画了希腊和罗马的场景，讲述为国家所做的种种牺牲，比如《荷拉斯兄弟之誓》《处决自己儿子的布鲁斯》《萨宾妇女》《安托马克的痛苦》《帕特罗克洛斯之死》《苏格拉底之死》《雷奥尼达在温泉关》，他的一幅素描《法国人民的胜利》显然是以罗马凯旋游行为蓝本的。艺术家卡诺瓦将拿破仑的妹妹雕刻成维纳斯的模样，还雕刻了一尊著名的"丘比特拥抱普赛克"雕像。在英格兰，约西亚·韦奇伍德将他的乡村庄园命名为"伊特鲁里亚"（Etruria），并着手生产贾斯珀陶器（以著名的博物馆作品"波特兰花瓶"为蓝本），这种陶器像是纯色背景的本白色浮雕，形状和风格都模仿希腊花瓶。英格兰女性开始拒绝穿紧身胸衣、环裙和半身裙，改穿罗马帝国风格的高腰连衣裙；层层透明的白色薄纱宽松灵动，刻意模仿古希腊和罗马女性的服装。

因此，我们能看到古典时代是如何在衰败千年后渗透到社会的各个不同方面的。在本书中，我们看到古代对文化和艺术一直产生着巨大的影响，也看到每个时代都在古典遗产上留下了那个时代独特的印记。文艺复兴时期，艺术家寻找绘画和雕塑题材的两个主要领域是《圣经》和古典神话历史——尽管他们所刻画的一些神和英雄，穿着与古典时代不相称的服装和盔甲，根本不像古人，而更像是他们那个时代的意大利人。古人的作品被篡改，尽力与基督教相一致，增添虚饰，变成一个个寓言。《圣经注释学》将《旧约》里的各位先知和各种事件，解释为基督诞生和《新约》中事件的预示，同样的过程也曾经发生在古典神话中。

这种认同和吸收，使异教故事得以与基督教共存，这就意味着在异教作为宗教消失之后很久，古典世界继续提供艺术、文学和文化灵感。古代神话和历史，为歌剧提供了丰富的素材来源，如格洛克的《奥菲奥和尤里迪斯》、珀塞尔的《迪多和埃涅阿斯》、亨德尔的《朱利奥·塞萨尔》、施特劳斯的《埃莱克特拉》和《阿里阿德涅·奥夫·纳喀索斯》、斯特拉文斯基的《俄狄浦斯·雷克斯》和柏辽兹的《特洛伊人》，甚至连摇滚乐和流行音乐也在使用古典和神话素材。例如，克里姆的经典摇滚乐《勇敢的尤利西斯》，试图呼应史诗的韵律和荷马的措辞，而在 T-莱克斯的流行乐《敲锣打鼓》中，马克·博兰唱道："你身上长着九头蛇的牙齿。"

后世作家创作了他们自己版本的古代故事和体裁。就像第七章所说的，莎士比亚将普鲁塔克的《对传集》作为他几部古代题材戏剧的重要素材。在伊丽莎白时代，田园诗慢慢复苏，因为相较于宫廷生活的奢靡过度、错综复杂、钩心斗角，田园诗可能更令人耳目一新。菲利普·西德尼爵士的田园浪漫小说《阿卡迪亚》，借用了许多复杂的古代小说情节手法，包括牧羊人吟唱的诗歌，如《牧羊神》。埃德蒙·斯宾塞效仿维吉尔的十首《牧歌》，将其诗歌《牧羊人日历》组织成十二首田园诗。沃尔特·雷利爵士写下了《仙女与牧羊人的回答》，本·琼森则将处女神戴安娜与处女女王伊丽莎白一世联系起来。

后来，浪漫主义诗人甚至将自己想象为古典诗人。雪莱写出了戏剧《解放了的普罗米修斯》和《希腊》，诗歌《阿波罗之歌》《潘之歌》《阿童尼》。约翰·济慈写了《初读贾浦曼译荷马有感》（来自一个他能看懂的英译本）、《埃尔金石》（埃尔金伯爵将其从帕特农神庙上切割下来，放在大英博物馆），及《希腊古瓮颂》《致荷马》《赛姬颂》《恩底弥翁》《海佩里翁的陨落：一场梦》。

到维多利亚时代，数不胜数的小说和诗歌中充满大量的古典和神话典故。以古代为背景的历史小说在当时非常受读者欢迎，比如布鲁尔-利顿的小说《庞贝城的最后一天》（1834）。这种趋势丝毫不减，一直持续到20世纪初。例如，我们所熟知的音乐剧《窈窕淑女》改编自萧伯纳戏剧《皮格马利翁》（1913），标题暗含了一个希腊神话故事，讲述一个雕刻家爱上了他的雕像，然后雕像活了过来，呼应了改编版的情节——语言学教授将一个伦敦卖花女打造成他心中"真正的"淑女。

虽然有时"高雅"艺术和"低俗""通俗"艺术之间界限分明，但一个时代的下里巴人往往会成为另一个时代的阳春白雪，莎士比亚就是最明显的例子。虽然古典时代对歌剧、建筑、古典音乐和诗歌等"高雅"艺术产生了可见的影响，但我们也能看见，它也影响了相对通俗的文学类型，比如浪漫小说、侦探小说、名人传记和指南手册。在我们关于古代世界影响现代的考察之旅将近尾声时，回到一种最典型的现代娱乐方式似乎很恰当——一种仰赖于技术进步因此在20世纪才出现的媒介——电影及其分支电视。

复古风影视剧重卷银幕

虽然希腊和罗马人没有电影，但他们知道如何讲好一个故事，并且为许多电影提供了灵感，有超过四百部大制作电影，以古代为背景。因此，一个完全不为希腊人和罗马人所知的全新媒介，选择了一遍又一遍地讲述他们的故事。当电影在19世纪末诞生时，对古代的兴趣弥漫整个文化圈。学生们当时在学校还学习拉丁语和希腊语；许多畅销小说，比如《庞贝城的最后一天》《君往何处》《宾虚》，故事都发生在古代；以古代为背景的舞台剧，比如莎士比亚的戏剧《儒略·恺撒》，经常上演。因此，一些最早的电影实验处理的是古代题材，不足为怪。例如，托马斯·爱迪生创作了一部名为《丘比特与普赛克》的短片，法国富有革命性的导演乔治·梅利爱的早期电影充满了古典元素：《克利奥帕特拉》（1899）、《尼普顿与安菲特里忒》（1899）、《朱庇特的闪电》（1903）、《尤利西斯与独眼巨人波吕斐摩斯》（1905）。

20世纪最初的30年，关于古代的电影在世界范围内激增。1907年，一位美国导演在曼哈顿的炮台公园拍摄了第一部极小规模的电影版《宾虚》，拍摄用的服装是从大都会歌剧院借来的。意大利成为一个强大的电影王国，一部接一部地生产史诗电影，展示精心制作的布景和服装，力求让古代世界鲜活起来，这使得公众头一次将古典时代和大制作电影联系起来。1908年，意大利版《庞贝城的最后一天》大受欢迎。塞西尔·德米尔1923年拍摄电影版《十诫》时留下的布景遗迹，表明了为史诗而建造的布景规模之大，该遗址是在洛杉矶以北240千米处的一个巨大沙丘下被发现的。当时为拍摄这部电影，1000个工人耗费了一个多月的时间建造了占地60亩的布景，包括一整座城邦，里面有高达33.5米的围墙、4座20吨重的拉美西斯法老雕像、21座巨大的狮身人面像和300辆从好莱坞运来的战车；经过一个月的拍摄，使用了2500名临时演员。后来为了节约成本，该布景被推土机夷平了。早期的法国电影人也出品了一些名字有趣的电影，比如《大力神和大棒》（1910）、《被迷倒的朱庇特》（1910），还有《两千年后重获新生》，在这部影片中，一个古罗马人穿越到现代城市（这是最早的穿越题材）。然后，人们对这类影片的兴趣一度减弱，但在20世纪五六十年代又恢复如初。

这一时期的古装动作片试图通过巨大的布景、成千上万的演员以及"高科技"创新①，来呈现出奇幻的场面，试图把观众吸引回电影院，和电视争夺观众。从古代历史、神话和《圣经》中选取的故事特别受欢迎，许多关于罗马时代的电影都涉及皈依基督教以及在罗马帝国治下早期基督教徒被迫害等主题。当时，好莱坞能够拍出真正恢宏壮阔的场面——建造巨型布景，收集制作巨大、华丽的、偶尔迎合时代的服装和道具。为电影《罗马帝国的衰亡》（1964）所建的罗马广场，长400米、宽230米，那是史上最大的户外电影布景，还有8000名"士兵"，包括参加一场大战的1200名"骑兵"。

如此庞大的演员阵容，使场景编排能做到气势磅礴，比如在1963年的电影《埃及艳后》中，汗流浃背、半裸的男人拉着一尊巨大的狮身人面像，伊丽莎白·泰勒扮演的克利奥帕特拉端坐其上，在庞大人群的簇拥下进入罗马城。拍摄《埃及艳后》（最初上映版长达6小时）的巨额耗资已成电影传奇，共耗费4400万美元，这在当时简直是天文数字，而且，去掉通货膨胀率以后，它仍是有史以来耗资最高的电影之一。这些电影的另一个特点是令人难忘的动作场面，比如，《宾虚》中气势磅礴的海战和场面激烈的战车比赛（在1925年无声版和1959年由查尔顿·赫斯顿主演的

---

① 如宽银幕镜头，在1953年关于基督和罗马的史诗电影《圣袍千秋》中首次使用。

版本中），《斯巴达克斯》（1960）中的角斗士训练和打斗场景。

图8.3 拍摄《宾虚》时所使用的巨型头部道具。一些为《宾虚》中战车比赛场景制作的巨型道具，仍保留在罗马电影工作室（Cinecitta Studios）的场地，如今破败不堪。

　　有关古代权势男性、魅惑女性以及疯狂统治者的电影，一直深受欢迎，默片《特洛伊海伦的私生活》改编自一部通俗小说，于1927年上映。77年后，海伦又在电影《特洛伊》（2004）中点燃战火。自1899年电影诞生以来，已有超过50部关于克利奥帕特拉的电影问世，包括1917年由默片时代的"妖妇"蒂达·巴拉主演的电影、塞西尔·B.黛米尔主演的《克利奥帕特拉》（1934）、伊丽莎白·泰勒1963年的最贵版《埃及艳后》，还有HBO电视台的《罗马》中的闷闷不乐的女青年。理查德·伯顿不仅主演了《亚历山大大帝》（1955年），还在泰勒版《埃及艳后》中饰演安东尼。就连威廉·沙特纳在扮演《星际迷航》中的柯克船长之前，也在1964年的一部电视电影中扮演神采奕奕的亚历山大。在小荧屏上，1981年的迷你剧集《寻找亚历山大大帝》和1998年的系列纪录片《亚历山大大帝的足迹》，都记录了亚历山大征战十六国的足迹，这反映了人们依然痴迷于这个30岁就能征服四方的人。罗马皇帝尼禄至少出现在十部大制作电影中，其中包括彼得·乌斯季诺夫在《君往何处》（1951）中的生动刻画，他因为这一角色被提名为奥斯卡最佳男配角。"小丑"杰昆·菲尼克斯在2000年的《角斗士》中与拉塞尔·克劳演对手戏，他演的是疯癫的罗马皇帝康茂德。

在这些电影中，无论是字面上的还是比喻上的"壮汉"都很受欢迎。以古代为背景的电影为健美运动员提供了展示强壮的机会。斯蒂夫·里夫斯在他从影生涯的巅峰时期是欧洲片酬最高的演员，专门参演20世纪50年代末60年代初在意大利制作的低成本古装动作片。虽然最常与他联系起来的角色是大力神赫拉克勒斯，但其实他只演了两次这一角色。不过，他还扮演过罗慕路斯、传说中第一位马拉松赛跑运动员菲迪皮德斯，还有特洛伊王子埃涅阿斯。另一位转行当演员的健美运动员阿诺德·施瓦辛格在1969年的《大力神在纽约》中首次亮相，饰演赫拉克勒斯，他从奥林匹斯山下到凡间，格格不入、历经波折，他驾驶着战车在中央公园游荡，而且毫不违和地当上了职业摔跤手，后来诸神觉得他在羞辱神界（说得也没错）。

如今，在一年一度的"世界最强壮的男人"比赛中也能找到赫拉克勒斯的影子，在这项赛事中，来自世界各地的肌肉男用牙齿拉火车、举起汽车、扛起两边各挂一个冰箱的轭。这些不可思议的力量壮举，可以视为对赫拉克勒斯十二功绩的现代模仿，这十二功绩内容也很夸张，比如独自清除巨型马厩中的粪便、勒死一头狮子、徒手制服一头公牛、抓回一些喷火的母马。现代健美运动之父、20世纪首位健美运动员安吉洛·西西里亚诺后来改名为"查尔斯·阿特拉斯"，因为一个朋友告诉他，他看起来就像古希腊巨神阿特拉斯的雕像。

以古代为背景的电影，也为展示女性身体提供了正当理由。衣着暴露的女性、艳舞和带有暗示的场景（比如罗马酒神节）自电影诞生起就出现在影片中，有时为了娱乐效果，不顾历史准确性。根据罗伯特·格雷夫斯的小说《我，克劳迪斯》（1937）改编的电影中，服装设计师依照一尊罗马雕像为六位维斯塔贞女（数字准确）设计了逼真的服装，可导演却拒绝使用，他说"我要六十个，还要让她们裸着"。然后，他拿出了一份设计图，上面的衣服几乎就是带薄纱的比基尼，这样的维斯塔贞女看起来更像拉斯维加斯的舞娘，而不像衣冠整洁的处女祭司。在《罗宫春色》（1932）中，波帕皇后（克洛黛特·科尔伯特饰）裸体在驴奶中沐浴，这一著名场景至少符合一个历史记载，据老普林尼称，尼禄的妻子"去哪儿都带着五百匹驴子和马驹，在浴缸中倒满驴奶，浸入其中，认为这样能抚平皱纹"（《自然史》）。

只要导演们描绘的是异教徒的堕落行为，就不会受到批评。但是，在鲍勃·古奇奥尼的《罗马帝国荒淫史》（1979）中，性变态和纵欲行为被直白地描绘出来。这部影片中，斯维都尼亚斯为卡尼古拉所作传记，不可避免地称为色情场景的依据。一些赤裸的电影紧随其后，比如《埃及艳后的奴役复仇》（1985）和《罗马皇后的崛起》第一部（1987）与第二部（1990）。

英雄与怪兽搏斗的流行电影，在雷·哈利豪森的漫长而多产的职业生涯中得到了最好的体现，他的定格模式在计算机生成影像技术（CGI）出现之前，以一种前所未有的惊人方式，令各种神话生物重生。很多人是通过他的电影才开始了解希腊神话的。1963年的《伊阿宋与阿尔戈英雄》和1981年的《泰坦之战》最接近希腊神话故事（讲述了英雄珀尔修斯的冒险），他的"辛巴德"系列电影也有许多直接来自希腊神话或受其影响的怪物。

《伊阿宋与阿尔戈英雄》讲述了伊阿宋寻找金羊毛的故事，介绍了一些神话动物，比如七头蛇（不是九个头）、鸟身女怪（阻止菲尼亚斯国王进食的长翅膀的女怪）、海神特里同、青铜巨人塔洛斯（由锻造之神赫菲斯托斯创造，通过向入侵者扔石头守护克里特岛，他全身只有脚踝一个弱点），以及骷髅兵——是从被埋葬的七头蛇里生成的，从地下爬出来与阿尔戈人战斗。这个场景其实与底比斯的创始人卡德摩斯的神话相呼应，卡德摩斯杀死了一条龙，将牙齿埋在地下，然后看着手握武器的战士从地下爬出来继续缠斗。这些怪物中，有一些源自其他神话，还有一些如塔洛斯出自伊阿宋的故事。

在《泰坦之战》中，英雄珀尔修斯试图杀死蛇发女怪美杜莎，美杜莎的目光能将人变成石头，在冒险中，他碰到飞马、共用一只眼睛的三个"冥界女巫"（希腊神话里名为Graeae，即灰巫）、一只守卫美杜莎巢穴的双头狗迪奥斯基洛斯（明显借鉴了三头犬刻耳柏洛斯为原型），还有一头袭击安德罗米达公主的海怪。伊阿宋收到的机械猫头鹰礼物是赫菲斯托斯制作的，蓝本是雅典娜的宠物猫头鹰，这一部分其实在希腊神话中并未提及，但这个礼物却很像出自赫菲斯托斯之手。

1958年的《辛巴达七航妖岛》借用了奥德修斯故事中的几个元素。辛巴达及其部下用蜡封住耳朵，以免受到尖叫的恶魔引诱而被淹死。奥德修斯的部下也曾这样做，以躲避海妖塞壬的歌声，他们遇到了一个像波吕斐摩斯一样想吃掉他们的独眼巨人，这个巨人被辛巴达（代表奥德修斯）用火把弄瞎了眼睛，在他们逃跑时往船上扔石头。在《辛巴达航海记》中，出现了狮鹫和独眼半人马；《辛巴达穿破猛虎眼》（1977）提到了一种机械青铜牛头怪，名为米诺顿，这是由希腊神话拼凑而成的原创怪物。

电影也在当代背景下讲述古代的故事。公元前4世纪的希腊士兵兼作家色诺芬在《阿纳巴斯》一书中，描写了他与"万人团"一起行军的经历，这支庞大的希腊商人队伍是由居鲁士大帝雇用的，他试图取代兄长成为波斯国王。居鲁士在战斗中阵亡，他的雇佣兵部队被困在敌方领地中。色诺芬讲述了他们穿过灼热沙漠、越过雪山的过程，当他们前往希腊城邦所在的海岸时，还遭到了当地敌对势力的攻击。因而，在第一眼看到海洋并大叫"大海！大海！"的那一刻，他们十分激动。1979年的邪典电影《勇士》将《阿纳巴斯》的舞台搬到了20世纪70年代的纽约。居鲁士（号称"独一无二之主"，而非片中的"国王之王"）变成了纽约最强大帮派的头目，将所有地区帮派的代表召集到布朗克斯的一个公园里，可就在他发表号召帮派团结的动人演讲时，却遭到暗杀。"勇士"帮被诬陷杀害居鲁士，他们必须从布朗克斯一路赶回自己的地盘康尼岛，而且要在途中躲避复仇者追杀。这个帮派里有些人的名字（Cleon、Ajax）体现出影片与古典作品之间的联系。他们最终回到康尼岛，可必须在沙滩上，即自己家乡的"海"边，与敌帮决一死战。

最近的古代题材电影热潮，既包含漫画改编作品，也包含奥斯卡获奖影片，应有尽有。2000年的《角斗士》曾斩获五项奥斯卡奖，包括最佳影片和最佳男主角罗素·克劳，这部影片重燃了人们对历史事实的兴趣。开头在日耳曼边境的战役、拥挤的罗马城的场景、罗马竞技场的角斗士表演，都令观众眼花缭乱。不过，这部影片通过又一项技术革新——计算机生成影像，帮助充实了其"数千人的方阵"。还有2004年奥利弗·斯通的《亚历山大》和《特洛伊》。《特洛伊》片中有一位金发、英俊、健美的阿喀琉斯（布拉德·皮特饰），以及为特洛伊人所设置的米诺斯风格的布景和服装。

漫画作家、艺术家弗兰克·米勒小时候曾看过一部1962年的电影，讲述勇猛过人的斯巴达人在塞莫皮莱对抗波斯军队的故事《斯巴达三百勇士》，他被深深地打动了，据报道，他在漫画《300》中创作了自己的版本。2006年，一部改编电影（由米勒担任执行制片人和顾问）试图再现漫画的血腥、强烈、生动的风格感，让世界各地的漫迷兴奋不已。杰拉德·巴特勒高呼"这就是斯巴达！"的场面，在网上被模仿了无数次，可见这部影片的成功。2010年，一部重拍的《泰坦之战》将雷·哈利豪森的故事带给了新一代观众，不过片中使用了高超的计算机生成影像，代替了原本迷人的定格手法。

电视的小荧屏也受到了古典世界的入侵。有给孩子们的动画片《大力神》（1963—1966），这部动画片一直播出到古装动作片时代的末尾，是大致符合希腊神话的。片中有一对很可爱的半人马和半人羊小男孩，是大力神的伙伴。1976年，出现了一部成人视角的古代世界电视剧，英国广播公司（BBC）将罗伯特·格雷夫斯的长篇小说《我，克劳迪斯》和《克劳迪斯神》改编成广受赞誉的英国迷你剧集，有众多优秀的演员参演。这部剧在英美都非常成功，曾在美国公共电视网（PBS）的"杰作剧场"栏目播放。

近来，HBO电视台为那些喜欢逼真剧的观众，制作了一部成本极其高昂的连续剧《罗马》，历史频道也时常播放有关古罗马的纪录片。对于那些比起历史或神话准确性，更看重轻松愉悦的人来说，《大力士的传奇旅行》（1995—1999）及其衍生作品《战士公主西娜》（1995—2001），结合了希腊英雄、神祇、怪物、轻喜剧和自我提升指导。最近的系列剧《斯巴达克斯：血与沙》及其前传《斯巴达克斯：竞技场之神》采用惊悚的表现手法，其中充满了血淋淋的、生动的角斗和大量艳情场景。这些风格各异的连续剧为观众提供了选择的机会。

古风的减少和生活化：从敬畏到消费

在古代，神话中的神祇和人物着实非常可怕、危险、令人敬畏，但经过后世及后来的文化一次次的循环再利用，它们逐渐失去其可怕特征及令人不适的元素。这一趋势在流行文化中尤为明显：刻耳柏洛斯原本是恐怖至极的怪物，如今被简化为可爱的毛绒动物；命运三女神原本会在婴儿降生时出现，用一条线衡量其生命，这一元素后来被去除，她们在童话故事和迪士尼电影中化身为仙女教母，扮演慈眉善目的守护天使角色。

因而，在赫西俄德的诗歌《宇宙进化》中，爱神厄洛斯是一种强大而基本的力量，他在宇宙诞生之初，在混沌与地球、昼与夜出现后就出现了："他令所有仙凡臣服于其力量，四肢松弛、头脑糊涂，无法按自己的意愿思考。"在古希腊，他是一个相貌英俊、长着翅膀、带着弓箭的男孩，但依然可怕而危险。如果他用一支箭射向你，你就难以自控，虽然爱情甜蜜无比，却也可能痛苦不堪。后来在文艺复兴艺术中，他逐渐变成一个笑眯眯、胖乎乎、长翅膀的幼儿，这一形象如今主要出现在老式情人节卡片上。

赫拉克勒斯原本同样是有着阴暗面的半神。在希腊神话中，虽然他打败怪兽、行英勇之举，但也会迷失心智、杀害家人，因为不受控制的力量，既能行善，也能作恶。在文艺复兴时期，他变成哲学上一个重要的象征符号：他是站在十字路口的大力神，必须选择良善之路还是邪恶之路。异教英雄会遇到怪物并将其杀死，而基督教英雄必须面对自己的过错和罪恶，并将其战胜。如今，在流行文化中，赫拉克勒斯主要扮演的是带有戏剧性的大力士，比如斯蒂夫·里夫斯主演的电影、动画片，迪士尼动画电影，还有流行但略显浮夸的电视剧《大力神的冒险》及其衍生剧《战士公主西娜》。

在这些影视节目中，赫拉克勒斯是正派的平凡人，只是碰巧拥有不凡的力量。诸神总是表现得幼稚、小气，插手人类的事情，讽刺的是，这无疑也符合《荷马史诗》和希腊神话中对他们的描绘。1997年迪士尼动画片《大力神》将希腊神话的细节糅合在一起（例如，错将飞马珀加索斯当成他的坐骑），给他的冒险涂上了基督教的色彩。他自我牺牲，下到地狱（其实是哈迪斯的冥界）拯救他的爱人梅格（Meg），后来升格成神。梅格是梅格拉的简称，梅格拉在希腊神话中确实是赫拉克勒斯的原配，即他丧失心智时杀死的那个妻子。希腊英雄有时确实会下到地府将死人带回，例如，奥菲斯试图寻找他的新娘尤里迪斯而不得，神话中的赫拉克勒斯也试图带回替丈夫赴死的女性阿尔塞斯蒂斯，这也可以理解为对基督教恐怖地狱的呼应。

爱之女神阿佛洛狄忒（维纳斯）在希腊雕塑中总是赤身裸体、性感撩人，但在意大利画家波提切利著名的文艺复兴画作《维纳斯的诞生》中，变成了一个静谧白皙、不食人间烟火的美人，在洛可可艺术作品中又变成一个活泼顽皮的贵族美人，仍旧可爱，但不再是令人敬畏的女神。20世纪，她经常出现在流行歌曲中，例如：弗兰基·阿瓦隆1959年最热门的歌曲《维纳斯》（在歌中，歌手乞求她赐给他一个爱人），还有荷兰摇滚乐队Shocking Blue 1970年的最热门单曲《维纳斯》，由香蕉女郎乐队1986年翻拍的这首歌的音乐视频，MTV频道总是在反复播出。在伍迪·艾伦1995年的轻喜剧《非强力春药》中，一个希腊合唱团评论了倒霉纽约人的浪漫纠葛，但说得也不假，爱情似乎没有想象中那么"强力"。

想想希腊的萨堤尔（罗马牧神），那个一种长着羊腿人身的林地动物，最初象征着不受约束的男性性欲，无时无刻不在追逐仙女。这种不羁的本性，在德彪西的《牧神午后序曲》中得到了保留。舞蹈家尼金斯基为其所编的芭蕾舞也是充满情欲，1912年在巴黎上演时令观众大惊失色——当仙女从他身边跑开时，他抓住一个仙女的面纱，然后趴下猥亵面纱。不过，后来人们几乎想不到刘易斯的《纳尼亚传奇》里的图姆纳斯先生，这位与露西做朋友的彬彬有礼的英国牧神，也是同样的半羊人。

图8.4 萨堤尔和德莱德（树仙女）的镶嵌画。在《纳尼亚传奇》等现代小说中有许多神话人物，比如这只好色的半羊人，都被简化为更安全、更驯服的形象。

也许终极的简化出现在广告中，在广告中，神祇和英雄被简化成产品名称。希腊的胜利女神Nike在雅典卫城有自己的神庙，在卢浮宫大楼楼梯上有一座标志性的雕像（名为"萨莫特拉斯"的胜利女神），最后却变成一种运动鞋品牌；Ajax，特洛伊战争中强大却又有些迟钝的希腊英雄，如今是一种强力清洁剂；"恺撒"被简化成一个只会三言两语、叫卖比萨的滑稽小矮人。有些美国人也许能回忆起儿时有一种名为Alexander the Grape的糖果，它将亚历山大大帝变成一个笑眯眯、戴着头盔的大脚葡萄（最近改名为不太起眼的Grapehead）。希腊神祇如今被一种希腊酸奶用作营销，不同神明掌管的是不同的口味而非权力：赫尔墨斯是蜂蜜味，阿波罗是石榴味，赫拉是无花果味，阿佛洛狄忒是香草/肉桂/橘子味，阿耳忒弥斯是原味，波塞冬是零脂肪原味（他们网站的口号是"体验神话"，还配上了奥林匹斯诸神的族谱）。

锻造之神赫菲斯托斯（伏尔甘）同样混得不太好，从他的一座巨型雕像就能看出来，这尊雕像竖立在阿拉巴马州伯明翰市的一座山上，用来致敬曾经推动当地经济蓬勃发展的钢铁工业，它当时被誉为"世界上最大的钢铁人"。起初，它是一种广告工具。它的右手本该握着刚锻造好的长矛，可是这只手被装错了，计划泡汤。作为替代方案，让它的右手举起一只巨大的冰淇淋、一瓶可口可乐和一个泡菜广告牌。一次，它还穿上一套巨大的工装。最近，为修复这座雕像，当地人发起筹集资金的活动，出售限量T恤衫，上面印有"伯明翰的月亮①"的字样，因为这座雕像除了铁匠围裙什么都没穿，向山下的城市露着屁股。曾经是标准雕塑形象的古典裸体，变成人们逗乐的段子。

图8.5 "世界上最大的钢铁人"——锻造之神赫菲斯托斯的巨型雕像。这座雕像矗立在阿拉巴马州伯明翰市的一座小山上，被用来宣传工作服、牛排酱等五花八门的东西。

　　如今，玩具和万圣节服装是另一种拥抱希腊和罗马的方式。你只需花1359美元就能买一套《斯巴达300勇士》电影中斯巴达国王利奥尼达斯身

————————————

① 这里的月亮是双关语，也指"光屁股亮相"。

上的全副武装，包括羽毛头盔、狼牙项链、护臂、护腕、斗篷、盾牌和带尾翼的红色皮短裤。你还能买到利奥尼达斯的12英寸人偶，它能说出片中的豪言壮语："决不撤退，决不投降""今晚我们将在地狱享受晚宴"。另外，美国的大学生们会在校园里召开托加长袍派对，给自己一个狂欢的借口，他们身裹用床单做成的宽大托加长袍，酩酊大醉，却号称"仿效古罗马的纵情"。

与古代相关的普通一天

假设你是个美国上班族，早上醒来看了一眼闹钟：上午11点（ante ameridiem）了，可因为是周六（Saturn's day），你不用去办公室格子间（cubicle）上班，所以你在卧室（cubiculum）继续睡懒觉。你出门，在一台自动取款机前停下来，取了些钱（moneta，以罗马造币厂故址、"警告者"朱诺的神庙命名）。你花了6个25分硬币（上面刻着e pluribus unum，"合众为一"）买了份报纸，这样你就可以阅读一个共和国（模仿罗马共和国）的现状，因为你是一位公民、一个"政治动物"，你想了解时政。你读到共和党、民主党之间的交锋（后者得名于古希腊人创造的"民主"）。然后，你来到健身房（"裸体之地"），穿上你的耐克（胜利女神Nike）鞋开始锻炼。锻炼完，你在市中心散步，经过装饰着三角墙和多立克柱的市政厅、圆顶国会大厦、缪斯神庙（博物馆）、法院和图书馆。下午，你在电视上观看一场体育赛事，比赛在一个巨大的圆形体育场举行，球迷们身着所支持球队颜色的衣服，齐声欢呼。

这些行为、仪式、建筑以及制度，每一个都是直接模仿或间接源自古典世界中的行为、仪式、建筑和制度。无论能否意识到，我们在日常生活中一直紧跟着古人的脚步。正如我们在本书中所见：在无数大大小小的方面，我们都是古希腊人与古罗马人所留下的珍贵遗产的继承人。在本书开头时，我们提到德尔斐神谕的提示"认识你自己"，意思是：一个人必须知晓自己从哪里来，还有塑造自己发展的种种作用力。然而，"认识自己"又不仅仅是获得对自我的认识。只有通过了解我们从哪里来，了解眼前的世界是如何被历史塑造的，我们才能做出更明智的决定。为选择最美好的未来，我们必须知晓我们的过去。我们希望，本书已经帮你了解了你周围的世界为何是如此的模样，至少，稍微多了解了一点儿。我们都是自己所继承的文化遗产的产物，我们无法逃避历史，尤其是因为，许多我们熟悉的制度、仪式，其实都植根于那些我们眼中早已死去的、来自 2000 年前的地中海文化。

第九章

古今皆有：
环境问题、名人和时尚、全球化和文化同化

作为老师，我们从学生那里听到最典型的抱怨，是说古代历史跟他们的生活没有半点关系。写这本书的部分灵感，便来自我们想要驳斥这种论断，并进而说明古典时代深刻、直接影响和塑造了现代世界的方方面面。在筹备本书第二版时，我们想扩展这一方法，增加新的第九章，为学习古代历史的重要性提出一个稍有不同却息息相关的论点。我们不打算列举更多古代影响现代的例子，而是决定挑选一些当下引起激烈争议的"现代"问题，并说明古代人也面临过相似的问题。历史的另一种价值，是为古代社会如何面对情况或困境提供正反面的例证。因此，我们决定重点探讨三个最紧迫的现代问题：环境恶化与资源枯竭、对名人和时尚的过度追捧、全球化和移民题带来的紧张局势，并分析这些问题在古典时代是如何呈现的。

环境问题：森林滥伐

人们往往以为，环境退化是在工业革命之后才出现的问题，工厂开始向大气和水系排放污染物，人口爆炸开始快速消耗自然资源，使其入不敷出。可事实上，这些问题对古希腊人与古罗马人来说并不陌生，只是规模没那么大。那时和现在一样，人们贪婪地攫取自然资源，如木材、水、金属和石头，为争夺自然资源甚至不惜开战。开采这些资源也可能对环境产生极大的影响，比如古代的许多矿场都是露天开采的，会给土地留下巨大的疮疤。

在本章，我们仅以一种自然资源——木材来举例，探讨其开采利用。木材是一种极其重要的材料，因为它的用途十分广泛，比如：用于建筑、用于制造地中海沿岸文化必不可少的船只、用于贸易和战争、用于工具和武器，而且是工业和居民最常用的燃料。古希腊语中的hyle和拉丁语中的materia，既指"木头"，也指普遍意义上的"材料、东西"，由此可见木材在古代的重要性。

当时森林地带十分宝贵，会被人侵占，甚至会引发战争。希腊城邦派遣殖民者前往意大利南部和黑海南岸，开发那里丰富的自然资源，尤其是树木。据修昔底德记载，伯罗奔尼撒战争期间，雅典入侵西西里岛的主要目的之一就是获得更多用于造船的木材。由于建立帝国需要舰队，地中海文明需要大量树木建造战船，因此海军建设对森林造成了消耗。据斯特拉波记载，马克·安东尼把树木茂密的西里西亚地区送给克利奥帕特拉，也许可看成浪漫之举，不过也能理解为给她的舰队提供原材料。在最早的史诗《伊利亚特》中，荷马不仅详述了希腊人为进攻特洛伊而建造的战船，还详述了希腊战士砍伐大量树木，为死去的战友帕特罗克洛斯举行火葬——这项活动也成为后来史诗中的常见主题。

陆地战争也和森林砍伐有关。罗马士兵在建造攻城引擎、堡垒、浮桥、弹射器、武器和兵营时，使用了大量木材。图拉真纪念柱上刻有图案，纪念罗马顺利征服达西亚，画面中罗马士兵砍树、堆放木材、建造木制防御工事的场景数不胜数。人们可能会想，这样一座宣传纪念碑，本应该刻画罗马人屠杀外敌（确实也不少），但令人意外的是，竟有如此多关于伐木的画面。然而，砍伐树木恰恰可以作为征服土地、"驯服"外敌、传播"文明"的力量象征。罗马人往往沉迷于"驯服自然"的壮举，比如卡里古拉皇帝修建的横跨那不勒斯湾的临时木桥，他们通过精心修建高质量的路网来标示自己的领土，为了修建这些路网，他们常常开凿隧道、打穿山脉，或在宽阔山谷间架起桥梁。

这种意象可以追溯到最古老的文明。第一部伟大史诗《吉尔伽美什》讲述了美索不达米亚的英雄故事，其中详细描述了吉尔伽美什砍伐广阔的雪松森林用以建造城门；如他所说，他此举的目的是"上山砍树，留下不朽声名"，他出发时扛着的斧头名为"英雄威力"。事实上，伐木是一种有男子气概甚至带有情色暗示的行为，正如《奥德赛》中对船舶失事的奥德修斯修造木筏的描述："仙女卡里普索给了他一把巨大的斧头，他拿在手里正好，那斧头是青铜的，两边刃都很锋利；一把漂亮的橄榄木柄，牢牢地嵌在斧头上；她将他带到岛屿的边缘，那里生长着高大的树，榿木、白杨和冷杉高耸入天，干燥成熟，只需轻轻挥动斧头，就会倒在他的面前……他一共砍了二十棵，并用斧头将树枝砍掉。"不过，还是人类对火、光和热的基本需求消耗了最多的木材。木材和木炭是古代最常见的燃料：在家庭中，用于烹饪和取暖；在工业中，烧制作陶瓷的窑、冶金；还用于为许多公共浴室加热。很多建筑物也消耗了大量木材。例如，据估计，位于法国南部阿尔勒的中型马戏团，仅仅下层木质结构就消耗了2.5万棵树。

越来越多的土地用于农耕，森林砍伐也跟着加快了速度。随着罗马人口的增长和领土的扩张，森林被农场替代，而这些农场仍然无法为罗马城提供足够的粮食。曾经森林茂密的意大利木材资源枯竭，罗马不得不从帝国的其他地区进口木材。斯特拉波描述了比萨附近曾经富饶的林地因为不断被砍伐而越变越小，先是为了造船，后来是为了建造城市建筑和乡村别墅（《地理学》）。台伯河流域的树木砍伐可能导致了洪水增加。最近的考古工作也表明，在古希腊，森林砍伐和土壤侵蚀可能造成的环境问题比我们之前以为的严重得多。

过度放牧也加剧了水土流失。古希腊和古罗马的四种主要放牧动物——牛、山羊、绵羊和猪，都爱吃不同的植物，减少了大量地表植被。为了放牧奶牛，树木遭到砍伐；为了获得更多草地，牧羊人放火烧山，绵羊群将这些草皮啃得干干净净；猪被放养在森林里，树上落下的坚果，尚未长成树就被猪拱起吃掉；山羊无所不吃，甚至爬到树上啃树枝。在一部希腊戏剧中，一群山羊开口唱起了自己的饮食："我们吃各种各样的灌木，吃松树、冬青、杨梅的嫩枝，吃马刺、三叶草和香喷喷的鼠尾草，还有叶子很多的滨草、野橄榄和乳香树，吃灰土、冷杉、海橡树、常春藤，还有石楠、柳树、荆棘、木兰，还有水仙花、蔷薇、橡树、百里香和香草。"（马克罗比乌斯，《农神节》）一旦山坡上的植被被消耗殆尽，失去植物根系保护的土壤更容易被雨水冲走，更难吸收地下水。这反过来会导致洪涝加剧，流失的土壤可能沉积在下游，淤塞港口和河口。今天，如果古代遗址被发现的位置不太合乎常理，就可能是泥沙淤积的作用。例如，罗马奥斯蒂亚港的废墟如今位于离海几公里处的内陆。

古人自己也意识到，过度使用土地会带来负面影响。柏拉图在著名的《克提拉斯》篇中感慨，由于森林滥伐、土壤侵蚀与枯竭，以及地下水干涸，曾经森林茂密、土壤肥沃的阿提卡早已不复当年。他用一个比喻概括了这些损害，"与当初相比，如今所存像是一个病人的骨架，所有肥沃的软土都流失了，只剩下裸露的骨架"。然而，这种意识并未转化为具体行动。至今盛行的"自然为人所用"的观点可以追溯到亚里士多德，他的著作极大地影响了西方的环境观。他所想象的自然按等级排序，每个等级都从属于上面的等级，上级使用下级天经地义，"因此，如果自然创造的一切不是毫无目的、徒劳无功的，那么自然创造的所有动物都是为了人类"（《政治学》）。在随后的千百年里，这一观点变成人们不计后果消费环境的正当理由。

古代对自然资源的态度

一些古代作家不经意间发表的一些评论，可以看作在表达原始的环保主义情感。老普林尼创作了一本伟大的多卷本百科全书《自然史》，描述了大自然的方方面面，以及人类如何利用这些方面。不过，他也时常发出警告。他将地球称作"我们的母亲"，说她"属于人类""哺育我们"，但我们却用暴力和过度使用报答她那无私的关怀，"我们勘察她的内脏，深入她的静脉，挖掘金银，开采铜铅；我们不断往深处挖矿井，寻找宝石和某些小石头；我们将她的内脏掏出，寻找宝石，不过是为了将其戴在手上！……所有的财富问题都指向了犯罪、屠杀和战争"。

尽管古希腊人和古罗马人受到过度利用的诱惑，但扰乱自然却会激起诸神的愤怒。其原因可能是他们认为，自然界的许多方面，比如河流和树木，都是神灵的住所，也可能是人类变动了自然的某一方面，而某个神灵却希望维持原本的样貌。例如，为了减轻洪水对罗马的破坏，罗马元老院曾就更改台伯河的一些支流的流向进行讨论，最后决定不做更改。其原因不是像我们所想的那样，是对提出的这个项目的成本的担忧，或者怀疑这样做是否会真正减轻洪涝（本来是可以的），而是出于宗教考虑。元老院选择不分流台伯河，是因为担心"有损台伯河河神的威严"，他住在这条河中，是这条河的化身（塔西佗，《编年史》）。

据希罗多德记载，希腊中部的工人在挖壕沟时不断有人受伤，于是他们请教德尔斐神谕，答复是："不要挡开地峡，不要挖壕沟。如果这是宙斯的旨意，他创造的就应该是一座岛屿。"换句话说，如果你破坏宙斯的创造物，可能会引起他的震怒。同样，普林尼称，人类总是在挖掘金属和宝石，地球母亲让地震发生倒也合情合理："我们挖掘地球的所有经脉，住在我们在她体内留下的空洞之上，对她偶尔裂开或开始颤抖惊讶不已——好像这不可能是我们神圣的母亲发怒的表现！"反过来，当统治者将臣民治理得很好，大自然也会用其硕果奖励他们的善行，就像当"某个内心敬畏神明、行为无可指摘的国王，领导着许多勇士，维护正义时，黑土地产出大麦和小麦，树上硕果累累，羊群不断下崽，海里有捕不尽的鱼，这些都归功于他的英明统治，国家在他的领导下繁荣昌盛"（荷马，《奥德赛》）。那些欲望无节制的人会遭到惩罚。尤其是富人，他们的自私行径招来种种谴责。多位罗马作家都抱怨富人建造豪华的海滨别墅，损坏了自然景观和海岸线（瓦罗，《论农业》）。

从普林尼和贺拉斯的话中，我们能品出一些环保意识："我们穿进（地球的）内脏……大脑……不禁想将其开采殆尽会带来什么样的结果……贪婪最终会穿进哪里？"（《自然史》）；"但大自然拥有丰富的资源，如果你理智利用，不过度开采，让其保持原样……那该多好呀！"（《讽刺集》）。然而，罗马政权狂妄地改造自然，其所作所为与这种态度背道而驰，比如修建穿山越岭的道路，从山坡上开采成吨的大理石，将其运到帝国的每个角落。在普林尼看来，将山脉挖成平地，专门建造船只来运输所开采的大理石，"大自然最原始的元素山脉被乘风破浪来回运输"，这样违背情理。为了建造一座使用不到一个月的临时剧院，一个名叫马库斯·斯卡洛斯的罗马官员进口了360根大理石柱子，引得普林尼说应该颁布法律禁止这种奢侈浪费。据19世纪考古学家R. 兰奇阿尼估计，罗马人建造竞技场使用了10万立方米的大理石石灰华，在四个世纪里共开采了550万立方米的石灰华。

环境污染和气候变化

尽管古希腊和罗马人没有表示空气污染的词汇，但他们确实意识到了空气污染的存在和影响。罗马城人口稠密，那里的百万居民仅仅在烹饪和取暖的过程中就产生了大量烟雾，而那些从事工业的罗马人，如染坊、富勒、屠夫、砖厂和建筑工人，也会以各种方式污染环境。罗马土木工程师弗罗丁努斯在描述这座城市时，说它"空气污浊""臭名昭著"（《罗马的渡槽》）。贺拉斯始终提到"富硕罗马的烟雾、财富和喧嚣"（《诗集》），感叹"被肮脏的烟雾玷污的神像"（《诗集》）。历史学家塔西佗甚至提出，一些士兵不愿意在罗马城服役，因为乌烟瘴气一直笼罩着这座大都市（《历史》）。这种污染可能对罗马城居民的健康产生了有害影响。哲学家塞涅卡明确将自己糟糕的健康状况归因于罗马的空气："我一离开那座城市污浊的空气，离开厨房散发出的恶臭（做饭时会产生有害健康的蒸汽和烟），就立马感到自己的健康在好转。"（《道德书简》）从维苏威火山喷发时埋藏的保存完好的骨骼，即便是年轻人，也能看出肺炎的迹象，其原因可能是燃烧木材和燃油灯所造成的室内空气污染。一些在污染行业工作的工人试图自我保护，例如"在车间擦朱砂的人，将膀胱表皮做的松松的口罩戴在脸上，以防止吸入粉尘，这些粉尘对人体非常有害"（《自然史》）。

这个故事表明，人们当时已经认识到工业活动会产生有害的污染。斯特拉波指出，炼银会污染空气："炼银的炉子建得很高，是为了将稠密而有害的蒸汽升高，远离人群。"古典时代的工业活动，在环境中留下了至今仍能测量的痕迹，如冰芯、树木年轮和湖底沉积物。例如，研究冰芯中气泡的科学家发现，甲烷浓度的增加与大规模农业和冶金活动的加强相吻合，比如在罗马帝国和中国汉朝时期。同样，最近对格陵兰岛冰芯的分析，揭示出罗马帝国整个时期采矿所导致的铅排放水平。尤其是罗马人在铸币中使用的银与铅矿床分离的过程，会向大气中释放大量的铅。冰芯中的铅含量波动很大，尤其在政治稳定和经济繁荣时期，如2世纪达到顶峰；在内战和经济衰退时期大幅下降，如3世纪的经济危机。尽管这些排放量不足以影响气候，但它们的存在确实表明，即使在古希腊与古罗马时代，人类活动也已经对全球大气造成了影响。

今天，有关人类与环境相互作用的最有争议的话题之一，是气候变化以及人类活动在多大程度上导致了气候变化。虽然古代的污染或许规模没有那么大，不至于大幅度改变整体的天气模式，但目前的研究表明，非人类引起的自然气候变化，也许在影响古代历史进程中发挥了重要作用。历史学家凯尔·哈珀在近著《罗马的命运：气候、疾病和帝国的终结》中，比较全面地阐述了这一观点。他认为，罗马的兴衰都是由气候变化引起的。他以及赞同他这一观点的人辩称，罗马帝国之所以能达到这样的规模，是因为罗马帝国的扩张时期很幸运地与地中海盆地的一段非常温暖湿润而稳定的天气时期相吻合，这段时间始于前3世纪左右，一直持续到2世纪中叶——正好是罗马在地中海地区政治和经济快速增长的时期。这一段偶然的优越环境条件，被称为"罗马气候巅峰期"，一些学者认为，这在很大程度导致了罗马的人口增长，罗马帝国也因此更为繁荣昌盛。

根据这一理论，大约在公元150年，环境条件变得不再那么稳定，并开始变得比平均水平更干燥、更冷，从而对农业带来了负面影响。同时，罗马帝国遭受了一拨又一拨的流行病的袭击，尤其是瘟疫，从而进一步侵蚀了经济生产，缩小了人口规模。最后，在5世纪，全球火山活动的猛增，引发了罗马晚期一直持续到8世纪的"小冰河期"。这个冰河期与西罗马帝国的彻底崩溃以及东罗马帝国的日益衰微同时发生，并直接促成了这一过程。"罗马帝国的兴衰由气候变化所引起"，这一理论的拥护者（包括哈珀在内）引用了十分广泛的科学数据，从树木年轮到太阳辐射，应有尽有，以支持这一理论。不管这种理论是否可信，他们的研究确实表明，气候至少是罗马帝国兴衰的重要影响因素。

名人与个人崇拜

资源枯竭、环境退化、污染和气候变化，是古人和现代人皆须面对的复杂而艰巨的挑战。虽然这些都是相当严肃的话题，但也有一些两个世界兼具的更轻松的话题。例如，人们经常感慨现代社会的一点是，我们过度沉迷于名人、名气和时尚，我们的媒体报道大多是关于富豪和名人生活的八卦绯闻。然而，这样的指控不是什么新鲜事。古典时代就有自己的年轻流量明星、名人夫妇、怪异的时尚潮流、对理想外表的痴迷者，以及喜欢炫耀高消费的百万富翁。

古典时代的明星

希腊人和罗马人并没有像我们今天这样，拥有对名人的特定称谓。所谓名人，指的是那些活着的时候为公众所熟知的人。然而，有许多人确实看重，并积极追求名气，还有更多人喜欢听那些行为不端者的丑闻和恶名。英语中"celebrity"（名人）一词，源于拉丁语celeber，意为"忙碌、拥挤、臭名昭著"，celebritas的意思是"大众"，喻指"名誉"和"名声"。因此，名人就是"为大众所知的人"。英语中"fame"（名气）一词，源于fama，意为"新闻、诽谤、谣言、舆论、某人的名声"，infamis的意思是"拥有坏名声"或"臭名昭著"。你可以从中感觉到，名气有积极和消极的两面，而今天不同，无论在什么语境中，名气一般都是人人向往的好东西。

以一个特别著名的古代雅典名人为例——政治家兼将军阿基比阿德。今天，读过《会饮》的读者，对其最清晰的认识，是闯入苏格拉底及其朋友们进行爱的本质的哲学讨论的宴会的那个醉汉，一个令人讨厌的人物。但阿基比阿德可不仅仅是个酒鬼，他是公元前5世纪末一次戏剧性历史事件中的重要政治人物。阿基比阿德是他那个时代的神童，年纪轻轻就在雅典获得政治家的巨大声望，更重要的是他富有、英俊、聪明过人、人脉广阔、擅长运动、性感迷人。然而，他除了有诸多才能，还有同样多的恶习。他傲慢无礼、虚荣自我、耽于享乐、鲁莽冲动。传记作家普鲁塔克曾这样评价他，"他过着奢靡无度、醉生梦死、放荡不羁、傲慢无礼的生活"（《阿基比阿德传》）。如果他今天还活着，批评者可能会说他是一个被惯坏的养尊处优的富二代。

最重要的是，阿基比阿德很喜欢出名，雅典人也热衷于跟踪与闲聊他的种种举动。似乎他做一些丑行，就是为了享受成为关注的焦点。普鲁塔克强调了阿基比阿德的"对名气的热爱"，苏格拉底对他的喜爱提升了他的"名望"，使得有关他的一切细节都被记录下来，远超过其他同时代的名人（《阿基比阿德传》）。因为相貌俊美，许多人"迷上了"他——他非常享受这种关注。甚至，连在当时可能认为是缺陷的特征（说话口齿不清）——也因为他的讨喜人格，在这些粉丝眼中变成可爱之处。即使他总是恶作剧，言行举止特别离谱，但因为他的魅力，人们也不会责怪他。例如，他有打人的恶习。一次，他受人挑拨，走到一位城邦中的大人物面前，朝着对方的鼻子就是一拳。然而，阿基比阿德的魅力是如此之大，那个人不但原谅了他无端的攻击，还将自己的女儿嫁给了他。阿基比阿德还争强好胜，小时候，他和别人摔跤，结果输了，他就咬了对方一口。成年后，他参加了公元前416年奥运会的战车比赛，分别赢得了第一、第二、第四名的好成绩——此举不仅令他在整个希腊世界声名鹊起，还暴露了他奢靡无度的嗜好，并使他因太想主宰这项比赛而受到谴责。他喜欢出现在公众视野中，他是出名的演说家，喜欢让人们顺从他的意志。

阿基比阿德的名气是如此之大，同一时代的演说家、历史学家、哲学家、戏剧和悲剧诗人都提到过他。他习惯去做耸人听闻的事情，彰显与众不同，比如，故意加重口齿不清。阿基比阿德将自己的狗的尾巴剪掉，人们因此愤怒不已，纷纷责骂他，而后他这样解释自己的动机，"这就是我想要的，我想让全雅典都讨论这件事，这样他们就会以为我不会做更糟糕的事情了"（《阿基比阿德传》）。他首次进入政治生活，是因为一个偶然的机会：他在雅典议会听到掌声，就去探查原因，当别人告诉他是因为有人向城邦捐款时，他就登上演讲台亲自捐款，这样他就能在"人们拍手欢呼"时，体验到这种称赞与追捧。

人们对阿基比阿德的反映各不相同。很多人觉得他的口齿不清很迷人，但也有人认为他说话太不清楚了。据说，他的臭名昭著令"可敬"之人对他满怀"憎恶""愤慨"，不过普通老百姓对他的感情比较复杂。正如阿里斯托芬在剧作《蛙》中所写，"他们爱他，也恨他，但又离不开他"。普鲁塔克提醒我们，有些关于阿基比阿德的故事可能欠缺真实性，因为这些是憎恨厌恶他的人传播的。例如，一位演说家发表演讲，声称阿基比阿德在自己的餐桌上使用了雅典城的金银礼器。

更严重的是，有人甚至说，在伯罗奔尼撒战争期间，阿基比阿德在自己野心的驱使下，推动雅典进行灾难性的西西里远征，一心想征服更多领土、提高声誉，不理会这样的行为可能会为国家造成损失。他的敌人还散布谣言，说他是名为"捣毁赫尔墨斯雕像"的宗教亵渎事件的罪魁祸首。据称，他还亵渎了依洛西斯秘仪神圣的宗教仪式[1]。当要因这些行为接受审判时，阿基比阿德叛离雅典，逃到了敌邦斯巴达，他在那里煽动人们反对他的故国。普鲁塔克把他比作变色龙，他会改变自己的行为举止，适应身

---

[1]　古希腊为祭祀谷物女神得墨忒耳及冥后珀尔塞福涅，每年在雅典附近依洛西斯村庄举行的仪式。

边的人，从而"迷惑"他们。在斯巴达时，他就展现出这种魅力，一度表现得很像斯巴达人，因而获得了他们的尊重和信任。然而，没多久他就暴露本性，引诱了斯巴达国王的王后。这桩私情后来被人发现，斯巴达人对他恨之入骨，他不得不再次逃离，前往波斯——希腊人的另一个宿敌。在那里，他巴结讨好波斯国王，为他献上了一个征服雅典、统治一切的计策。同时，他秘密地与雅典展开谈判，说服他们允许自己回国。令人惊讶的是，雅典人原谅了他早先的背叛，阿基比阿德逃离波斯，大摇大摆地回到雅典。他赢得了将军的职位，虽然一开始他在雅典的军事生涯顺风顺水，但在输掉一场战役后，他再次被流放。这次，他逃到弗利吉亚王国，打算去波斯国王的宫廷。还未等他的计划被实施，刺客就找上了他，将他杀害。到底是谁雇用了这些刺客，至今仍是个谜，一般的说法是对他记恨在心的斯巴达国王，不过，阿基比阿德最不缺的就是敌人。

普鲁塔克这样解释了阿基比阿德在世界舞台上展现的操纵天赋，"即使是害怕他、憎恨他的人，在他身边时，都不由得感到一种罕见的、令人喜爱的魅力"。他不仅在自己的家乡雅典，还在整个希腊世界声名显赫、臭名昭著。有趣的是，在阿基比阿德的传记中，普鲁塔克似乎在说，雅典人的投票放逐（每年投票选出他们最希望赶出城邦十年的人）也许是解决名气过盛的一种方法。将那些名声太大的人赶出城邦，起到了安全阀的作用；十年后，他们便能回来，因为到那时他们的名气大概就会恢复正常。

虽然阿基比阿德的名声好坏参半，但还有其他古代人物成为被后世敬仰的楷模。在过去几百年里，个人崇拜受到了相当大的关注，经常与政治人物相关联，他们操纵宣传机构、大众媒体、艺术，以及公开展示爱国情怀，用以创造一种备受人民崇拜的英雄统治者的理想形象。这种个人崇拜也可能自然而然地生成，尤其是对于那些受人喜爱的演员、音乐家或运动员，他们经常利用自己的人气获取更多的财富名望。然而，尽管古代没有大众媒体，也可能出现对个人的强烈崇拜。最早的大型个人崇拜是对马其顿大帝亚历山大，他在32岁离世之前就征服了大部分已知世界。虽然亚历山大的成就无疑令人敬佩，但他的部分声名肯定也源自他英才早逝。毕竟，如果他在二十几岁时，就能征服世界，那等到三四十岁时，他又会取得什么惊天动地的成就呢？这种因为英才早逝而声名鹊起的人物，当代也不胜枚举，比如音乐界的吉米·亨德里克斯与库尔特·科本，还有电影界的詹姆斯·迪恩与希斯·莱杰。

亚历山大拥有成名所需的一切要素，他年轻貌美、魅力无穷、英勇无比、位高权重。在死后的千百年里，他的名声不但没有消退，还更加强大。他的同代人记录了他生活和性格的细节，这些细节被后世一众作家一提再提。他的雕像和半身像继续被制作售卖，以便各处的人们知道他的模样。普鲁塔克写过一本著名的亚历山大传记，在书中提到他"令人融化"的眼睛，强调他散发着迷人的气味。在古代雕像和硬币中，他一律不留胡须，标志性的狮鬃式的鬈发潇洒地梳到额头后，仿佛面前永远有台鼓风机。

在亚历山大生活的时代，尽管希腊年轻人会刮胡子，年长的男子一般会留胡子。然而，亚历山大的个人风格影响了那些效仿他的政治军事人物。希腊时代追随他的国王都将胡子刮得干干净净，还模仿他独特的发型。当罗马人后来开始扩张他们自己的帝国时，有政治野心的将军，比如庞培，也剪成了亚历山大的发型——说实话，这个发型不太适合庞培胖乎乎的中年面庞。此外，亚历山大还建立了以自己名字命名的新城市——在他庞大的帝国中，散布着十几个著名的亚历山大城。因此，古代世界中各地的城市名称，不断提醒着每个人他了不起的成就。庞培不仅模仿了他的发型，还把自己的名字改成了"庞培大帝"，并学亚历山大建立了几座城市，称其为"庞培城"（Pompeiopolis），由此可见，他有多么想成为亚历山大那样的人物。

长久以来，亚历山大一直被当作行为楷模，这导致了一种英雄崇拜和偶像化。几百年来，他经过防腐处理的尸体一直陈列在埃及亚历山大城的一座坟墓之中，在那里，这具尸体成为成群结队的游客和崇拜者朝圣的对象，其中包括恺撒和奥古斯都，奥古斯都在为干尸戴金王冠时，一不小心弄掉它的鼻子。有趣的是，亚历山大本人也曾做过类似的朝圣，他去自己的偶像阿喀琉斯的墓前表达自己的敬意，阿喀琉斯也是一个半真实、半神话的个人崇拜的例子。这种崇拜和奉承，说明了传记作家所描述的亚历山大身上存在的种种问题经常被粉饰，比如酗酒、自大、杀死批评他的朋友。

古代的名人夫妇

近年来，随着女性在音乐、电影和体育等领域获得更多的平等和机会，成为超级明星，一种新的名人崇拜越来越普遍，即"现代名人夫妇"。如果一个明星能吸引大众，那么两个明星的结合，其受关注的程度便是其数倍。因而，互联网和八卦小报都一刻不停地窥视名人夫妇的一举一动，比如，歌星杰伊-Z和碧昂丝，或者冠军四分卫汤姆·布雷迪和超模吉赛尔·邦臣。如果名人夫妇做出自我放纵或丢人的行为，激起人们的迷恋、反感和模仿，那就更吸引人了。他们总在新闻中露脸，我们对他们艳羡和妒忌的同时还会对他们评头论足，表达不满。

然而，我们依然可以从古代找到名人夫妇的例子，比如马克·安东尼和克利奥帕特拉。在他们走到一起之前，克利奥帕特拉已经是埃及的女王，她和当时位高权重的罗马人凯撒有一段婚外情，并且生了孩子，臭名昭著。恺撒遇刺后，安东尼和其他人一起在权力真空下争夺权势地位。作为当时尚且独立的埃及王国的女王，克利奥帕特拉是一个有价值的盟友。公元前41年，她前往塔苏斯城与安东尼会面时，场面十分盛大。她乘坐驳船沿着赛德纳斯河北上，金色船身、紫色船帆、银色船桨，她本人装扮成爱神阿佛洛狄忒的样子，身边环绕着装扮成丘比特的男孩和装扮成海仙子的女子，船上演奏着音乐、焚着香。人们沿河而立，观看她的盛大登场。

安东尼早已被誉为在以弗所化身的狄俄尼索斯，他此刻亲自装扮成这位酒神和生育之神的样子，以对应克利奥帕特拉的阿佛洛狄忒。普鲁塔克写道："人们纷纷听闻，维纳斯为了亚细亚的利益，前来与巴克科斯狂欢作乐。"（《安东尼传》）克利奥帕特拉把安东尼迷得神魂颠倒，尽管安东尼当时是有妇之夫，可他还是在公元前41年的冬天追随她来到埃及，他们开始了一段炙热的恋情，过着极为铺张奢华的生活。作为一个名叫"无与伦比之人"的团体的成员，他们经常举行奢侈的宴会。先不论其真实性，普林尼曾讲到，克利奥帕特拉吹嘘她一顿饭可以花掉1000万塞斯特斯，为了证明这一点，她把一颗巨型珍珠放在醋中溶解掉，然后将其喝下肚，由此可见他们的开支规模。他们还会假扮成仆人，晚上到亚历山大城四处狂欢。他们一起去赌博、喝酒、打猎，而且还生了一对双胞胎。他们还做了另一个现在看来仍然很熟悉的名人夫妇之举，给孩子取了极其矫揉造作的名字：一个叫亚历山大·赫利俄斯，以亚历山大大帝和希腊太阳神命名；另一个叫克利奥帕特拉·赛琳娜，以其母亲和希腊月亮女神命名。

接着发生了一件十分像肥皂剧的事情。为了巩固与屋大维的临时政治同盟，安东尼正式迎娶了屋大维的姐姐屋大维娅，和她生了几个孩子，但他最终还是在将大片领土送给克利奥帕特拉作礼物后，修复了与她的关系。这两个女人争夺着他的感情，据普鲁塔克说，克利奥帕特拉为他节食，表现得为他痴迷，而屋大维娅为他的军队提供了装备和衣物。最后，克利奥帕特拉赢了，安东尼娶了她。虽然他有两个妻子，但对克利奥帕特拉非常忠贞。

屋大维和安东尼通过宣传和谣言彼此激战，不过屋大维（很快就变成奥古斯都皇帝）在信息战中的表现更胜一筹。虽然埃及人似乎并不厌烦这对王室夫妇的荒唐行径，但安东尼却因为表现得过于堕落，不像个罗马人，因而失去了罗马人的民心，他们替他的妻子屋大维娅打抱不平。奥古斯都利用罗马民众的排外心理和对君主一贯的敌意，强调安东尼为一个外国女王所征服。他指出，安东尼穿东方服饰，遵守东方习俗，克利奥帕特拉将自己装扮成阿佛洛狄忒和"伊西斯"（一位埃及女神），而安东尼在埃及被看成"奥西里斯"（伊西斯的丈夫），在希腊、亚细亚被看成狄俄尼索斯。尽管在东方，人们普遍将统治者尊为神明，但罗马人向来都不喜欢国王，因而将一个人当作神来敬拜令他们感到不安。尽管在罗马，也有人供奉伊西斯和狄俄尼索斯，但在罗马人看来，他们是外来神，因而不可信。最终，无论是真的战争还是宣传战，奥古斯都都取得了胜利。人们对那些违背社会道德和规则的权贵，似乎总是既迷恋又厌恶，奥古斯都有效利用了这种复杂的情感。作为一对名人夫妇，安东尼和克利奥帕特拉令现代名人夫妇自惭形秽，他们的结合不仅吸引了公众的兴趣和讨论，还产生了重大而深远的地缘政治后果。他们不是古代权势夫妇的唯一例证，其他权势夫妇还包括：拜占庭皇帝查士丁尼和他同样活力四射的妻子西奥多拉，以及古雅典著名政治家伯里克利及其受过良好教育的情妇阿斯帕西亚。

对时尚与地位的追捧

人们对明星及其迷人生活方式的兴趣是无休止的，这种浓厚兴趣甚至扩展为对他们财富地位象征的着迷，最明显的象征就是他们选择穿什么、如何打扮。例如，有一个节目致力于记录富豪名流的衣着和发型，媒体讨论奥斯卡颁奖典礼上电影明星穿着的热情，远大于他们对谁获奖的兴趣。毫无疑问，在几乎所有社会中，人类都会通过服饰来显示自己的地位。这一情况至今如此，比如，一个富有的男性高管穿着昂贵的定制西装、戴着劳力士手表，他用这些高度视觉化的符号向每个见到他的人宣称"我很有钱"。古代社会也有深刻的身份意识，这反映在他们穿的衣服和戴的饰品上，不足为奇。

在罗马世界，通过服装确定身份不仅是一种选择，也是一种法律要求。罗马人以"托加民族"著称，穿这种由白色羊毛或亚麻布制成的独特长袍，是向所有见到的人宣布你是罗马公民。没有公民身份却穿上托加长袍违反法律的人，可能会被判死刑。由于只有男子享有公民的全部法律特权，因而托加长袍就等于男子服饰。穿托加长袍的形状、尺寸和方式随时间而变化，因此你可以根据托加长袍的样式，来确定纪念碑的树立时间。托加长袍的边缘有一条紫色条带，下面穿的短袍上有两条垂直的条带，能传达出各种各样的信息。如果你是骑士（equestrian）身份，说明你有一定的财力，你有权佩戴一条大约2.5厘米宽的紫色细带，如果你戴着的紫色条带更宽，就说明你是罗马元老院成员。因此，当你走在大街上时，只要瞥一眼路人，便能对他们的净资产略知一二。今天，我们可以通过观察服装品牌和面料做类似的事，不过罗马的托加条带更明显。紫色染料是古代最昂贵的染料，因此是财富和地位的象征。它是由一个东地中海国家大规模生产和出口的，古希腊人称之为腓尼基（Phoenicia），意为"紫色国家"，因为这个国家垄断了这种源自一种海螺的染料。腓尼基紫又称为"提尔紫"，以其主要港口提尔（Tyre）命名，生产这种染料需要使用大量蜗牛和劳动力。这就是紫色素来与皇室联系在一起的原因。在古罗马，只有皇帝或庆祝胜利的将军才能穿完全是紫色的托加长袍。

骑士们还有权佩戴一枚金戒指，用来象征并宣扬他们的身份。根据老普林尼的说法，罗马男子戴戒指的时尚可以追溯到公元前305年的希腊。起初，罗马戒指是铁做的，但久而久之开始使用黄金。据说，有人利用这些风俗，非法穿带紫色条带的短袍，或是为了抬高自己的地位，或是为了利用骑士才能享用的特权。诗人马夏尔多次提到，有人为了在娱乐场所穿一身骑士装，坐在指定给他们的好位子。在罗马和迦太基展开布匿战争时，发生了一起著名的骑士戒指事件。在迦太基战役中，杰出的迦太基将军汉尼拔消灭了整个罗马军队，他让手下将戒指从所有被杀的罗马骑士的尸体上取走，用袋子装上，并把装有几百枚金戒指的袋子送回迦太基，以昭示他取得的大胜。

尽管托加长袍和骑士戒指是法律规定的服饰，但还有许多不太正式的标志，能帮助你推断周围人的地位。在古希腊和古罗马，女性皮肤白皙光滑被视为美，因为这代表她们不参加户外劳动，说明你的财富和地位。在瓶画中，妇女一般皮肤白皙。今天，许多人希望晒黑，因为这会让人联想到热带沙滩和户外运动，而古代的休闲意味着待在室内。奥维德和贺拉斯等诗人，将美丽女人的皮肤比作象牙、大理石和白雪，马夏尔和尤维纳利写有情诗，献给一个名为"Chione"（雪白）的情妇。不幸的是，当时的女性为追求白皙使用含铅的化妆品，这种化妆品有中毒风险，所以在古代可能真的会出现"为漂亮而死"。相比铅，用白垩粉更安全一些。

为了提升吸引力、展示自己的财富或地位，女性将一根细棍蘸水或油，然后沾上眼影灰（一种由烟灰和油烟制成的黑色粉末），用来画眼线让眼睛看起来更大，还用来将眉毛涂得更浓。胭脂（红垩或红赭石）让脸颊透红。皮肤光滑，没有皱纹、斑点、瑕疵和疾病的迹象，代表你年轻、健康。因此，令皮肤亮白柔软的面霜配方非常流行；泡驴奶浴也是一种护肤秘方，据说尼禄的妻子为此一直养着500头驴；奥维德还提供了一个减少妊娠纹的秘方，一种保湿霜是用未洗的羊毛拧出的羊油制成的。女性用的面膜，含有大麦、乳香和碾碎的豆子等成分。

香水，尤其是昂贵的进口香水，既能让人芳香宜人，又能炫耀财富。橄榄油是香水最常见的基底，其中添加了芳香物质，如精油、花瓣和香料。此外，还有干的香粉，名为"喷撒粉"（《自然史》），其常用成分包括玫瑰、肉桂、马郁兰、乳香、没药、百合、香脂和麝香等动物身上提取的精华。有钱人可以坐在奴隶抬的轿子里，窗帘上洒上香水，足以隔开城市街道的肮脏、污秽和喧闹，而穷人则在污泥和粪便中步行。

再仔细观察，对光滑皮肤的追求还延伸到了女性的除毛。奥维德曾严厉谴责腿毛粗硬；普林尼记录了许多脱毛法，比如将烤熟的水蛭加上醋；诗人们赞美光滑无毛的女性；在罗马浴场，有一种名为"alipilus"的服务员专门负责给客人除毛。对罗马男人来说，情况就大不一样了，指控一个男人脱毛，代表说他有女子气，比如，据说奥古斯都用烧红的坚果壳去除腿毛。

基本而言，那时人们会将服装的颜色与性别联系在一起。在20世纪的美国，婴儿穿蓝色表示是男孩、粉色是女孩，但对希腊人和罗马人来说，黄色才是女装常见颜色，另外罗马人也认为紫色是女装的颜色。罗马人觉得男人应该穿白、灰、黑色等素色或深色衣服，显得严肃、稳重，而女装则更加轻浮、更具装饰性。人们认为，女性理应在穿着打扮上投入大量的精力。上流社会的女性家里有奴隶，有时是一群奴隶帮她们梳洗打扮，做个精致的发型，可能会花费好几个小时。在一些典型的古代墓碑上，都会描绘一个女人对镜梳妆，有时身边还有仆人侍候。

布料的透明性和精致的图案也是高消费的重点。多种颜色和编织图案装饰的织物，代表需要更多劳动力，还有从植物、昆虫和贝类中提取的染料这些额外成本。埃及因为当地出产的极其精美的亚麻制品而闻名，这种商品需求量很大，在埃及坟墓和寺庙的绘画作品中，人的身体轮廓透过服装清晰可见，这说明面料是半透明的。丝绸质地光滑，纤薄轻盈，因而备受追捧，价格昂贵。其中要数从中国进口的丝绸最稀罕（因为距离遥远），直到罗马帝国时期才有大量丝绸运到西方。在此之前，一种地中海版的丝绸就是最奢华的面料，是由科斯岛上的蚕茧纺成的。

穿行动不便的衣服，比如托加长袍和罗马妇人穿的stola，意思是向别人宣布你不用做体力活。古代最基本的服装是短袍，类似于长T恤衫，这种衣服能让工作的男女活动更加方便。短袍也是儿童、奴隶和上层人士在室内休息时穿的衣服。因此，就其本身而言，短袍是一种地位低下者的装束。

头发与地位

然而，在古代，不仅肤色和衣着能够说明你的身份，头发也可以。希腊和罗马上流女性会花大量时间、精力来打理她们的头发。她们的头发留得很长，梳法各有不同：编成辫子，绾成发髻或用发网裹起，用发夹或发箍固定，披着鬈发或用发巾包着。女性还会染发，由于罗马人一般是黑发，所以染成金色比较流行，不过也有红色染发剂的配方（比如山毛榉灰和山羊绒）和黑发染发剂的配方（将水蛭泡在红酒里四十天），还有将白头发染黑的配方（《自然史》）。散沫花染料能让发色变浅，撒上金粉能让头发变亮。据传，疯癫的皇帝康茂德会在头发上撒上金粉，让天生的金发更具光泽（《罗马君王传·康茂德传》）。

打理头发有时也会很危险。女性使用在火中加热的金属卷发棒，可能会导致烫伤和头发受损，而且反复使用腐蚀性洗液和染料会引起脱发。在奥维德的《恋情集》中，一个男人的情人头发出了问题，他归咎于卷发器和她擦在头上的"毒药"，他建议她买顶假发："现在德国会为你送来女战俘的头发，我们战胜的这个民族的头发可以拯救你。"事实上，用真发做成的假发很受欢迎，最好的金发来自德国，最好的黑发来自印度。奥维德和马夏尔都在诗中提到过"captivos crines"（俘获的头发），这表明头发是罗马征服者获取的一种战利品。朱莉娅·多姆纳皇后经常戴厚重的大卷假发，成为她的辨识特征，从她的肖像上往往能看出自己细碎的真发从假发边缘露出来。

在1世纪末、2世纪初，女性的发型变得非常华丽、浮夸。有种著名的特色发型是将一根粗发辫在后脑勺盘绕成发髻，从额头往上是一堵由浓密鬈发搭建的高墙——尤维纳利嘲弄地将其比作一栋多层建筑："一层又一层的鬈发堆叠在她头上！"我们不知道这种造型是如何做到的，不过有可能这些鬈发是固定在某种骨架或背衬上的。女性也使用胶、蜡和硬化物品固定发型。精心装扮的头发，可能需要几个奴隶花费好几个小时——又是一种炫富的方式。发型会时而流行，时而过时；在有些时期，简单朴素的发型更受欢迎。我们有时甚至能通过发型认出特定的人，推断她们生活的时期。而在古希腊与古罗马，奴隶无论男女头发都被剪短，标志奴仆地位。在艺术作品中，罗马人经常将其征服的"野蛮人"描绘成拥有杂乱的、"未驯服"的头发。当异邦人或被征服的民族开始采用罗马风格的发型，罗马人会认为这是"文明"的胜利。

胡须的战争

在古希腊，男子的发型随着时代和所在城邦的不同而变化。长发不是普遍意义上的女性特征。荷马笔下的英雄一般都留着长发，这种风尚一直延续到古典时代。在雅典，男孩子会留长发，但一到青春期（epheboi，十七八岁），就将头发剪断，并伴随着宗教仪式将剪掉的头发拿去神庙献给神明，然后开始剃须。一旦成年，他们就能留胡子、留长发。思想更为传统的斯巴达人在儿时将头发剪断，到了青春期再留长，在战斗前仔细梳理、涂抹橄榄油，令头发光滑亮丽。

在更早的时代，罗马男子普遍蓄须，直到公元前300年，据说第一批理发师从西西里来到罗马。那时和现在一样，一个名人就能引发一种潮流。据说，小希皮奥·非拉诺斯将军最早开始每天刮胡子，在共和国时期和帝国时期的前一百年，罗马上流社会的成年男子必须剃须，现存的半身像则表明他们留的是中长发或短发。胡须被认为不像罗马人，罗马人认为满脸胡须是希腊人的特征。后来，随着帝国领土扩张，高卢男子因浓密的胡子和中分长发而闻名，而这是罗马女人的发型，罗马男人几乎从不留中分。在罗马，专业理发店十分常见，男人们可以在那里一边交谈，一边让人打理须发。因为一般男人家里没有专业理发工具。留胡子，一般代表你在服丧期间。头一次刮胡子，是一种成年仪式，刮下来的胡须要敬献给一位神明。

罗马帝国的首任皇帝奥古斯都的下巴光滑，短发略微卷曲，刘海有间隙（令人想起青春永驻的亚历山大大帝的半身像），他的这种形象被后来一连串的皇帝模仿。尽管疯帝尼禄留着杂乱的络腮胡，打破了这一习俗，但他的胡须很可能被看作他丧失心智的明显标志。不过，哈德良皇帝戏剧性地偏离这种短发、光脸的传统，上下唇都留着胡须，而且留着满头茂盛的小卷时，这表示他非常热爱希腊文化，甚至因此赢得了"Graeculus"（希腊人）的绰号。在哈德良之后，罗马皇帝可以留胡子和稍长点儿的鬈发，不会受到非议。

2世纪末，皇帝马可·奥勒留蓄起了满脸长须和长长的鬈发，这是一种刻意的宣言，而非怪癖。他十分热衷于斯多葛派哲学，人称"哲学家皇帝"。在希腊东部，人们脑海中的哲学家往往都是长发、络腮胡。这种刻板印象源于一种观念，即哲学家太过专注于思想，完全忘了外表这种世俗问题，因此，哲学家的不修边幅说明他们严肃对待知识。首位基督教皇帝君士坦丁重新改为短发，还剃光了下巴的胡须，后几任皇帝也效仿了他。君士坦丁死后大约三十年，"叛教者"尤利安登基，他的胡须是他回归异教、重新拥抱希腊文化的宣言。事实上，他的胡须对于自己的身份至关重要，以至他专门写了一篇讽刺文章《讨厌胡子的人》。尽管像是自嘲，他笑称自己的胡子像山羊一样长满虱子，杂乱不堪，就像个野人，但这篇文章反映了这个留着胡子、生活清苦、才智过人的异教徒皇帝在一个下巴光滑的基督教时代感受到的那种疏离，还有他对偶像化君士坦丁的拒绝。

衣着展示个性与美德

衣着和外表有时会招致道德评判。当希腊人和罗马人想诋毁、诽谤一个人时，他们经常指责对方身着黄色或紫色的衣服，过度陶醉于自己的外表。瓦罗曾记录了这样的侮辱，"他脚上趿拉着拖鞋，身裹一件脏红色的长袍"（《拉丁语》）。这种指控虽有点"娘娘腔"，而那时的人认为，在外表和行为举止上应当男女有别。例如，阿基比阿德因为"衣着女子气"而被谴责，他"拖着长长的紫色长袍，穿过市场"（普鲁塔克，《阿基比阿德传》）。他因为虚荣、关注时尚而招致怀疑。罗马作家塞内卡也批评了男子"女子气"的风格，认为是博取关注、丢人现眼。"在那些拔胡须的，那些只刮胡子却任由其他毛发疯长的人，那些穿着怪异斗篷和半透明托加袍，行事反常的人身上，你会发现一种倾向：他们千方百计地吸引别人的注意力。"(《书信集》)罗马男人不该如此哗众取宠。即便他们这样做了，也应该含蓄一点，不该如此招摇、不知收敛。

古希腊人与古罗马人认为，女人对丈夫的忠贞与衣着低调息息相关，这导致他们不信任衣着过于暴露或者外表太具有"欺骗性"的女性。谴责女性服饰过度华丽、使用化妆品的写作传统在古代由来已久。这些文字暗示了：如果女性出门前精心打扮，一定是想吸引男人。男作家也无法判断在厚粉、假发和靓丽衣着背后的女人们的实际想法。一篇文章建议"女性应该穿自然朴素的白色衣服。她的衣服不该是透明或华丽的。不应穿丝质的衣服，而应该穿白色素净的衣服。这样，她就不会过度打扮、奢侈或化妆……她不应在脸上涂抹外来的或人工的颜料"(莱弗克维兹、方特，《希腊和罗马的妇女生活》)。

正如我们看到的，女性时尚的表现与以上这种理想截然不同。此外，我们也从这些禁令中推断，当时的女性确实化妆，穿着复杂华丽或透明丝质的衣服，否则这些警告并没有必要。这种端庄女性的形象，比起打理外表更强调的是女性作为贤妻良母的角色，无论它与现实差别有多大，依然吸引着传统罗马人。塞涅卡抵制"大多数女性惯有的不贞"，他赞美自己的母亲，说从她的服饰能看出端庄的态度，"珠宝没有打动你，珍珠也没有……你从来没有像其他徒有其表的女人那样，试图掩饰自己怀有身孕……你从来没有用颜料和化妆品玷污你的面孔，你从来不想穿那种和裸体没多大区别的衣服……这就是端庄"(《致赫尔维亚的告慰书》)。

除了宣扬阶层、社会地位、财富和道德，服饰还可以代表国别和民族。希腊人和罗马人之所以都很讨厌裤子，是因为他们打过仗，认为异族是穿裤子的。自相矛盾的是，长袖和长裤都被看作"娘娘腔"、野蛮，或两者兼具。穿短袍斗篷的希腊人，与穿着长裤、长袖、华丽布料的波斯人打仗。最初，穿着托加袍的罗马人对裤子深恶痛绝，因为裤子是敌人穿的，也就是那些与希腊人交锋的北方"蛮族"和近东民族。在欧洲北部，穿长袖长裤是有实际作用的，比如抵御严寒和恶劣气候，最终，在那里服役的希腊士兵迫不得已也开始穿长袖、长裤。尽管裤子最终传播到了整个罗马，但那是在几百年后，而且一直被视为文化衰退的标志。格雷先皇帝（367—383 年在位）因为亲近蛮族，模仿他们的穿着，而被士兵们疏远。397 年，霍诺里乌斯皇帝通过法律，禁止罗马城出现"蛮族"服饰，汇编而成的罗马法典 Codex Theodosianus 中包括"反蛮族"法规，禁止穿着裤子、靴子、皮衣，禁留长发。穿着毛皮或兽皮，被认为是野蛮的标志，因为比纺织的衣服更接近自然，而纺织物是文明的标志。直到 6 世纪，蛮族风格的长袖、长裤才最终战胜古典长袍。

今天，体育迷们用服装支持他们喜欢的队伍，其中有些人的行为蛮横无理，其实这也并非新鲜事。6 世纪，在君士坦丁堡，就有分别支持两个战车队的粉丝阵营，蓝队和绿队之间的竞争不断升级，最后演变成犯罪和暴乱，这也启发了粉丝们使用夸张的发型：

> 支持者们将他们的头发剪成了一种很新颖的发型，与其他罗马人完全不同。他们一点儿都没碰上唇和下巴的胡子，而且想让胡须赶快长，长得越长越好，像波斯人那样。但是他们前面的头发一直剪到太阳穴，而后面的头发任其生长、杂乱无序地垂下来，像马萨盖塔人（中亚游牧民族）一样。因此他们有时称之为"匈奴风"。他们的斗篷、裤子，还有大部分时候穿的鞋，都被称为"匈奴风"。
>
> （普罗柯比，《神秘历史》）

这些战车迷，晚上成群结伙地在街上闲荡，把剑藏在斗篷下，抢劫富人。他们的暴力行为导致人们的服饰风格发生更多变化，为了防止抢劫，不再穿金戴银："从那时起，大多数人都戴上皮带和青铜胸针，刻意穿不符合自己身份的斗篷，生怕自己因为爱美丢掉性命。"

甚至连帽子都可能带有文化意味。《圣经》记载，当希腊文明传入犹地亚①时，人们担心希腊文化会侵蚀犹太人的传统和信仰。有的犹太祭司长将自己的名字约书亚（Joshua）改成了希腊化的"伊阿宋"（Jason），还修建了一座体育馆，"让最高贵的祭司们戴上一种希腊宽边帽"（petasos）。戴希腊风格的帽子有着非常重要的象征意义，"希腊化进程非常快，祭司们不再对祭坛的仪式表现出任何兴趣；一听到铁饼比赛开始的信号，他们会赶紧去训练场参加违背教法的比赛……完全不把圣所放在眼里。他们蔑视祖先所敬重的一切，极其看重希腊式的荣誉"（《玛加比贰书》）。戴希腊帽子仅仅是采用希腊习俗和观念的第一步，还有对体育运动的兴趣，这属于威胁犹太人的虔诚信仰。

古希腊人通过另一种帽子表达了他们对异国文化的担忧与迷恋：一种毛毡软帽，有向前弯曲的尖顶，被称为"弗利吉亚帽"，名字源于土耳其的一个部落和区域。这种帽子后用来代表东方民族，如特洛伊人等非希腊民族。艺术作品中，神话中的亚马逊族女战士经常戴着弗利吉亚帽，穿着长裤。罗马人后来把他们战斗过的"蛮族"，比如达西亚和帕提亚人也刻画为头戴弗利吉亚帽，以显示他们的奇异性。穿着长裤和"外国"服装，常常会招致非难。当亚历山大大帝开始穿一种马其顿和波斯混搭风格的服装时，引起了许多士兵的愤怒和不安：这种衣着改变，是否意味着身份的改变？他不再是马其顿人了？他是不是把自己看成东方的神王，而不是我们憧憬但还是人类的领袖和将军了？今天，我们所谓的"时尚宣言"，在那时蕴含十分沉重的身份内涵甚至道德意味。

---

① 今天的巴勒斯坦南部地区。

在维吉尔的《埃涅阿斯纪》中，一个罗马人嘲笑了特洛伊人的穿着："你身着大红大紫，上面还绣花……上衣还是长袖的……你根本就是特洛伊女人，不是男人！"不同的服装式样，也能帮助区分希腊人和罗马人。罗马长袍的边缘是半圆形的，而希腊长袍是方形的。当本都国王米特里达特六世占领小亚细亚，公开羞辱罗马俘虏以宣示敌意时，当地的罗马公民因为害怕"改穿方长袍"——用希腊服装代替他们的罗马服装，这样一来，米特里达特六世的刺客就无法从人群中认出他们了（阿特纳乌斯，《宴饮丛谈》）。

在古罗马，炫耀财富和地位蔚然成风。但与此同时，人们对炫耀财富也有一种矛盾情绪。花销、衣着和道德之间的联系，使罗马政府对人们的消费和衣着主动干涉，限制奢侈消费。一种叫"检察官"的官员负责斥责过于铺张奢侈的人。在共和国和帝国早期，《奢侈法》被通过了不下十次，这种法律限制了罗马人生活的方方面面，包括娱乐消费、邀请客人人数、在宴会上提供食物的种类和肉的数量，甚至葬礼仪式。恺撒曾派官员在商场上没收违禁食品，派士兵去宴会，没收法律禁止的东西；提比略曾试图阻止人们穿丝绸衣服，但收效甚微。奥古斯都住在简陋的房子里，穿着女眷纺织的布料，表现出一副底层市民的模样，也是为了让罗马人效仿这种生活方式。

同一个世界，同一种古典文化

我们在本节要讨论的第三个话题，是又一个目前引起激烈讨论的问题。世界各国都在努力解决如下问题——如何让移民融入；在多大程度上让少数民族保持其独特的文化传统，而不是融入"主流"文化；多元文化社会的利弊。我们每天都会听到关于文化入侵和文化转移的辩论。如今，世界上每个国家几乎都能找到星巴克、麦当劳，这是好是坏？虽然有时这些辩论被认为是在当今全球化时代才有的，但其中一些问题在古代就已经显现了。

当亚历山大征服了从埃及到马其顿，跨越近东直到印度的广阔领土时，当罗马人建立自己的帝国时，他们都曾面临类似的忧虑。

让我们先从古代的几个例子开始。在阿富汗的群山中，有一座希腊城市的废墟。尽管这个如今被称为阿伊哈努姆（Ai-Khanoum）的遗址，距离希腊本土4000多千米，但曾经屹立于此的古城，却有一座巨大的希腊体育馆和一座能容纳4000～6000名观众的古典剧院，以及许多科林斯柱的遗迹。这座城市是怎么出现在那儿的？或者想一想，为什么在埃及发现的罗塞塔石碑上会有古希腊文字和象形文字？为什么在一些硬币上，亚历山大长着羊角？当你参观博物馆里的古印度佛像时，也许会发现一些佛像穿着类似古希腊的长袍。为什么？要回答这些问题，我们要考虑亚历山大大帝的军旅生涯，他的征服所缔造的世界，他的壮举所引起的文化交融。

亚历山大没有指定继任者，所以他的帝国在他死的一刻就开始分裂，他麾下的将军们分别攫取剩下的领土。虽然亚历山大的帝国没有作为一个政治实体延续下去，但其真正而持久的意义在于将希腊文化传播到希腊之外，遍及他所征服的角角落落。他所占领的领土形形色色，民族多样，有许多不同的语言和宗教，而希腊语却在他曾征战的地方传播开来。正如今天的英语已经成为一种用于贸易、商业和知识交流的世界性语言，希腊语在亚历山大死后的几个世纪里也扮演着类似角色，成为一种通用语言。这恰恰解释了为何在罗塞塔石碑上会有希腊语。希腊的影响十分普遍、深入，因此我们用这个名字定义这一整个历史时期——希腊化时代，即从公元前323年亚历山大去世到公元前31年罗马征服最后一个希腊王国的阶段。

当亚历山大的大军向东推进时，他建立了仿希腊模式的城市，即城市规划呈网格状，井然有序，有一座中心市场、一座体育馆、一座剧院，还有希腊式的政府建筑。普鲁塔克声称，亚历山大建立了70座城市，虽然学者们对这个数字表示，但他们至少已确定了其中20多座，都被命名为"亚历山大城市"。亚历山大死后，在其生前帝国的土地上，建造希腊风格城市的趋势延续了数百年，因此才会有阿伊哈努姆遗址，希腊才会对古印度艺术产生影响。他手下的退伍军人和四处漂泊的希腊雇佣军来此定居，然后希腊人和马其顿人也移居于此，在殖民地寻求新的生活和机会，就像19世纪到20世纪初从欧洲来到美洲的各种大规模移民浪潮。

许多士兵娶了当地女性，因此特别是在早期，希腊文化与当地文化在某种程度上相互影响和融合。然而，在这些殖民地还有一整套熟悉的希腊体制与设施，这样他们就不会思乡心切。去体育馆、看戏剧表演、说希腊语，大大增强了他们对希腊身份的认同感——就像到美国定居的欧洲移民常常形成一个自给自足的社区，在那里他们仍然可以说母语，遵循自己的传统。例如，在拥有大量德国移民的威斯康星州密尔沃基市，德语学校、报纸和杂志保持了几十年，直到20世纪，其实德语文化之所以消退，是因为两次世界大战期间的反德情绪。

在古代，"希腊人"身份的概念是一种新现象，因为人们主要认同的通常是他们居住的城邦。因为亚历山大建立的殖民地的定居者来自马其顿和希腊各地，他们不得不放弃对自己原本城邦的忠诚，建立一个更广泛的共同希腊身份。这些殖民者还建立了一个类似社交俱乐部的官方协会（有些将某个神明作为保护人），成员在俱乐部集合，一起用餐，甚至会料理彼此的丧事，照看彼此的坟墓。这些俱乐部让他们在异国他乡有了一种归属感，类似于美国的兄弟会和民族协会，比如意大利裔或其他裔美国人的俱乐部。不过，与此同时，一些俱乐部对无论是希腊人还是当地人、男性还是女性、奴隶还是自由人都一概接受，这样不同群体就可以自由融合。许多当地人学会讲希腊语，并遵守希腊习俗。正如现在经常发生的，本族精英们开始"表现得像希腊人"，以提升自己的地位，让自己比那些坚守原本传统和习俗的人看起来更"有文化"、更国际范儿。因而，希腊语和希腊文化起到了黏合剂的作用，将一个文化多元的帝国凝聚在一起。而且，统治世界的观念因为亚历山大惊人的军事成就才开始出现。他的帝国尽管昙花一现，却第一次使东西方长久接触，促进了某种程度的文化交流，使世界统一成为可能。这个例子也许启发了罗马帝国，帝国、文化和思想得以扩张传播到世界各地。

从古至今，亚历山大大帝都是有关同化、融合、征服者与被征服者关系等问题的激烈辩论的焦点。亚历山大建设帝国的故事之所以特别有趣、复杂，是因为和大多数古代军阀不同，他似乎不仅偏爱自己的文化，还表现出将希腊和马其顿文化与他所征服的地区融合为一种世界文化的兴趣。有学者认为，他的某些行为有可能促进一种将征服者和被征服者团结起来的超文化；也有学者认为，他的行为更多是一种务实的做法，旨在确定他作为大帝的合法性，安抚当地人，以维持控制权。虽然我们不知道他的真实动机，也不清楚他最终的计划是什么，但不同的文化习俗会集在一起，在某种程度上融合，是他所做选择的结果。

亚历山大将波斯武装部队编入马其顿军队，并任命波斯人在其政府和军队中担任重要职务。他还招收了3万名波斯年轻人，让他们接受教育，学希腊语，训练他们像马其顿人那样作战，使用传统的马其顿萨里萨长矛，穿着马其顿服装。他鼓励马其顿士兵和当地女子结婚，这具有重大的象征意义。在苏萨举行的一场集体婚礼上，他的87名马其顿精锐骑兵与波斯女子举行了波斯式婚礼；而他本人也娶了两个波斯女子，是先前波斯国王的女儿。亚历山大可能打算用他们融合两种文化的子孙组成一个新的混血统治阶层，既不是波斯人也不是马其顿人，只忠于亚历山大。与此同时，约有1万名已经与当地女性发生关系的普通士兵被迫举行婚礼，并收到亚历山大亲自派发的结婚礼物。

这种强制的文化融合，是说明亚历山大具有开明的多元文化视野，还是文化帝国主义的一个早期例证？学界对他的意图和智慧从古代一直争论到现在。古代传记作家普鲁塔克在一篇文章中将亚历山大的文化融合比作一个充满爱的杯子，具体是在一种传统习俗中，在宴会和婚礼上传来传去，让所有的客人轮流喝的双耳大杯：

> 亚历山大没有听从亚里士多德的建议，像领袖那样对待希腊人，像主人那样对待其他民族。……然而，因为他相信自己是上天派下来的世界统治者，是管理全世界的人，对于那些他无法说服与他联合起来的民族，他用武力将其征服，他将所有人都聚集在一个物体中，一个充满爱的杯子中，将他们原本的生活、性格、婚姻、生活习惯，结合起来，混在一起……他们认为所有人共同的衣着和饮食、婚姻和生活方式，都由学院和子女的纽带融为一体。
>
> （普鲁塔克，《道德论集·论亚历山大的命运与美德》）

亚历山大对当地文化持开放的态度，并非所有人对此感到满意。他的马其顿士兵尤其对他的新政策感到不安。在他们看来，很简单，因为他们征服了波斯人，所以他们应该对他们享有支配地位，而不该像平等人一样·分享东西。而亚历山大想成为这两种文化的继承人，他自称是大流士的合法继承人（娶了两个波斯公主），接受了波斯国王的头衔，并穿着一种将波斯国王的皇室元素和马其顿服饰混合在一起的服装。他最初创建了一个与他的马其顿和希腊风格宫廷相似的波斯风格的宫廷，但当他试图将两种宫廷融合在一起时，却遭到了抵制。原因在于波斯的"proskynesis"习俗——在国王面前行鞠躬礼或匍匐礼，表示恭顺。对罗马人来说，这是符合传统的恰当的宫廷礼仪；而对马其顿人和希腊人来说，只有在敬拜神明时才会有这样的行为。一个凡人却要求别人行此大礼，让他们感到极不舒服。虽然马其顿国王十分了不起，但也不过是肉体凡胎，远非神明。亚历山大的士兵认为，他对刚刚被打败的低等团体态度过分恭敬，对此感到不满。他们反对波斯人进入亚历山大的军队。亚历山大死后，所有娶过波斯女性（除了一个）的部下都与她们离婚，这进一步暴露了马其顿人对其政策的不满。

至于被亚历山大征服地区的当地精英，一些人将采用希腊文化，当作表明比坚持传统方式的邻居老练优越的机会。不过，也有一些人反对吸收希腊文化，认为会腐化他们一贯的生活方式，比如前面提到的，《圣经》中的犹太祭司长约书亚（伊阿宋）通过建造一座体育馆、让犹太人戴希腊帽子，来侵蚀他们对犹太教的虔诚。接纳新统治者及其文化，可以解释为务实的自利行为或对自己的人民不忠，要么是因为人类普遍喜欢新奇事物，要么是拒绝道德优越的旧习俗的堕落行为。外国文化仅仅是强加在被征服的民族上，还是一种文化融合，通过文化的传播改变他们的过程？

当罗马人开始扩张，吞并越来越多的领土时，亚历山大和他的政府缔造的希腊化世界提供了一个可以参照的模板。拉丁文学宣布罗马为"新的世界帝国"。在维吉尔的《埃涅阿斯纪》中，埃涅阿斯的父亲安切斯的鬼魂预言，未来"伟大的罗马将崛起，然后……称霸世界"；在李维的史书中，罗慕路斯的鬼魂预言罗马将成为"世界之都"（caput）。历史学家波利比亚斯甚至指出，与亚历山大相比，罗马征服的世界范围更广。虽然古代科学家已经在寻找地球是球形的证据已经很久了，但罗马人已经普遍认为球体象征着世界以及对其的统治。一些共和国晚期的硬币，描绘了一个代表罗马的人或坐或踩在球体上。一座常胜将军庞培的雕像，手里也拿着一个球体。奥古斯都皇帝铸造了许多硬币，刻着他站在一个球体旁、拿着它，或站在其上。

军事征服导致以往学者称为"罗马化"的过程，通过这一过程，拉丁语和罗马文化元素传播到整个帝国的各个民族。对于这一过程的性质有很多争论，比如，他们对当地人产生了什么影响；他们对罗马同化的接受或抵抗程度，这是否因阶级而异；这些影响究竟有多广泛、深入、持久。和今天有关全球化的讨论一样，问题错综复杂，不过我们可以尝试做些概括。士兵和商人通常是第一批去往更远地方的人，他们扩展了罗马的贸易路线和边境。在罗马帝国建立的头一个世纪，数以万计的老兵在退伍后都会得到散布在罗马帝国各省的军事殖民地的土地。贸易促进了文化交流，物质商品的流动为思想、习俗、定居者开辟了道路。罗马风格的陶器和建筑，还有拉丁铭文，在罗马帝国的各个地方都有发现。

尽管罗马在征服整个地中海盆地、实行政治统一方面非常成功，但在罗马帝国中，文化具有极大的多样性。这种多样性为罗马人所接受，之所以他们的帝国会如此成功，其中一个原因是，他们没有试图推行文化、种族、语言和宗教的一致性，并允许这些当地不同之处蓬勃发展。

虽然罗马人一般允许帝国内的多数居民保留他们的本地传统，可他们却经常刻意拉拢当地精英，并使他们罗马化。罗马人倾向于青睐当地的社会或经济精英，试图利用他们控制其下属的行为。部落首领、城镇议员、各省的贵族都被罗马人培养，被迫做他们的代理人。在罗马人占领一个地区之后，之前当权的人继续留任，在服从于罗马更高权威的同时，继续行使地方权力。从某些方面来看，这是一个非常高效的体制。当地首领是最了解当地问题，知道如何将其解决的人，而且拥有解决这些问题的关系资源。

当地首领的儿子们经常被强制"邀请"到罗马，在那里和贵族孩子一起长大，接触罗马的文化和价值观，因而受到同化，这样当他们回到家乡成为下一代领导时，便会同情罗马，代表罗马的利益，执行罗马的政策。这些人时常被授予罗马公民身份，经常过了一两代，就开始使用罗马名字，完全采用罗马习俗。他们甚至有望进入元老院，成为罗马行政长官。这种同化各省的过程，是"罗马化"的一个关键组成部分。

罗马人宣传他们在为被征服的人带来文明的诸多益处，以此为他们帝国主义的残暴行为（有可能极其残暴）辩护，这一论调千百年后欧洲殖民列强也会使用。他们声称，并入帝国赋予其臣民和平、法律、公共工程、秩序、技术、文化，甚至娱乐。在巨蟒小组①的戏剧《万世魔星》中，有一个著名的场景，"罗马人为我们做了什么"，约翰·克里斯饰演一个罗马征服区的当地居民，他不得不承认，罗马人为他的地区带来了水管、卫生设施、道路、灌溉、公共浴室、医药、教育、公共秩序、葡萄酒与和平。这是一些当地人尤其是精英阶层愿意接受的论点。

罗马人清楚地意识到，罗马的权力、成功与文明，对当地那些野心勃勃的精英人士有着极大的诱惑力，他们巧妙地利用了这种欲望。罗马作家塔西佗在描述征服不列颠的作品中，直白地指出了罗马试图收买、同化地方领导人的手段。他写道，罗马人为不列颠人提供"拱廊、浴场和豪华宴会的诱惑""教育其首领的儿子，这样他们不但不会厌恶拉丁语，还渴望能流利使用。我们的民族服饰受到青睐，托加长袍随处可见"。塔西佗愤世嫉俗地指出，这些人心甘情愿地用自由换取这些便利设施，他总结道："不列颠人以为这些新奇东西是文明，但其实是奴役他们的手段。"（《阿

① 英国六人喜剧团体，他们的"无厘头"搞笑风格在二十世纪七八十年代的英国影响巨大。

古力可拉》）当本地居民接受并效仿罗马习俗时，可能会导致当地传统被侵蚀。当被征服的民族将拉丁语作为主要语言时，他们的母语就会停止使用。因此，罗马化是我们今天称之为"文化帝国主义"的一个古老例证，所有关于文化帝国主义利弊的当代辩论都适用于罗马世界。罗马化和亚历山大对希腊文化的传播，引发了许多同当前对全球化和以牺牲本土传统为代价的西方文化传播等问题一样的辩论。

值得注意的是，并非罗马帝国中的所有当地精英都渴望接受征服者的文化，一些外省人敏锐地意识到，所谓"文明"的产物，被用来引诱他们远离本地传统。在同一部作品中，他让一位本土首领卡尔加加斯发表了一篇鼓舞人心的反罗马演说，他宣称：

> 世界的强盗啊，他们将土地掠夺一空后，开始将贼手往深处伸去。如果敌人富足，他们就巧取豪夺；如果敌人贫穷，他们就将其占领；他们掠夺了东方，又抢劫了西方，其贪欲还是没能满足。人群之中，只有他们对贫穷和富足同样垂涎。他们假借帝国之名，抢杀掳掠；他们造就一片凄惨荒凉，却美其名曰"和平"。（《阿古力可拉》）

在各省中，另一种重要的罗马化机制是军队。罗马军队中大约有一半是辅助军，由从帝国中最好战或最近被征服的民族中招募的非公民组成。在辅助军中，这些外省人接受罗马作战方式的训练，在三十年的服役期结束后，他们就能获得罗马公民资格。外省人在加入辅助军时，有着自己的语言、风俗和文化，离开时却满口拉丁语，而且遵守罗马的信仰、习俗。退伍的辅助军士兵一般各自回到家乡，成为当地的治安官，代表着罗马权威和文化。因此，成千上万的罗马人潜在敌人的军队，被用来为罗马服务。军队也是社会流动的一种手段，因为地位的提升基于功绩和能力。

这种同化外省人的手段是罗马帝国长盛不衰的一大法宝。它不仅利用那些本可能反抗罗马的人为之而战，还提供了一种新人才的不断来源。对罗马元老院组成的研究表明，在罗马帝国时期，管理罗马的人很快从各省被抽调出来。1世纪后，意大利人在参议院中的实际占比迅速下降。这些统计表明，罗马成功地吸收了最优秀、最聪明的被征服者，并使他们为罗马服务。我们也可以从皇帝的出身中看出这一趋势。在罗马帝国建立的前一百年中，皇帝都来自古老的意大利贵族家庭。到2世纪初，罗马的鼎盛时期、五贤帝的时代，皇帝开始出自地方精英。例如，模范皇帝图拉真是西班牙人，塞维鲁来自非洲，而后来的皇帝菲利普一世来自阿拉伯。

移民问题一直是备受新闻媒体关注的话题，包括一个国家应该接纳多少移民，这些新移民应该怎样融合，如何在接受新国家的文化和保留原有传统和语言之间找到平衡。罗马帝国之所以繁荣，至少在一定程度上是因为它能不断吸收新的人才。虽然罗马化的进程很可能对帝国有利，让其更加强大，但对被征服的人们产生了什么影响，这点更值得商榷。在这个古代版的全球化中，将罗马文化传播到各省，带来了统一和稳定，这是一件好事，还是一件坏事？它毕竟破坏和取代了当地风俗与文化。

历史是块神奇的土地

在通俗和学术著作中，我们一次次地读到这样一种说法：某一种思想或行为，要么是新的，要么是近期才被"发明"的。对于那些研究古代世界的人来说，这种论调常因不够准确而令人恼火。诚然，如果我们讨论的是一种技术创新，这样的断言往往可靠；但是当涉及人类行为时，我们几乎总能找到在古代就已存在的例证。实际上，人类最基本的观念和行为并不新鲜，即使古人没有掌握那么多技术，但他们同样聪明和富有创造力。本书正致力于指出古代已有、今天仍会遇到的具体思想和行为。本书还旨在说明，我们今天的思想和行动与古地中海居民的思想和行动之间存在的一些直接和间接的联系。

然而，请各位注意：我们绝对不是说，古希腊人和罗马人的文化与任何现代文化都是一模一样或高度相似的。在研究历史时，有必要铭记L.P.哈特利的那句名言："过去犹如异邦，那里的人行事与我们迥然不同。"我们千万不要轻易认为，仅仅因为来自不同时代、文化背景的人偶尔以同样的方式做事情，就代表他们肯定拥有完全一样的想法、情感、热情和忧虑。希腊和罗马文化与现代有多少地方相同，就有多少地方不同，甚至与我们格格不入。古代深刻的"奇异性"和它偶尔的"熟悉性"同等重要，一样普遍，我们都必须认识到。尽管在列举这些影响和相似点时很容易产生一种舒服的错觉——"他们"和"我们"很像，但事实并非如此。列出一些肤浅的相似点，就大胆预测今天会发生的事情，或从中得出"教训"，这样做也值得商榷。最重要的是要看具体的背景，仅仅因为一个社会面临许多类似的问题，或者与另一个社会有一些相同的特征，并不代表他们的历史会殊途同归。我们所能做的，就是发现这些相似之处，意识到可能的结果或后果。但归根结底，每个文明、每个时代，其历史和文化背景都是独一无二的。

所有的书都必须界定和缩小主题范围，以免内容过多或主题不够集中。在这本书中，我们选择集中讨论古希腊和古罗马对当今世界和西方文化的影响，以及那时与现在的相似性和共通性。专门写一本书详述并探究古典世界和现代世界之间的众多深刻差异，那也会是一个同样有价值的项目。确实有这样的书，要想完全理解过去和现在，两种视角都十分必要。在上第一节课时，我们经常告诉学生，在接下来这个学期里，他们在阅读一些古老的资料时，时不时会遇到已经去世1500多年的作者写的一句话，他们立刻会产生一种类似"我一直是这样想的！"的反应。但他们也会遇到另一种时刻，比如会想："这些人怎么会这么做、这么想？"对于这些感同身受和匪夷所思的时刻，我们建议学生们同样保持关注，因为这些是了解一种别样文化的关键。

本书的大部分章节都包含"古人留给我们这个""古人也有这个"这样的句子。然而，作为结束语，我们想强调过去的异邦性和奇异性，与此同时仍然提倡寻求感同身受之处。毫无疑问，从广义上看，我们与古代的联系会有夸大相同点的风险。然而，这是否意味着：既然我们永远无法完全理解过去，就在我们与过去之间划一条清晰的界限？但这样的划分毫无意义。我们一直在经历和遭遇过去，过去是一种强大的存在，有积极性、有消极性，有时两者兼而有之。过去可以是一块试金石，一个有待重燃的理想，一个激发创造力的灵感，一个警示性的故事，一个需要摆脱的负担，一个参考点，一个可以拒绝、拥抱、挑战、改进的模型。只有将古代世界当作借鉴和灵感的源泉来审视，我们才能更好地理解和欣赏过去是如何塑造我们的，过去的点点滴滴是如何组合、再利用并形成今日世界的。